Tino und Antje Käßner
Wofür wir kämpfen

Tino und Antje Käßner

Wofür wir kämpfen

Wie der Krieg in Afghanistan
unser Leben veränderte

unter Mitarbeit von Stefan Linde

IRISIANA

FSC
www.fsc.org
MIX
Papier aus verantwortungsvollen Quellen
FSC® C014496

Verlagsgruppe Random House FSC-DEU-0100
Das für dieses Buch verwendete
FSC®-zertifizierte Papier *EOS*
liefert Salzer Papier, St. Pölten, Österreich.

Quellenverweis
S. 245: »Dieser Weg«. M+T: Xavier Naidoo © / Philippe van Eecke ©
© 2005 Hanseatic Musikverlag GmbH & Co KG (GEMA) and Edition Wortgewandt (GEMA)

Bildnachweis
Coverfoto: Christian M. Weiss
Bildtafeln: Privat: 1 (3), 3 (2), 4 (3), 5 (2), 6 o. (2x), 7 u.; ddpimages, Hamburg: 2 o. (APimages/Thomas Munita); Imago, Berlin: 2 u. (Xinhua); Kolb Christian, Murnau: 6 u.; Ströter Thomas, Garmisch-Partenkirchen: 7 o.li.; Wagner Willi, Murnau: 7 o.re.; Hintersteiner Daniel, München: 8 o.li.; Weiss Christian, München: 8 o.re.; Stupka Thomas, Leutkirch: 8 u.
Bild S. 312: Privat

Dieses Buch ist nicht zu verwechseln mit der gleichnamigen Veröffentlichung »Wofür wir kämpfen: Manifest des europäischen Widerstandes« von Guillaume Faye, erschienen 2006 bei Ahnenrad der Moderne.

Umschlaggestaltung und -konzeption: HildenDesign, München
Satz: Uhl + Massopust, Aalen
Druck und Bindung: GGP Media GmbH, Pößneck
Printed in Germany
ISBN: 978-3-424-15111-4

817 2635 4453 6271

Inhalt

Der Anschlag 9
Schlechte Nachrichten erreichen Deutschland 31
Die Fahrt nach Koblenz 57
Die Rettung kommt vom Himmel – MedEvac 65
Die Wahrheit und nichts als die Wahrheit 75
Das Wiedersehen mit Tino 85
Das Leid, die Kinder und die Familie 93
Von der DDR zur Bundeswehr – Antjes Geschichte 109
Antje macht ihr Testament 121
Von Karl-Marx-Stadt nach Kabul – Tinos Geschichte 129
Soldatenliebe – Antje lernt Tino kennen 137
Das Feldlager Rajlovac – Antje in Bosnien 147
Leben auf Abruf – Tinos Einsätze in Afghanistan 167
Die Amputation 189
Soldat Armin Franz 195
Tathintergründe und der Attentäter 205
Die Druckwelle erreicht Murnau 219
Tino erwacht aus dem Koma 225
Erste Schritte ins Leben 241
Ein Soldat braucht auch Mut zum Leben 251
Phantomschmerz und Prothesenhoffnung 263
Zu Hause 271
Die Hochzeit 281
Die Fahrt zum Gardasee – Tinos Sportkarriere 289
Wofür wir kämpfen – das Fazit 301

Epilog 311
Liste der im Auslandseinsatz getöteten Bundeswehr-Soldaten 313
Danksagung 318

»Unsere Sicherheit wird nicht nur, aber auch am Hindukusch verteidigt, wenn sich dort Bedrohungen für unser Land, wie im Falle international organisierter Terroristen, formieren. Wir müssen Gefahren dort begegnen, wo sie entstehen. Denn sie können unsere Sicherheit auch aus großen Entfernungen beeinträchtigen, wenn wir nicht handeln.«

Bundesverteidigungsminister Peter Struck,
Regierungserklärung vom 11. März 2004

Der Anschlag

Mein Mann Tino Käßner ist Soldat im Einsatz in Afghanistan, als er am 14. November 2005 gegen 14 Uhr 30 den Motor seines gepanzerten Geländewagens startet.
Der Himmel über der afghanischen Hauptstadt Kabul ist strahlend blau; kein Smog, kein Staub, der sonst die ganze Stadt überzieht und in jede Ritze dringt. 25 Grad Wärme – ein Hauch von Frühling liegt wie ein Versprechen für eine bessere Zukunft über dieser geschundenen Stadt.
Zusammen mit seinem Kommandoführer, Hauptfeldwebel Stefan Deuschl, und Oberstleutnant Armin Franz verlässt Tino die schwer bewachte deutsche Militärbasis der deutschen ISAF-Truppen, Camp Warehouse, am östlichen Stadtrand von Kabul. Es ist eine Routinefahrt. Sie sind ohne Begleitschutz unterwegs in einem gepanzerten Mercedes-Geländewagen vom Typ Wolf. Knapp 15 Minuten später wird die Bombe eines Selbstmordattentäters ihr Fahrzeug zerreißen und mein Mann wird mit dem Tod ringen.
Ich sitze zu dieser Zeit bei einer Tasse Kaffee über einer Präsentation in einer Münchner Werbeagentur. Wegen der Zeitverschiebung zwischen Kabul und München ist es 11 Uhr Vormittag. Tino und ich sind seit knapp zwei Jahren ein Paar, für kommenden Mai ist unsere Hochzeit geplant. Er ist Personenschützer bei den Feldjägern im oberbayerischen Murnau und seit vier Wochen in seinem dritten Auslandseinsatz in Afghanistan – zusammen mit seinem Kommandoführer und Freund Stefan Deuschl.
Violetta Deuschl, Stefans Ehefrau, hat morgens ihre beiden Söhne Robin und Henry in die Schule nach Garmisch-Partenkirchen gebracht und sortiert jetzt in einer Garmischer Rechtsanwaltskanzlei Gerichtsakten für ihre Chefin. Am Sonntag

konnten sie und die Kinder kurz mit Stefan telefonieren. Das ist ein festes Ritual; den neun und elf Jahre alten Söhnen soll die Stimme ihres Vaters vertraut bleiben, auch wenn er monatelang im Ausland ist. Auch Vio, wie Stefan seine Frau nennt, gibt seine Stimme Sicherheit, vertreibt die Unruhe, die sie zum ersten Mal gespürt hat, als sie ihren Mann zu diesem Einsatz nach Kabul verabschiedet hatte.
Es ist ein typischer Montagmorgen im November. Zu Wochenbeginn hängt eine dichte Nebeldecke über Bayern, mit Sprühregen und Temperaturen um die 14 Grad. Dasselbe Wetter in Dresden, 460 Kilometer entfernt. Dort sitzt meine Mutter Ilona im Liegenschaftsamt der Elbestadt über einer Grundstücksakte. Mein Vater ist mit seinem Taxi auf Tour. In der kleinen Versicherungsagentur in Chemnitz bespricht Tinos Mutter mit einer Kundin einen Versicherungsantrag und seine Schwester Heike bereitet einen Patienten im Unfallkrankenhaus Murnau auf seine OP vor. Wir alle gehen an diesem Montagmorgen in unserer Tagesroutine auf und sehen mehr oder minder gut gelaunt einer neuen Arbeitswoche entgegen. Was keiner von uns ahnt: Die Geschehnisse der kommenden Stunden werden uns alle komplett aus der Bahn werfen und unser Leben verändern.

Dabei scheint auch in Kabul alles ruhig. In der Morgenbesprechung, so Tino und Stefan später, hatte der Kompaniechef nichts Beunruhigendes berichtet. Keine besondere Gefahrensituation, bei der sonst Fahrten aus dem Lager auf das Notwendige reduziert oder völlig eingestellt werden. Keine Meldungen von Sprengstoffanschlägen, Schießereien oder Raketenbeschuss. Die Lage in Kabul war seit Wochen ruhig. Die Hoffnung, dass sich die Gefahr von Anschlägen weiterhin verringert hatte, schien berechtigt.

Schicksalhafte Ereignisse

Das war schon mal anders. Ein knappes halbes Jahr zuvor, im Juni 2005, hatte es den letzten großen Anschlag auf die deutschen Einsatztruppen gegeben. In jenem Juni stand Tino mitten in seinen Vorbereitungen für seinen dritten Auslandseinsatz als Feldjäger in Kabul, der wieder vier Monate dauern sollte.

Die Einsatzvorbereitungen bei den Feldjägern an Tinos Standort in Murnau laufen seit Wochen auf Hochtouren. Fahrtraining, Schießübungen und taktische Schulungen stehen auf dem Programm. Tino kennt Kabul ja bereits aus vorausgegangenen Einsätzen und bringt wertvolle Erfahrungen im Training ein. Auch Stefan Deuschl hat schon mehrere gefährliche Auslandseinsätze erfolgreich hinter sich gebracht, auf dem Balkan. Er ist Kommandoführer aus Leidenschaft und ein sehr erfahrener, umsichtiger Soldat. Als Stefan Tino fragt, ob er mit nach Kabul will, sagt Tino erfreut zu. Stefan Deuschl ist sein Vorbild – und allein die Tatsache, dass er Tino in seinem Team haben will, kommt einer Beförderung gleich. Die beiden sind Spezialisten für den Personenschutz und ein eingespieltes Team. Sie sollen helfen, Anschläge zu verhindern.

Kurz vorher hatte ich Tino an seinem Geburtstag einen Heiratsantrag gemacht. Nach seinem Einsatz wollten wir unsere Hochzeit feiern, wir wollten Kinder haben und ein Haus bauen. Wir hatten Pläne für eine glückliche, friedliche Zukunft. Tino war voll auf seinen Einsatz konzentriert, während andere Soldaten, die sie ablösen sollten, sich auf die Rückkehr in die Heimat freuten. In Wesendorf bei Hannover wartet Ina Schlotterhose auf ihren Mann. Eigentlich sollte er erst Ende August 2005 zurückkommen vom Einsatz in Afghanistan. Doch er landet schon Ende Juni auf dem Militärflughafen Köln-Wahn. In einem Sarg. Am 25. Juni 2005 wurden Hauptfeldwebel An-

dreas Heine und Oberfeldwebel Christian Schlotterhose sowie sechs afghanische Soldaten bei einem Anschlag in Rustaqu 120 Kilometer nordöstlich von Kunduz getötet. Schlotterhose hinterließ eine 24-jährige Ehefrau. Es war sein dritter Auslandseinsatz. Genau wie bei Tino.
Die Meldung in den Nachrichten über den Anschlag berührte uns – und doch schien alles so fern. Dass Tino in Kabul selbst Opfer eines Anschlags werden könnte, daran versuchten wir nicht zu denken.
Wie die meisten Deutschen wollten wir die Bilder des Anschlags von uns fernhalten und die letzten Junisommerabende vor dem Einsatz gemeinsam genießen. Auf Abstand halten, was verunsichert. Nach vorne schauen. Unsicherheit bedeutet Angst. Berufssoldaten wissen um das Risiko, das sie eingehen. Sie blenden es aus. Die Personenschützer bei den Feldjägern vertrauen auf ihre Spezialausbildung und darauf, dass sie Gefahrensituationen rechtzeitig erkennen und in Griff bekommen. Die Opfer, das sind immer die anderen – auch das würde sich als Irrtum herausstellen.
Tino holte sein Mountainbike aus dem Keller und fuhr noch eine Runde um den Staffelsee. Er liebte das Mountainbiking und den Radsport überhaupt und trainierte jeden Tag, oft auch mit Stefan Deuschl zusammen. Wenn er fährt, ruht Tino völlig in sich und ist eins mit seinem Körper, dann kann er total abschalten. Als Tino zurückkam, stehen 180 Zentimeter Muskelmasse vor mir, bei nur 70 Kilo Gewicht. Er sah glücklich aus. Tino ist ein schöner Mann: große Augen, ein gewinnendes Lächeln und eine sanfte Stimme. Ich bin immer noch sehr verliebt. Wir wohnten erst seit wenigen Monaten zusammen. Zeit, uns kennenzulernen, hatten wir bisher nur zwischen seinen Einsätzen gefunden. Er war fast mehr unterwegs in Afghanistan als zu Hause, seit wir uns im Juni 2003 kennengelernt haben.

Noch so ein Datum: Juni 2003, kurz vor Tinos erstem Afghanistan-Einsatz, kurz bevor ich Tino das erste Mal gesehen habe. Auch ich war damals bei der Bundeswehr und stand, wie Tino, vor meinem ersten Auslandseinsatz – er in Afghanistan, ich auf dem Balkan. Am 7. Juni 2003 jagte sich ein Selbstmordattentäter in einem gelben Taxi mit 150 Kilogramm Dynamit neben einem Mannschaftsbus der Bundeswehr in die Luft. Die Soldaten waren auf dem Weg zum Flughafen. Endlich zurück in die Heimat, endlich Pause nach dem anstrengenden Dienst für den Frieden am Hindukusch. Vier Soldaten sterben – Stabsunteroffizier Jörg Baasch, Oberfähnrich Andreas Beljo, Feldwebel Helmi Jimenez-Paradis und Oberfeldwebel Carsten Kühlmorgen – 29 weitere werden schwer verletzt. Es ist der erste direkte Angriff auf deutsche Soldaten mit Todesopfern nach dem Zweiten Weltkrieg. Es schien so, als wären die Bundeswehrsoldaten eher versehentlich diesem Anschlag zum Opfer gefallen, der eigentlich die US-Truppen hätte treffen sollen, die in der Operation »Enduring Freedom« den Terror der Taliban massiv bekämpfen. Niemand hatte damit gerechnet, dass es einen solch brutalen Angriff auf deutsche Soldaten geben könnte, die doch gekommen waren, um friedliche Wiederaufbauhilfe zu leisten. Doch von da an war klar, dass Afghanistan auch im deutschen Sektor unberechenbar und lebensgefährlich zu werden drohte.

Zwei Jahre später, an diesem Sommerabend im Juni 2005, wollten Tino und ich die Nachrichten von dem neuerlichen Anschlag in Kabul nicht an uns herankommen lassen. So wie viele Deutsche, denen allmählich immer klarer wird, dass es bei dieser Friedensmission nicht mehr nur um die Sicherung von Aufbaumaßnahmen in einem vom Bürgerkrieg zerstörten Land geht – sondern vielleicht um Krieg. Dieses Wort kam uns damals noch nicht in den Sinn. Anders als die Soldaten der Verbände aus den USA, Kanada und Großbritannien standen die deutschen Soldaten nicht im direkten Kampfeinsatz der Operation »Enduring Freedom«. Sie genossen hohes Ansehen in der afghanischen Bevölkerung. Mehr als zu Hause in Deutschland, so schien uns manchmal.

Die deutschen Soldaten kamen nicht nach Afghanistan, um die Taliban zu bekämpfen, sondern ausschließlich, um der Bevölkerung zu helfen. Sie sicherten den Bau von Schulen, Straßen und Brücken, bohrten Brunnen und bildeten die afghanische Polizei und das afghanische Militär aus, damit endlich wieder Frieden und Sicherheit einkehren sollte. So lautete der Auftrag, als der Deutsche Bundestag am 22. Dezember 2001 das Mandat für die deutsche Beteiligung der Bundeswehr am ISAF-Einsatz erteilte. Basis für die Entscheidung des Parlaments war eine Resolution des UN-Sicherheitsrats, in der »die Einrichtung einer internationalen Sicherheitsunterstützungstruppe für den Zeitraum von sechs Monaten« beschlossen wurde. Dieser Einsatz im Rahmen der ISAF (International Security Assistance Force, deutsch: Internationale Sicherheitsunterstützungstruppe) war hinsichtlich Auftrag und militärischer Struktur vollständig von der amerikanisch-britischen Operation »Enduring Freedom« getrennt, die der Bekämpfung des internationalen Terrorismus und der Taliban in Afghanistan dienen sollte. Nur deshalb hatte es auch eine so breite Zustimmung im Bundestag gegeben. Nach dem Zusammenbruch des Talibanregimes träumten die Politiker von baldigen freien, demokratischen Wahlen und einer handlungsfähigen Regierung, die einen raschen Abzug der Truppen ermöglichen würde. Ausländische Einsatzkräfte wurden ins Land gerufen, um Aufbauhilfe zu leisten und die afghanische Regierung bei der Einhaltung der Menschenrechte, der Wiederherstellung und Wahrung der inneren Sicherheit und der Ausbildung der Sicherheitskräfte bei Armee und Polizei zu unterstützen.

Sechs Monate. Die damals nur für ein halbes Jahr aufgestellte Internationale Sicherheitsunterstützungstruppe steht 2011 bereits im zehnten Einsatzjahr – und sicher werden es noch mehr werden, trotz aller Abzugsankündigungen. Denn der Frieden, den dieses Land so dringend brauchte, ist immer noch in weiter Ferne.

Die Amani-Oberrealschule

Ab Anfang Oktober 2005 ist Tino in Kabul. Seit Juni hat es keine weiteren Anschläge auf deutsche Soldaten oder deutsche Einrichtungen gegeben. Das Team von Stefan Deuschl ist am Morgen des 14. November 2005 schon bei Sonnenaufgang auf den Beinen. Um 7 Uhr fahren sie eine deutsche Delegation und den zweiten Kommandeur des Stabs zur Amani-Oberrealschule in Kabul. Eigentlich sind die Feldjäger nur für VIP-Besucher zuständig, doch an diesem Tag liegt nichts an, und so sichern sie den Chef des Stabes. Das Schulgebäude befindet sich in unmittelbarer Nähe der deutschen Botschaft. Ein Freundschaftsspiel zwischen deutschen Soldaten und der Fußballmannschaft der Schule steht auf dem Programm.
Dass hier wieder Fußball gespielt werden darf, ist keineswegs selbstverständlich. Unter den radikal-islamischen Taliban war Fußball von 1996 bis 2001 verboten, bei Verstößen drohte sogar die Todesstrafe. Heute ist Fußball fester Bestandteil des Schulsports. Das Fußballturnier ist ein Symbol mit hoher Signalwirkung. Die Afghanen sind begeisterte Fußballspieler. Vor allem die Jugendlichen. Die Amani-Oberrealschule hat einen enormen Stellenwert in Afghanistan und ist ein Symbol für den Wiederaufbau des Landes. Sie gehört dort zu den führenden Schulen. Zahlreiche afghanische Führungskräfte, die heute wichtige Positionen in der Gesellschaft innehaben, sind in der Amani-Schule ausgebildet worden und haben später sogar in

Deutschland studiert. Deutsch ist Unterrichtssprache und Prüfungsfach auf der Eliteschule. Ein Grund, warum auch heute noch erstaunlich viele ältere Afghanen gut Deutsch sprechen.
Im Mai 2002 stand hier Franz Beckenbauer vor den Fußballern der Amani-Schule. Vor der Endrunde der Fußballweltmeisterschaft in Japan und Südkorea war der »Kaiser« Franz zusammen mit dem damaligen Bundeskanzler Gerhard Schröder nach Kabul zum Truppenbesuch gereist. Kanzler und Kaiser kicken mit den begeisterten Schülern – die Schüler in ihren gelben Trikots, Kaiser Franz und Kanzler Schröder mit einer schusssicheren Weste unter ihren teuren Anzügen. Sie kommen schnell ins Schwitzen. Der Kaiser fragt mit Blick auf den Kanzler lachend, ob es denn Amani- oder Armani-Schule heiße, nach dem italienischen Modedesigner. Der Kanzler trägt Brioni.
Seither wird das Fußballspiel in Afghanistan auch vom DFB und von deutschen Bundesligavereinen mit sehr viel Engagement unterstützt und das Auswärtige Amt startete das Projekt »Mädchenfußball in Afghanistan«, weil Frauen dort jahrelang keinen Sport ausüben, geschweige denn Fußball spielen durften.
Viele deutsche Firmen und Freundeskreise aus Deutschland fördern die Schule mit Geld und Sachspenden. Die Schule ist ein Symbol für die jahrzehntelangen Beziehungen zwischen Deutschland und dem afghanischen Volk. Ein Symbol auch dafür, dass es Heilung geben kann für dieses verwundete Land. 1924 wird die Schule zur Förderung der Führungselite des Landes gegründet, mit starker deutscher Unterstützung. In der Blütezeit der deutsch-afghanischen Beziehungen arbeiten hier bis in die Achtzigerjahre neben afghanischen Lehrkräften 24 Lehrer aus Deutschland. Ein technisches Institut und eine Kunstschule werden angeschlossen. Während der sowjetischen Besatzung müssen fast alle deutschen Lehrer das Land verlassen und in den nachfolgenden Kriegswirren wird die Schule

fast vollständig zerstört. Als unter der Herrschaft der Mudschaheddin hier 1000 Kämpfer kaserniert werden, werden Bücher, Tische, Türen und Fenster verheizt, die Schuleinrichtung wird geplündert. Selbst die Elektrokabel werden wegen des Kupfers aus den Wänden gerissen. Einer Erfolgsgeschichte droht das Ende. 1998 aber wird der Unterricht wieder aufgenommen. Im Jahr 2002 beginnt mit Unterstützung der Bundesregierung der Wiederaufbau. Im Juni 2004 kommt Außenminister Joschka Fischer zum 80-jährigen Gründungsjubiläum in die Amani-Schule, um sie nach dem abgeschlossenen Wiederaufbau offiziell an die afghanische Regierung zu übergeben. Die Amani-Schule ist ein Leuchtturmprojekt der Bundesrepublik, das Hoffnung machen soll für ein friedliches Afghanistan. Heute werden hier über 3500 Schüler von 163 Lehrkräften – sechs davon aus Deutschland – unterrichtet.

Tausende Schüler stehen an diesem Morgen afghanische und deutsche Fähnchen schwingend am Spielfeldrand und feuern ihre Mannschaft an. Unter den vielen erwachsenen Zuschauern sind etliche Deutsche. Kaum einer in ihrer Heimat weiß, dass über 4000 Bundesbürger in Kabul leben und arbeiten und wie eng die traditionellen Beziehungen zwischen Deutschland und Afghanistan sind.

Auch für Tino ist das alles neu. Er ist begeistert: »Die Stimmung war genial – die haben da richtig Spaß gehabt. Von der ersten bis zur zehnten Klasse war alles auf den Beinen. Die Kinder haben ihre Scheu schnell abgelegt und sind immer lockerer mit uns Soldaten umgegangen. Die haben gestrahlt ohne Ende.«

Die Soldaten finden sogar die Zeit und spielen Tischtennis mit den Jugendlichen, was das Verhältnis zusätzlich entkrampft. Sport kennt halt keine Grenzen.

Trotz der lockeren Atmosphäre dürfen Stefan und Tino in ihrer Konzentration nicht nachlassen. Sie stehen vor der Tribüne mit dem Rücken zum Spielfeld und kontrollieren die Umgebung. Über Funk sind sie mit den anderen Schutzkräften verbunden. Als Personenschützer müssen sie alles im Blick behalten, bis das Spiel unter großem Jubel zu Ende geht. Wer gewonnen hat, ist völlig zweitrangig. »1:0 für den Frieden!«, kommentiert Tino später im Auto.

Auf dem Rückweg holen die Feldjäger noch den Kommodore des Luftwaffenstützpunkts von Termez am Kabul International Airport ab. Tino ist sich später sicher: »Die Spitzel waren überall in der Stadt. Oft haben wir gesehen, wie Afghanen hektisch zu ihrem Handy griffen, als wir vorbeifuhren. Wenn uns jemand den Tag über beobachtet hat, konnte er feststellen, dass wir immer wichtige Personen im Auto hatten – Anschlagsziele, deren Vernichtung Prestige bringen würde für die Taliban.«

Stefan und Tino fahren gelöst und gut gelaunt ins Camp Warehouse zurück. Später werden sie immer wieder erzählen, wie sehr sie diese Begeisterung der vielen jungen Menschen beeindruckt hat. Hier erleben sie zum ersten Mal hautnah, dass ihre Arbeit sinnvoll ist – dass ein gefahrloses Miteinander in einer Schule wie der Amani-Schule Zukunft und Hoffnung bedeuten kann für dieses Land nach 30 Jahren Gewalt und Blutvergießen. Das Glücksgefühl der Kinder hat sich auf die Soldaten übertragen, die hier spüren, wofür sie kämpfen.

Stefan wünscht sich, dass alle Kinder Afghanistans eines Tages ohne Angst vor Anschlägen und ohne die Anwesenheit von Soldaten Fußball spielen können – so wie seine zwei Jungen zu Hause in Garmisch-Partenkirchen es tun, so wie er Fußball spielen konnte ohne Angst vor Gewalt, als er selbst jung war.

Tino und Stefan wundern sich, dass in den deutschen Medien nie über solche positiven Ereignisse berichtet wird, darüber, dass der Einsatz auch Fortschritte zeigt. Warum immer wieder nur diese Schreckensbilder über Anschläge und Todesopfer?

Oberstleutnant Armin Franz

Das Team von Stefan Deuschl trifft sich nach der Rückkehr ins Lager zum Mittagessen mit Oberstleutnant Armin Franz. Franz ist zwar Reservist, meldet sich aber jedes Jahr freiwillig zu einem mehrmonatigen Auslandseinsatz. In Kabul ist er zuständig für die Betreuung der Besuchergruppen und Delegationen, die dort ins deutsche Camp kommen. Für das kommende Wochenende steht wieder Besuch an, der mit den örtlichen Sicherheitskräften und der Botschaft koordiniert werden muss. Angeblich soll es der deutsche Generalbundesanwalt Kay Nehm sein, der mit afghanischen Regierungsstellen über Ermittlungsersuchen und einen Ausbau bei der Strafverfolgung sprechen will. Nehm wäre ein äußerst gefährdetes Anschlagsziel.

Franz ist nicht verheiratet und hat keine Kinder. Die Bundeswehr ist seine Familie, sagen Stefan und Tino später. Nach dem Ende seiner aktiven Zeit als Zeitsoldat Anfang der Achtzigerjahre nimmt der gelernte Maschinenbauingenieur freiwillig an über 40 Wehrübungen teil. Anfang 2001 wird er zum Oberstleutnant befördert. Achtmal meldet sich der Offizier freiwillig zu gefährlichen Auslandseinsätzen. Insgesamt 737 Tage dient er im Kosovo. Franz ist schon seit Mitte Juni in Kabul und zuständiger Besuchsoffizier des 8. deutschen Einsatzkontingents ISAF, als Tino und Stefan auf dem Kabul International Airport landen.

Die Feldjäger arbeiten gerne mit Franz zusammen. Das Vorteam, das Stefan und Tino jetzt abgelöst haben, berichtet über die guten Erfahrungen in der Zusammenarbeit mit ihm. Sie mögen seine ruhige und geradlinige Art. Ein Pfundskerl, professionell, mit fast skurrilen Zügen. Im Camp Warehouse erlangt Franz eine gewisse Berühmtheit wegen seines Morgenrituals: Täglich Punkt sieben steht er im Morgenmantel vor seinem Wohncontainer und raucht für alle sichtbar seine erste Zigarette. Die Soldaten im Lager könnten ihre Uhren danach stellen. Franz nimmt an fast allen Einsatzbesprechungen der VIP-Personenschützer teil. Er hat die streng vertraulichen Informationen über die Reisedaten der Besucher, ihre Termine und Gesprächspartner direkt vom Einsatzführungskommando in Potsdam. Nichts davon darf nach außen dringen, wenn jede mögliche Vorbereitung von Anschlägen der Taliban verhindert werden soll. Die Zusammenarbeit ist diskret und vertrauensvoll. Franz ist kein typischer Reservist. Er pocht nicht auf seinen Rang oder sein Dienstalter und macht sich nicht wichtig, sondern er hört zu und erwirbt sich wegen seiner Professionalität schnell den Respekt der Berufssoldaten. Seine Einwände sind fundiert und überzeugend. Er spricht nicht viel über seine vergangenen Auslandseinsätze, schon gar nicht über Persönliches. Aber die Männer spüren seine Erfahrung und die Personenschützer schätzen seine schnörkellose Art. Sie wissen, dass Franz genau deshalb dieser schwierige Job anvertraut wurde und er wegen seiner Umsichtigkeit in den vorangegangenen Auslandseinsätzen mit der NATO-Medaille KOSOVO und ISAF, der KFOR-Einsatzmedaille in Gold sowie der ISAF-Einsatzmedaille in Bronze ausgezeichnet worden ist.

Gegen 13 Uhr 45 beenden die Soldaten ihre Mittagspause und machen sich zur Abfahrt fertig. Vor dem Essen hatten die Soldaten ihre Geländewagen in die »Inst« – das Bundeswehrkürzel für die »Instandsetzungseinheit« – gebracht. Wegen des allgegenwärtigen Sandstaubs auf den Straßen Kabuls müssen die Luftfilter der Wagen nach jeder Fahrt kontrolliert werden. Auch die Waffen werden gereinigt und geprüft. Der Wolf von Kommandoführer Stefan Deuschl ist noch in der Instandsetzung und nicht einsatzbereit. Er fragt in die Runde: »Wer fährt?« Ohne zu zögern meldet sich Tino. »Okay, abfahrbereit

14 Uhr – dann holen wir den Franz ab und fahren nach Kabul rein.« Ab da lief der Countdown.
Gegen 14 Uhr 35 passiert der Wolf mit Stefan, Tino und Armin Franz das schwer bewachte Tor von Camp Warehouse Richtung Kabul City. Tino sitzt am Steuer, Stefan auf dem Beifahrersitz, Armin Franz hinten rechts. Der gepanzerte Wolf biegt auf die Route Violet ein, die vierspurige Hauptverkehrsader zwischen Kabul und Dschalalabad. Es ist eine Routinefahrt. Knapp 15 Minuten später ist Armin Franz tot. Tino hat mir erst viel später erzählen können, was genau auf der Fahrt passiert ist.

Die verhängnisvolle Fahrt

»Wir fuhren aus dem Lager. Ich am Steuer, Stefan als Beifahrer und Armin Franz rechts hinter dem Beifahrer. Sowie du aus dem sicheren Bereich des Lagers fährst, stehst du unter Strom. Alles in dir ist in Alarmbereitschaft. In dir spult die Checkliste ab, was du zu machen hast und worauf du besonders achten musst. Man macht zwar mal ein kurzes Späßchen und redet miteinander, soweit das beim Fahrlärm geht. Aber du bist immer hoch wachsam und registrierst alles. Unaufmerksamkeit wäre leichtsinnig und unprofessionell – einfach, weil die Gefahr allgegenwärtig ist. Ich blickte nur kurz nach rechts zu Stefan rüber und sah, dass er das Straßengeschehen genauso konzentriert überwachte. An diesem Tag herrschte wieder das übliche Chaos auf Kabuls wichtigster Ausfallstraße. Wir fuhren die Route Violet Richtung International Airport Kabul.
Die Route Violet ist keine Stadtautobahn wie bei uns in Deutschland, sondern eine vierspurige Staubpiste, stellenweise Asphalt oder Beton, stellenweise nur Schotter, seitlich begrenzt durch die wild wuchernden Werkstätten, Läden und Bretterbuden der Händler. Zwischen Fahrbahn und Gegenfahrbahn

befinden sich Parkplätze für Jingletrucks – die dort typischen, bunt bemalten und mit Glöckchen und Flitterkram verzierten Busse und Lastwagen – oder Reihen von Betonpfeilern, um das bei den Afghanen so beliebte Überholen auf der Gegenfahrbahn zu verhindern und somit auch die nachfolgenden Duelle, bei denen die Fahrer testen, wer mutiger ist und länger durchhält. Gefahren wird überall, wo Platz ist, sich eine Lücke in den endlosen Fahrzeugkolonnen auftut. Auf den Straßen Kabuls zählt nur das Recht des Stärkeren, nicht irgendeine Straßenverkehrsordnung.

Die Route Violet ist ein sich meist träge und chaotisch voranwälzender Tsunami von hupenden Autos, Bussen, LKW, Eselskarren und Militärfahrzeugen. Wir sind trotzdem gut vorangekommen an diesem Tag. Für die Verhältnisse normal schneller Verkehr, also etwa 60 km/h. Alles sah nach einer Routinefahrt aus.

Plötzlich spürte ich einen unglaublich schweren Stoß von links hinten. Der Wolf schleudert und droht umzukippen. Der gepanzerte Wagen ist schwer, gerät leicht außer Kontrolle und schaukelt sich auf, eine Schwäche dieses Fahrzeugtyps. Ich muss den Wagen wieder unter Kontrolle bringen, lenke gegen die Ausbruchsrichtung und steige voll in die Eisen. Staub wirbelt auf. An uns schießen andere Fahrzeuge vorbei. Wildes Hupen. Ich bringe den Wolf wie im Fahrtraining gelernt zum Stehen, krache aber mit dem Kühler voll auf einen Betonpoller und setze auf. Splitterndes Glas. Die Airbags gehen auf. Im Auto der Airbagnebel durch das Talkum. Wir sind halb taub durch den Knall. Der Motor stirbt ab. Vielleicht hätte bei diesem Aufprall ein Rammgitter verhindert, dass wir liegengeblieben sind. Es war bestellt, aber nicht geliefert worden. Beinah jeder in München und Garmisch hat ein Rammgitter an seinem Geländewagen – nur wir in Afghanistan nicht. Ein Fehler, der sich rächen wird. Der Motor ist kaputt, wir sind be-

wegungsunfähig. Die erste Regel der Personenschützer aber heißt: Bleib in Bewegung – sonst wirst du zum Ziel.
In so einem Inferno gibt es die berühmte Schrecksekunde, bevor man beginnt, sich zu orientieren und die Initiative zu ergreifen. Erste Analyse: Nichts weiter passiert. Insassen ohne Schäden, wir waren angeschnallt. Stefan und ich schauen uns verdutzt an. Ich hatte zunächst geglaubt, ein Reifen sei geplatzt – das allein ist schon eine schwierige Situation bei einem gepanzerten Fahrzeug. Ein eingestürztes Kanalrohr vielleicht, das ein Loch in die Straße gerissen hat, vielleicht auch ein Unfall – denn immer häufiger gab es in Kabul auch provozierte Zusammenstöße, weil die ISAF für afghanische Verhältnisse sehr hohe Schadenersatzsummen zahlte, um keine Missstimmung in der Bevölkerung und den Clans entstehen zu lassen. Für manche wird das Spiel mit dem Leben zum Geschäft.
All diese Geschichten schossen mir in ungeordneten Puzzleteilen durch den Kopf. Aber den Gedanken an einen Anschlag gab es in diesem Moment nicht. Wir waren einfach überrascht. Das alles geschah in wenigen Sekunden.
Später erinnere ich mich, dass ich vor dem Aussteigen im Rückspiegel einen Toyota gesehen habe, einen Rechtslenker. Dieses Auto muss uns erwischt haben. Aber woher war der Wagen gekommen? Wir hatten nicht mal einen Schatten gesehen. Der Wolf ist etwas höher als normale Fahrzeuge, das Auto des Attentäters musste also irgendwie im toten Winkel des Rückspiegels vorbeigetaucht sein und hatte uns dann seitlich gerammt. Dazu musste der Fahrer aber aus einer Wartestellung von der Gegenfahrbahn gekommen sein. Er hatte genau den Moment abgepasst, als unser Fahrzeug in seiner Höhe die Lücke zwischen den Betonpollern passierte. Auf der Gegenfahrbahn durfte in diesem Moment kein Gegenverkehr rollen. All diese Faktoren, die so ein Attentat unberechenbar und äußerst waghalsig erscheinen lassen, waren in diesem Moment,

als wir vorbeifuhren, gegeben. Wie viel Wut und Verzweiflung müssen einen Menschen antreiben, dass er so ein Risiko auf sich nimmt? Er hatte nur wenige Augenblicke, um Vollgas zu geben, die Straße zu kreuzen und uns aus voller Fahrt seitlich zu rammen. Er hat sie genutzt.
Noch heute laufen die Bilder wie ein schwerer, langsamer Zeitlupenbrei vor meinem inneren Auge ab. Matrix für Arme – ohne jede Chance, die Kugeln oder das weitere Unglück aufhalten zu können. Ich drehe den Zündschlüssel, der Anlasser heult kurz auf. Das war's. Der Motor ist nicht mehr zu starten. Es gibt keinen Grund mehr, im Auto zu bleiben. Stefan sagt: ›Komm, schauen wir mal!‹ Wir steigen aus. Links vorne ich, rechts vorne Stefan, rechts hinten Armin Franz. Stefan hat immer seine kurzläufige MP7 vor der Brust, zusätzlich eine Pistole. Die Waffe ist zur Abwehr immer am Mann. Wir würden sie auch einsetzen, wenn wir angegriffen werden. Aber wir haben keine Zeit mehr dazu. Bei der Bundeswehr sagt man: ›Ein Plan überlebt die ersten zehn Sekunden eines Kampfes nicht‹ – wir hatten nicht mal den Bruchteil einer Sekunde. Zehn Meter hinter uns sehe ich, wie ein Toyota plötzlich wendet. Die anderen müssen das auch gesehen haben. Das Auto hat massive Schäden am Kühler. Der Unfallfahrer legt krachend den ersten Gang sein. Er will nicht fliehen, sondern er hat es auf uns abgesehen. Es ist ein Attentäter. Ich fixiere den Fahrer, und wir bekommen Blickkontakt. Er sieht aus wie Millionen andere afghanische Männer: schwarzer Bart, tiefschwarze, funkelnde Augen, schwarze Kopfbedeckung. Er schaut mich an, der Mund ist zu einem schiefen Grinsen verzogen. Sein Wagen beschleunigt mit radierenden Reifen und hält genau auf die Stelle zu, wo Armin Franz steht, rechts hinter dem Auto. Ich denke noch: Was soll das? Hier geht was schief! Und dann dieser Knall. Die Explosion ist ungeheuerlich. Sie nimmt jede Faser deines Körpers, jeden Nerv in ihre Gewalt. Sie greift nach dei-

nem Leben und versucht dich auszulöschen. Zwölf Kilo TNT zündet der Attentäter in zwei bis drei Metern Abstand zu uns. Ein greller Blitz, warmes, pulsierendes Orange – du spürst das Blut in deinen Adern kochen. Die Augen sind geblendet, und dann dieses Pfeifen im Ohr wie nach einem Hörsturz – es ist, als hätte eine einstürzende Wand dich lebendig begraben und läge mit tonnenschwerem Druck auf deiner Lunge. Nach dem grellen Blitz wird es dunkel vom Staub. Glas und Metall, Dreck prasselt auf dich herab. Du kannst nicht atmen. Deine Lunge brennt. Du drohst zu ersticken. Du kannst dich nicht bewegen. Hier ist das Leben zu Ende.

Stefan steht rechts am Fahrzeug hinter der geöffneten Beifahrertür. Die Tür hat eine starke Panzerung und Panzerscheiben. So steht er mit dem Oberkörper geschützt im Explosionsschatten. Nur seine Beine haben keinen Schutz. In Höhe von Stefans Oberschenkeln, da, wo die Wagentür aufhört, fegt die ungeheure Druckwelle ungehindert durch und zerfetzt seine Beine. Ich bin auf der anderen Seite – mich schützt der ganze gepanzerte Fahrzeugkörper des Wolf, der Unterboden liegt zwar noch tiefer als die Türen, aber auch mich erwischt es an den Beinen unterhalb der Knie – die Explosion greift unter dem Auto hindurch nach mir und zertrümmert meine Unterschenkel.

Das alles geschah in wenigen Sekundenbruchteilen. Unabwendbar und auf schreckliche Weise endgültig. Den Film mit den wichtigsten Szenen deines Lebens, den du in Todesgefahr angeblich sehen sollst – der fiel aus bei mir, die Bilder kamen nicht. Nicht mal dazu war Zeit. Wir hatten keine Chance. Wir haben nichts falsch gemacht. Selbst das Aussteigen aus dem gepanzerten Wagen war richtig. Das Auto ließ sich nicht mehr bewegen, und eine Flucht war ausgeschlossen. Zudem hätten mit Panzerfäusten bewaffnete Terroristen bei einem stehenden Fahrzeug leichtes Spiel gehabt. Wären wir einfach im Wagen sitzen geblieben, bis Hilfe kommt, wären wir heute alle drei tot. Der Wolf hatte kein Überdruckventil gegen Explosionsdruck. Die Druckwelle wäre in das Wageninnere geströmt, hätte aber nicht schnell genug wieder entweichen können. Uns wären nicht die Beine abgerissen worden, aber es hätte uns innerlich zerrissen – Milz und Lunge wären geplatzt. Ich habe das später im Krankenhaus mit Stefan alles in jeder Variante noch einmal durchgespielt. Also, egal wie man es dreht und wendet: Wenn ich heute so darüber nachdenke, dann ist so, wie es passiert ist, noch am wenigsten passiert. So sind wenigstens Stefan und ich mit dem Leben davongekommen. Was uns hilft ist die Tatsache, dass wir keinen Fehler gemacht haben. Es waren Zufälle, kein menschliches Versagen, die uns zum Ziel machten. Zur falschen Zeit am falschen Ort. Wir hatten keine Chance.

Ich muss nach der Explosion kurz bewusstlos gewesen sein. Als ich wieder zu mir komme, liege ich im Staub vor dem Vorderreifen. Es ist plötzlich totenstill. Vielleicht liegt es auch daran, dass meine Trommelfelle geplatzt sind. Mein erster Gedanke ist völlig banal: Oh, jetzt ist etwas passiert. Aber der Satz hilft mir. Durch das einsetzende schrille Pfeifen im Ohr höre ich leise ein Stimmenwirrwarr. Autos hupen. Schreie der Verletzten. Wimmern.

Die nächste Erinnerung: Ich lausche in meinen Körper hinein, konzentriere mich auf Arme und Beine – ich spüre keinerlei Schmerzen. Es scheint nichts zu fehlen, aber die Adern sind vollgepumpt mit Adrenalin, das betäubt und täuscht. Ich versuche, die Kontrolle zurückzugewinnen. So, wie wir es trainiert haben: initiativ sein, aufstehen, den Kameraden helfen. Ich will mich am Auto hochziehen, aber die Beine gehorchen nicht mehr – ich spüre nur ein Brennen. Ich zwinge meinen Blick nach unten und sehe, dass mein rechter Fuß eine anormale Stellung hat – verdreht, als würde er nicht zu mir gehören. Auch das linke Bein blutet. Oberhalb der Stiefel saugt sich die Uniform mit Blut voll. Ein sich rasend schnell ausbreitender Fleck. Aufstehen geht nicht mehr. Mir wird klar, dass etwas mit meinen Beinen nicht stimmt.

Was hinter dem Auto vorgeht, kann ich nicht erkennen. Ich versuche, vom Auto wegzurobben, es brennt überall und das Auto ist voll mit Munition und Gewehrgranaten. Aber es geht nicht. Plötzlich werde ich weggezogen. Und dann sehe ich zu meinem Entsetzen diese Gesichter über mir: Bärtige Afghanen in Landestracht, die genauso aussehen wie der Taliban, der sich Sekunden vorher in die Luft gesprengt hat. Für einen kurzen Moment kommt die Todesangst: Werden sie mich gleich töten oder mich entführen und später hinrichten? Doch es sind keine Feinde, sondern Helfer. Einer der Bärtigen trägt Uniform, das ist vertraut – ein afghanischer Soldat, der sich hinter mich kniet, meinen Kopf stützt und auf Farsi unverständlich, aber beruhigend auf mich einredet. Halb am Wegdämmern sehe ich Fernsehleute, die ihre Kamera auf mich richten und die zerstörten Autos filmen. Ich höre mich reden wie einen Fremden, der sagt, dass die Leute Camp Warehouse informieren sollen. Ich fingere nach den Verbandspäckchen in meiner Uniform, weil ich merke, wie meine Beine immer tauber und steifer werden. Ich spüre einen langsam stechenden Schmerz im Fuß, als wäre er eingeschlafen. Die Afghanen heben mich auf und wollen mich zu einem Kleinbus tragen, ich wehre ab – aber ich kann es nicht verhindern. Dann sind plötzlich englische Soldaten da. Europäer. Endlich kommt richtige Hilfe. Ich rufe immer wieder, dass sie nach meinen Kameraden hinter dem Auto sehen sollen. Ich rufe nach Stefan, bekomme aber keine Antwort. Ein britischer Soldat bindet mir mit einem brutalen Ruck das Bein ab. Ein anderer jagt mir eine Morphiumspritze in den Oberschenkel.«

Diese Soldaten sind der Beginn einer Rettungskette von Ärzten und Helfern, die am Ende 6000 Kilometer weit bis ins Bundeswehrkrankenhaus nach Koblenz reichen wird. Sie führen die sogenannte Erstversorgung durch in den ersten kostbaren Minuten nach der Verwundung, die über Leben und Tod des Verletzten entscheiden. Diese Menschen haben Tino und Stefan das Leben gerettet. Auf einer Trage wuchten sie Tino auf ihren Jeep und fahren ihn ins Feldlazarett des amerikanischen Camps, das nur wenige Meter entfernt ist.
Im Lazarett wird Tino sofort in die mit Ultraschall- und Röntgendiagnostik ausgerüsteten Schockräume gebracht. Die medizinische Notfallversorgung beginnt. Im Schockraum wird eine Computertomografie erstellt, die den Ärzten in wenigen Minuten einen kompletten Überblick über das Ausmaß der inneren Verletzungen ermöglicht. Dort kommt Tino langsam aus seinem Schockzustand zu sich und spürt, wie die Schwere seiner Verletzungen die Macht in seinem Körper übernimmt: »Das Adrenalin, das mich die ganze Zeit hochgepeitscht hat, lässt langsam nach, ich spüre ein schmerzendes Pulsieren in meinen Beinen. Minuten später liege ich auf dem OP-Tisch im Sanitätszelt der Amerikaner, grelles Licht und konzentrierte Gesichter amerikanischer Ärzte. So kurze Zeit nach der Explosion in einem Krankenhaus! Das kann man nur als Glück bezeichnen.
Ich kann nur schlecht Englisch. Sie schneiden mir die zerfetzte Uniform vom Leib. Ich gerate in Panik. Ich sage ihnen, dass ich zwei geladene Waffen am Körper trage, die HK-P8 im Holster am Bein und die kleinere P7 unter der Splitterweste. Ich radebreche, dass ich einen Dolmetscher brauche und dass sie Camp Warehouse informieren sollen. Ich frage nach Stefan und Franz. Die Ärzte interessiert das scheinbar alles nicht. Sie legen Infusionen, ich bekomme Spritzen. Sie arbeiten schnell und konzentriert, geben kurze Anweisungen an die Schwes-

tern. In ihren Mienen lese ich, dass sie besorgt sind – es scheint nicht gut um mich zu stehen. Mein Körper beginnt zu zittern, ich beginne auszukühlen. Schüttelfrost. Ich frage noch, was jetzt passiert, und bekomme Angst. Ich merke, dass ich schwächer werde. Eine Schwester hält beruhigend meine Hand. Ich habe kein Zeitgefühl. Plötzlich steht ein deutscher Sanitätsoffizier im OP und spricht mit dem amerikanischen Kollegen. Er klopft mir ermutigend auf die Schulter, lächelt mich an und sagt: ›Soldat, alles wird gut.‹ Das ist das Letzte, an das ich mich erinnern kann – der Blutverlust und die Medikamente haben endgültig den Widerstand meines Körpers gebrochen. Jetzt, wo ich versorgt bin und mich sicher fühlen kann, lasse ich los und falle in einen tiefen, endlosen Schacht hinein in die Dunkelheit.«

Schlechte Nachrichten erreichen Deutschland

Wenn ich früher von Schicksalsschlägen anderer Menschen gehört habe, habe ich mich oft gefragt, was die Leidtragenden fühlen, wenn sie erfahren, dass sie betroffen sind. Als Tino ins Koma fällt, ist es bei uns in Bayern etwa 11 Uhr 30. Ich hatte keine Vorahnung gehabt, dass etwas passiert sein könnte, keine Unruhe gespürt. Nichts. Heute weiß ich, Katastrophen beginnen ganz klein und unscheinbar.

Vor allem die schlechten Nachrichten scheinen sich wie mit Lichtgeschwindigkeit über Kabel, Satelliten und das Internet zu verbreiten. Noch während sich die Sanitäter über Tino beugen und sein Leben zu retten versuchen, erscheinen wenige Minuten nach dem Anschlag schon die ersten Eilmeldungen auf den Redaktionsmonitoren und finden ihren Weg in die deutschen Radionachrichten:

»Ein deutscher Soldat der Internationalen Schutztruppe in Afghanistan (ISAF) ist in Kabul bei einem Selbstmordanschlag getötet worden. Der Anschlag sei im Osten der afghanischen Stadt verübt worden, sagte Jusuf Stanisai, ein Sprecher des afghanischen Innenministeriums. Der Selbstmordattentäter habe mit seinem mit Sprengstoff beladenen Toyota ein ISAF-Fahrzeug mit Bundeswehrsoldaten gerammt. Zwei weitere Soldaten sowie drei Zivilisten seien verletzt worden.«

Ich stelle keine Verbindung zwischen Tino und dem Anschlag her, komme zunächst gar nicht auf den Gedanken, dass er eines der Opfer sein könnte. Wir sind so voller Vertrauen in unsere Unversehrtheit, dass wir die ersten Signale meist übersehen. Also arbeite ich einfach weiter, werde aber von Minute zu Minute unruhiger. Schließlich wähle ich doch die Nummer von Tinos Kaserne in Murnau. Der Wachhabende sagt nur: »Nein, nichts bekannt, gib uns mal deine Handynummer. Falls etwas sein sollte, melden wir uns.«

Viele Angehörige in Deutschland von Soldaten im Einsatz in Afghanistan telefonieren jetzt so wie ich mit den Kasernen und versuchen, Genaueres herauszufinden. Wir spüren, dass sich etwas auf uns zubewegt, etwas, was wir noch nie zuvor so deutlich gespürt haben: Angst.

Die Kommandeure im deutschen Hauptquartier Camp Warehouse und im Einsatzführungszentrum in Potsdam versuchen unterdessen fieberhaft, sich einen Überblick zu verschaffen, was genau geschehen ist. Die Meldungen sind verwirrend, weil es an diesem Morgen an der Route Violet noch einen anderen Anschlag mit Toten gibt, und nahe des Stadtzentrums erschießen ISAF-Kräfte bei einem weiteren Zwischenfall den Fahrer eines Autos, das trotz Stoppsignalen ungebremst auf ihre Straßensperre zurast. Die Sicherheitskräfte sind nach den Anschlägen äußerst nervös.

Ich will Tino eine E-Mail schicken und fragen, ob er etwas von dem Anschlag mitbekommen hat, und gleich auf der Startseite meines E-Mailaccounts sehe ich das Foto des zerstörten Feldjägerautos. Es ist eines der gepanzerten Personenschützerfahrzeuge vom Typ Wolf, mit denen auch Tino unterwegs ist. In diesem Moment wird mir klar, dass es diesmal ganz nahe einschlagen würde. Denn so viele Feldjäger im Personenschutz gibt es in Kabul nicht, und von diesem Wolf fahren in Kabul nur ein paar herum. Ich wusste auch, dass Tino und Stefan mit vier weiteren Soldaten aus Murnau in Kabul für den Personenschutz zuständig waren. Dann habe ich angefangen zu rechnen: Selbst wenn die dritte Person eine zu schützende Person gewesen sein sollte, dann waren garantiert zwei vom Personenschutz mit dabei. Es war jetzt völlig ausgeschlossen, dass Tino nicht in irgendeiner Weise in die Sache verwickelt war. Mehr noch: Ich war überzeugt, dass Tino eines der Opfer sei.

Aber was konnte ich tun? Warten. Die Mail an Tino war abgeschickt. Selbst wenn ihm nichts passiert war, würde die Antwort bis zum Abend dauern. Damals rauchte ich noch. Ich zündete mir eine Zigarette nach der anderen an und musste immer auf den Balkon, weil wir im Büro nicht rauchen durften. Die Kollegen fragten, was denn los wäre. Ich erzählte, dass ich jede Sekunde mit dem Anruf rechnen würde, dass es Tino erwischt hätte. Bis dahin wusste keiner meiner Kollegen, dass mein Freund im Einsatz war. Eine Kollegin meinte: »Da sind doch so viele Soldaten unten, da wird Tino schon nicht dabei sein.«

Diese Ungewissheit. Als ich den Fernseher im Büro anschalte, kommen schon die ersten Bilder – fast in Echtzeit, wie man meint. In Kabul dreht ein Kamerateam der britischen Nachrichtenagentur Associated Press Bilder von der Route Violet, als nur 200 Meter entfernt die Bombe explodiert. Vom Dach einer Werkstatt aus liefern sie wacklige, grobkörnige Bilder von einem Soldaten, der schwer verletzt am Vorderreifen eines zerstörten Militärfahrzeugs sitzt, man sieht ein brennendes Autowrack in einem Trümmerfeld, noch mehr Verletzte, Schaulustige und herbeieilende Soldaten und Löschmannschaften …

Im Camp Warehouse hat das Oberkommando den Code »Blaulicht Charlie« ausgegeben, den in der Bundeswehr üblichen Alarm für einen medizinischen Notfall mit Bundeswehrangehörigen. Patrouillen und Ärzte sind unterwegs zum Anschlagsort.

Während ich in Murnau fassungslos die Berichte im Fernsehen verfolge, erreicht die Nachricht vom Anschlag an diesem 14. Novemer 2005 auch die Bundesregierung und ihre Politiker. In Karlsruhe eilt Verteidigungsminister Peter Struck vor die Kameras. Er ist dort auf dem SPD-Parteitag, wo die Partei über den neuen Koalitionsvertrag mit der Union abstimmen soll. Die SPD hat die Bundestagswahl verloren: Ein Machtwechsel, der Brioni-Mann geht, Angela Merkel wird Kanzlerin, und in der kommenden Woche soll auch Struck sein Amt an den designierten Verteidigungsminister Dr. Franz Josef Jung von der CDU übergeben. Ein bitterer Abschied für Peter Struck, der in seinen letzten fünf Amtstagen noch einmal vor die Angehörigen toter und verletzter Soldaten treten muss. Erst sechs Wochen zuvor hatte Struck die Ausweitung des ISAF-Mandats mit großer Mehrheit durch den Bundestag gebracht und die Anzahl der deutschen Soldaten auf 3000 erhöht. Struck wirkt deutlich betroffen, als er in die Kameras spricht: »Wir haben heute einen Soldaten verloren. In Kabul. In Afghanistan. Es war ein Angehöriger der Feldjäger, der bei diesem Selbstmordattentat auf dieses Feldjägerfahrzeug ums Leben gekommen ist. Außerdem ist ein Soldat schwer verletzt worden bei diesem Selbstmordattentat. Ein anderer leicht verletzt. Und es gibt auch Verletzte im Bereich der afghanischen Bevölkerung.« Einen Grund, der Gewalt nachzugeben und die Bundeswehr aus Afghanistan abzuziehen, sieht Struck nicht, im Gegenteil: »Dieser Anschlag ist ein Beweis dafür, dass wir keine stabile und keine ruhige Lage, selbst nicht in der Hauptstadt Afghanistans haben. Und ein Beweis dafür, dass wir eine Präsenz der internationalen Truppe dort auch brauchen.« Mit diesem Anschlag, so der Nachrichtensprecher, wären seit Beginn des Auslandseinsatzes der Bundeswehr in Afghanistan im Dezember 2001 bereits 18 Soldaten »ums Leben gekommen«. Der Nachrichtensprecher sagt nicht »gefallen« denn nach offizieller Lesart herrscht kein Krieg in Afghanistan.

Strucks designierter Nachfolger Dr. Franz Josef Jung bereitet sich zu gleicher Zeit im Verteidigungsministerium auf die Amtsübernahme vor und meldet sich von dort: »Ich stehe in der Kontinuität und ich denke, dass wir diese Verantwortung wahrzunehmen haben, weil wir hier eine internationale Vereinbarung erfüllen und eine friedenssichernde Funktion wahrnehmen. Und trotzdem muss so ein heimtückischer terroristischer Anschlag mit aller Schärfe verurteilt werden, und deshalb gehören unsere Anteilnahme und unser Mitgefühl jetzt den Angehörigen und Familien der verletzten und getöteten Soldaten.«

In Berlin gibt der noch amtierende Außenminister Joschka Fischer die Marschrichtung aus, dass trotz aller Trauer der Einsatz weitergehen muss: »Ich bin entsetzt und erschüttert über den heutigen Anschlag in Kabul. Die Bundesregierung verurteilt diesen Anschlag auf das Schärfste. Unsere Gedanken sind bei den Opfern und ihren Angehörigen. Ihnen gilt unser tiefes Mitgefühl, den Verletzten wünschen wir baldige und vollständige Genesung. Der heutige Anschlag macht deutlich, dass der Kampf um Stabilität und Sicherheit in Afghanistan noch nicht gewonnen ist. Ziel der Terroristen, die dieses Attentat verübt haben, ist es, den Wiederaufbau- und Demokratisierungsprozess zu sabotieren, der mit dem Abschluss der ersten freien Parlamentswahlen einen weiteren ganz wichtigen Schritt vorangebracht wurde. Dieses Kalkül wird nicht aufgehen. Afghanistan kann auch in Zukunft auf die Unterstützung der Bundesrepublik zählen.«

Eine Ahnung wird zur Gewissheit

Ich denke noch darüber nach, was diese ganzen Politikerworte für mich und Tino zu bedeuten haben, als mein Handy klingelt: »Hallo, hier ist der Paketdienst. Wir haben eine Zustellung, Ihre Anschrift ist leider unleserlich geworden – können Sie uns bitte noch mal Ihre genaue Adresse nennen?« Ich habe mich noch gewundert, woher ein Paketdienst meine Handynummer hat. Erst später sagen sie es mir: Es sind Tinos Kameraden aus Murnau, die mich dringend suchen Sie wollen helfen. Sie wollen zu mir, um in meiner Nähe zu sein, wenn sie

mir sagen, dass Tino schwer verletzt ist. Es gibt für diese Ereignisse die Anweisung, dass den Angehörigen die Nachricht persönlich überbracht wird, zu zweit, und nie am Telefon.
Ich werde immer nervöser, an Arbeiten ist nicht mehr zu denken. Ich will meinem Chef sagen, dass ich nach Hause fahre – aber er lehnt ab. Er ist seltsam ruhig und bittet mich, noch ein paar Korrekturen auszuführen, bevor ich gehe. Sobald ich fertig bin, gibt er mir weitere kleine Aufträge. Leicht zu erledigen – aber es würde Zeit brauchen. Mein Chef weiß da bereits Bescheid. Die Feldjäger haben ihn angerufen, er solle mich unbedingt im Büro halten.
Ich ahne, dass etwas auf mich zukommt. Unruhig beginne ich meinen Schreibtisch aufzuräumen, den Computer abzuschalten, die Ablage zu sortieren. Ich trage schmutzige Kaffeetassen in die Küche, rauche mit tiefen Zügen meine nächste Zigarette. Es ist wie vor einem langen Urlaub oder nach einer Kündigung, wenn man für die, die bleiben, alles Wichtige geordnet hinterlassen möchte. Als ich fertig bin, will ich bei meinem Chef eine regelrechte Übergabe machen und mich verabschieden. Ich bin entschlossen zu gehen und sicher, dass ich längere Zeit nicht mehr in die Agentur kommen werde, falls eintritt, was ich befürchte. Ich will gerade eintreten, als ich hinter seiner halb geöffneten Bürotür zwei Feldjäger stehen sehe, einer von ihnen ist Tinos Bataillonskommandeur. Wie vor den Kopf gestoßen gehe ich die Treppe rückwärts wieder hinunter in mein Büro, Schritt für Schritt, die Hand am kalten Geländer. Gedanken schießen mir durch den Kopf: »O nein – jetzt ist es wirklich wahr. Hoffentlich ist Tino nicht tot. Tino!« Wenn die Feldjäger persönlich an meinen Arbeitsplatz kommen, dann sieht es nicht gut aus. Ich verliere sprichwörtlich den Boden unter den Füßen und brauche einen Moment, um mich wieder zu fassen. Die Korrekturen drücke ich wortlos einem Kollegen in die Hand, dann nehme ich meinen ganzen Mut zusammen

und gehe ins Büro vom Chef. Der nimmt mich wortlos in den Arm. Ich erinnere mich, wie ich gezittert habe voller Bangen und mir dauernd sagte: Haltung bewahren, Antje!
Ich reiße mich zusammen, begrüße die Soldaten, als wären sie Kunden der Werbeagentur, und bitte sie in unser Besprechungszimmer. Die Männer folgen mir einigermaßen fassungslos. Ich frage sogar noch: »Kann ich Ihnen Kaffee bringen?« Ich würde das Spielchen gerne noch weitermachen, nur um einen Aufschub zu bekommen. Ich will die Wahrheit gar nicht hören – es ist wie bei einem kleinen Mädchen, das sich die Hand vor die Augen hält, in der festen Überzeugung, auch nicht gesehen zu werden, wenn es selbst nichts sieht. Ich habe ganz einfach Angst. Die Soldaten lehnen ab, es gehe jetzt um mich – der Kaffee sei nicht wichtig. Ich bitte meinen Chef, eine rauchen zu dürfen. Eine Zigarette, das ist ein weiterer Zeitaufschub, und ich brauche das in dieser Sekunde.
Doch dann gibt es nichts mehr zum Aufschieben. Die Soldaten sagen: »Tino ist betroffen. Aber er ist nicht der Tote. Wir wissen nicht, ob er der Schwer- oder der Leichtverletzte ist. Wir warten auf Meldungen aus Kabul über das Einsatzkräfteführungskommando in Potsdam.« Der zweite Verletzte, das wissen die Soldaten, ist Stefan Deuschl. Ich denke an Stefans Familie in Garmisch-Partenkirchen, an seine Frau Violetta und seine beiden Söhne Robin und Henry. Ich denke daran, dass jetzt Tinos und Stefans Kameraden an der Tür klingeln, um seiner Frau Violetta die Nachricht zu überbringen.

Schlimme Neuigkeiten für Violetta

Vio hat mir später erzählt, wie die Nachricht zu ihr durchdrang, die unser Leben verändern würde: »Das erste Mal habe ich um 12 Uhr 45 gehört, dass etwas passiert sein könnte. Ich

war gerade bei den Eltern von Stefan, die ich jeden Tag besucht habe, bevor ich zu Hause das Mittagessen für die Kinder gemacht habe. Meine Chefin hatte in den Nachrichten von dem Anschlag gehört; sie rief mich an und fragte, wo Stefan genau im Einsatz sei. Ich hatte in Erinnerung, dass Stefan eine Patrouillenfahrt nach Kunduz geplant hatte. Afghanistan ist groß. Kabul ist eine Millionenstadt. Ich sagte völlig arglos: ›Der ist unterwegs, ich weiß auch nicht genau, wo die gerade sind – warum fragst du?‹ Sie antwortete: ›Ach, nix weiter, ich habe da nur gerade was im Radio gehört.‹ Ich sagte: ›Ich skype heute Nachmittag mit Stefan, ich geb dir dann Bescheid!‹ Für mich war immer noch alles in bester Ordnung, es erschien mir so unwirklich, dass ich es nicht an mich herangelassen habe.
Um 14 Uhr die nächste Erschütterung. Ich stehe in der Küche und bereite gerade das Essen vor, und wieder die Eilmeldung zu dem Anschlag in Kabul. Jetzt erst erfasst mich eine Unruhe, dieselbe Unruhe, die ich damals gespürt hatte, als sich Stefan von uns in den Einsatz verabschiedet hatte. Ich hatte zum ersten Mal Angst, ohne sagen zu können, was anders gewesen war als bei den drei vorausgegangenen Einsätzen. Stefan hat immer gesagt: ›Wenn mal was ist – die Nerven behalten und zuerst in der Dienststelle anrufen: Die wissen am schnellsten Bescheid und werden dir helfen.‹ Wir waren gut mit dem Kompaniefeldwebel Markus Eng und seiner Familie befreundet. Seine und unsere Kinder sind gemeinsam zur Schule gegangen, zum Eishockeytraining und haben auch sonst viel zusammen gemacht. Als ich anrufe, ist Markus Eng nicht an seinem Schreibtisch, sondern sein Stellvertreter, den ich auch gut kannte. Er wusste sofort, worum es geht, hatte aber auch keine näheren Informationen, denn es herrschte Nachrichtensperre. Ich lauschte dem Tut-Tut-Tut des Telefons nach. Wenn in Afghanistan Nachrichtensperre verhängt wird, das wusste ich von Stefan, muss etwas sehr Ernstes passiert sein. Ich habe mir gesagt: Na, jetzt

mal ruhig Blut, nicht den Kopf verlieren. Vielleicht betrifft es uns ja gar nicht. Also wieder umschalten auf Routine, dem normalen Tagesablauf weiter folgen: Essen kochen und Robin und Henry zum Eishockeytraining ins Eissportstadion fahren.«

Hauptfeldwebel Markus Eng ist in dieser Minute mit seinem Team schon unterwegs zur Wohnung von Stefan Deuschls Eltern – ein weiteres Team hat sich zum SC Riessersee auf den Weg gemacht, um Vio abzufangen. Eng ist nicht nur befreundet mit den Deuschls, er ist auch der Spieß der Kompanie, der Kompaniefeldwebel. In dieser Funktion ist er der Personal- und Sozialberater und die Vertrauensperson der Truppe, zuständig für alles, was die Soldaten beschäftigt und bedrückt. Wenn ein Soldat Probleme hat, geht er zum Spieß. Nicht umsonst hat der den Spitznamen »Mutter der Kompanie«.
Markus Eng weiß, dass die Truppe vor großen Belastungen steht. Was der Anschlag auf seine beiden Kameraden in der Truppe noch auslösen wird, ahnt er aber nicht: »Wir wussten zu diesem Zeitpunkt noch nicht einmal, wer der Schwer- und wer der Leichtverletzte war. In einer Einheit gleich zwei verletzte Soldaten – so einen Fall hatten wir vorher noch nie. Wir mussten uns aufteilen. Es waren die Frau und die Eltern von Stefan zu informieren und Tinos Freundin Antje. Der Bataillonskommandeur war schon unterwegs nach München zu Antje, und wir hatten uns auf den Weg nach Garmisch zur Familie Deuschl gemacht. Ich hatte eine Ausbildung für Trauerfälle innerhalb eines Lehrgangs zur Ausbildung von Kompaniefeldwebeln erhalten. Uns war immer wieder gesagt worden, dass es in solchen Situationen nichts zu beschönigen gibt, sondern dass man ehrlich und offen sein und die Wahrheit sagen soll. Wenn man solche Besuche macht, sollte man sehr viel Mitgefühl mitbringen. Soweit die Theorie. Ich kannte Tino

und Stefans Familie gut und war selbst tief getroffen, als die Nachricht kam.
Violetta war nicht mehr zu Hause, und über Funk haben wir uns verständigt, dass ich zu Stefans Eltern fahre – das andere Team zum Eisstadion, wohin Vio ihre Kinder zum Training bringen würde. Als ich durch den Vorgarten von Stefans Eltern zur Haustür ging, dachte ich daran, dass Stefan hier groß geworden und als Kind durch diesen Garten getobt war. Ich hatte plötzlich das Gefühl, als würde ich alles wie einen Film betrachten. Als Stefans Mutter vor die Tür trat, hörte ich mich beruhigende Worte zu ihr sprechen. Eine völlig groteske Situation. Ich beobachtete, dass ich funktionierte, und später habe ich mich gefragt, wie ich das geschafft habe. Ich bin selbst Vater von vier Kindern – und ich konnte nur zu gut nachfühlen, was man empfinden muss, wenn einen die Nachricht vom Unglück des eigenen Kindes erreicht. Eltern mitteilen zu müssen, dass ihrem Kind etwas zugestoßen ist, das wünsche ich niemandem – es ist eine für alle sehr extreme emotionale Belastung. Die Eltern waren sehr bemüht, Haltung zu bewahren, und wollten sofort Stefans Frau Vio anrufen. Jeder Mensch hat eine andere Art, mit solchen Nachrichten umzugehen; das gilt nicht nur für den Angehörigen, sondern auch für den Überbringer. Wir hatten bei den Eltern ganz klar den Eindruck, dass sie zwar verstanden hatten, dass etwas Schlimmes passiert war, dass sie aber noch Zeit benötigen würden, bis die Nachricht wirklich angekommen war. Wir haben dann einen Feldjäger bei den Eltern gelassen. Wie würde Vio reagieren? Das war jetzt meine nächste große Sorge.«

Während der Kompaniefeldwebel Stefans Eltern die Nachricht überbringt und mich in München der Bataillonskommandeur aufsucht, trifft Vio am Eisstadion ein. Später erzählte sie mir, wie sie das erlebt hat: »Als wir um Viertel nach drei beim

SC Riessersee einparken, kommen zwei Feldjäger aus dem Trakt der Sportler raus, Guido und Christian. Ich spüre schon, was jetzt kommt. Die beiden gehen auf meine Kinder zu und begrüßen sie herzlich. Ihre Freundlichkeit wirkt auf mich gespielt; ich sehe, wie unruhig die Männer sind. Wir verständigen uns mit Blicken, dass erst die Kinder außer Hörweite sein müssen. Robin und Henry sind dann ins Eisstadion hineingegangen. Wir schauen ihnen noch nach, und sofort verändert sich der Gesichtsausdruck von Guido. Ich sehe Tränen in seinen Augen, merke, dass er reden will, aber nicht reden kann. Instinktiv weiß ich sofort alles. Trotzdem frage ich: ›Mensch, Guido, was ist los mit dir?‹ Stockend kommt die Antwort: ›Vio, wie es ausschaut, ist der Stefan betroffen, Tino auch – Stefan hat's nach allem, was wir bisher wissen, am schwersten erwischt.‹
Ich bin völlig ruhig in dem Moment. Als Mutter läuft bei mir sofort ein Alarmprogramm an, und das heißt: schützen, verteidigen, Schaden abhalten von den Kindern. Da wird man ganz praktisch und schaltet alle Notfallsysteme an: Was muss in welcher Reihenfolge erledigt werden? Oma, Opa anrufen, Arbeit absagen … Ich muss einen Augenblick völlig versunken dagestanden haben. ›Vio, können wir dir irgendwie helfen?‹, fragt Guido. ›Ja, bitte, ihr müsst mir was abnehmen, das schaffe ich jetzt nicht!‹
Mir war klar, dass ich all meine Kräfte für die kommenden Stunden selbst brauchen würde, um meine Kinder aufzufangen und selbst in der Spur zu bleiben, also bat ich die beiden: ›Bitte fahrt zu meinen Schwiegereltern raus und sagt denen Bescheid. Ich kümmere mich um Robin und Henry.‹
Bis das Training der Kinder aus war, hatte ich noch eine Stunde Zeit. Mein erster Gang war zu meiner Mama. Wenn du dich mit deiner Mutter gut verstehst, bist du sofort wieder Kind, wenn so ein Schlag dich umzuwerfen droht. Ich bin zu ihr in die Arbeit, und dort stand sie wie immer, seit ich mich erin-

nern kann, mitten in ihrem kleinen Spielzeugladen. Seit meiner Kindheit war das immer mein Zufluchtsort – wenn was war, zu meiner Mama in den Spielzeugladen. Ich habe die Tür aufgerissen, und sie hat mich angeschaut und wusste sofort, was los ist. Bis dahin hatte ich gut funktioniert: Ich konnte ruhig Auto fahren, in der Arbeit Bescheid sagen, dass ich nicht komme. Aber in diesem Moment, als meine Mama mich angeschaut hat, habe ich mich fallen gelassen und hemmungslos geweint. Sie hat mich nur fest in den Arm genommen. Sie war ein sehr positiver, dem Leben zugewandter Mensch, der alles, was kam, gutmütig angegangen ist, und wenn ich etwas von meiner Mutter mitgenommen habe für mein eigenes Leben, dann ist das die tiefe Liebe zu den eigenen Kindern, zur Familie und das Vertrauen, dass es für alles eine Lösung gibt. Ich habe sie häufig sagen hören: ›Der liebe Gott lädt nur so viel Last auf deine Schultern, wie du selbst tragen kannst. Aber tragen musst du sie ein Stück auf deinem Weg.‹ Das habe ich von ihr gelernt: Egal, wie ausweglos die Situation scheint, das Leben geht immer weiter. Der Strom des Lebens ist so mächtig und so stark, er findet seinen Weg durch jedes Hindernis, wie Wasser teilt er sich und fügt sich wieder zusammen und bleibt immer in Bewegung, schafft neue Möglichkeiten und Sichtweisen – und wenn du offen bleibst und voller Zuversicht, dann wirst du die Chancen sehen können, die dich selbst weiter und aus deiner Krise bringen.

An all das erinnerte ich mich voll Dankbarkeit, als ich in den Armen meiner Mutter lag und weinen konnte. Und es gab mir alles, was ich brauchte, um die kommenden Tage zu überstehen. Dann bin ich wieder ins Eisstadion, um die Kinder abzuholen, und zurück nach Hause. Vor unserer Tür wartete schon ein befreundeter Feldjäger mit seiner Frau auf uns, um uns zu helfen. Die Kinder haben gespürt, dass etwas anders ist als sonst. Dass wir Hilfe benötigen könnten, war den Kindern völlig fremd –

wir hatten immer alles bestens im Griff. Erwachsene mit besorgten Mienen. Eine gedrückte Stimmung. Dauernd Telefonate. Sie haben sich dann ganz schnell zusammengereimt, dass die Feldjäger am Eisstadion kein Zufall waren und dass es mit ihrem Vater zusammenhängen musste. Ich habe ihnen gesagt, dass etwas Schlimmes passiert war. Sie waren relativ ruhig – weil ich ruhig war. Ich wusste, wenn ich jetzt den Kopf verliere, werden meine Kinder auch kopflos werden. Wenn sie mich ratlos und weinend sehen, wird sich das Gefühl bei ihnen breitmachen, dass alles aussichtslos ist, dass wir es nicht schaffen können. Und das wollte ich nicht zulassen, denn es gibt nichts im Leben, was man nicht schaffen kann. Anpacken und weitermachen, egal was passiert – genau das habe ich versucht meinen Kindern mitzugeben und vorzuleben. Egal wie groß das Problem ist, das gerade auf einen zukommt: Es gibt nichts, wofür es nicht auch eine Lösung gibt – man muss sie suchen, bis sie wie von selbst auf einen zukommt. Das dauert vielleicht einen Moment, und die Suche kann schmerzhaft sein – aber man muss suchen und offen bleiben, dann passiert es irgendwann.«

Banges Warten auf mehr Klarheit

Tino und ich, wir wollten ja erst heiraten und hatten noch keine Kinder. Ich weiß nicht, wie ich damals reagiert hätte, wenn wir schon Kinder gehabt hätten oder gar eines unserer Kinder verletzt worden wäre. Die Nachricht von dem Anschlag hat uns alle an unterschiedlichen Orten erreicht – aber jeden mit voller Wucht getroffen.

In Chemnitz spürt Tinos Mutter, dass etwas nicht rund läuft – seit dem Morgen schon ist sie von einer tiefen Unruhe erfasst, vielleicht weil Mütter immer eine ganz besondere Beziehung zu ihren Söhnen haben.

Als wir später über diesen Tag sprachen, hat mir Tinos Mutter erzählt: »Am Tag, als es passierte, hatte ich schon den ganzen Morgen über ein komisches Gefühl. Mittags kam der Anruf meiner Schwiegermutter, die war damals schon 94 Jahre alt, hat aber jede Stunde Nachrichten gehört. So wusste sie von dem Anschlag in Kabul und machte sich Sorgen. Ich habe sie beruhigt und ihr gesagt, dass ich Montagabend immer mit Tino telefoniere und ihr dann Bescheid geben würde. Ich wollte sie nicht beunruhigen, glaubte aber nicht wirklich, was ich gesagt hatte.

Nachdem ich den Hörer aufgelegt hatte, rief ich in Tinos alter Kaserne bei den Feldjägern in Frankenberg an. Die Feldjäger bestätigten, dass es einen Zwischenfall gegeben habe – angeblich fehlten aber genauere Informationen. Mittags kam mein Mann von der Arbeit, und wir haben zusammen Nachrichten geschaut. Wir erkannten das zerstörte Auto von den Fotos, die Tino von seinem vorigen Einsatz mitgebracht hatte. Das war ein Schock für uns, obwohl wir noch nicht wussten, ob er betroffen war. Eine Stunde später läutete es an der Tür. Durch die Scheibe sah ich die Silhouette von zwei Männern in Uniform und wurde ganz wackelig auf den Beinen. Ich habe die Tür aufgerissen. Da standen zwei Feldjäger, den einen kannte ich vom Sehen. Ich vermutete sofort das Schlimmste, aber er beruhigte mich: ›Tino ist nicht der tote Kamerad. Aber er ist betroffen.‹ Wir baten die beiden ins Wohnzimmer und saßen da bei viel Kaffee ziemlich ratlos herum und warteten auf neue Informationen. Aber es gab keine. Am späten Abend kam die Nachricht, dass Tino am nächsten Tag aus Kabul ins Bundeswehrkrankenhaus nach Koblenz ausgeflogen werde und wir dort hingefahren würden. Nachdem die Feldjäger gegangen waren, habe ich mit meiner Tochter Heike telefoniert.«

Tinos Schwester Heike ist am Tag des Attentats unterwegs nach Murnau – von Koblenz aus, nicht ahnend, dass Tino am nächsten Tag genau dort eintreffen wird. Heikes Freund war damals Luftwaffenoffizier bei der Bundeswehr. Die beiden hören auf der Fahrt kein Radio und so bekommen sie auch die ersten beunruhigenden Nachrichten nicht mit. Auf dem Handydisplay muss Heike gesehen haben, dass ich ein paarmal versucht habe, sie zu erreichen. Aber der Empfang war wohl zu schlecht. Am Abend will sie in Murnau eintreffen, wo sie als Krankenschwester in der Unfallklinik arbeitet. Und so ist es ihre Mutter, die Heike die Nachricht über den Anschlag auf Tino mitteilt. Heike steht an der Kasse eines Outletcenters in Herzogenaurach, wo sie gerade ein Paar Laufschuhe bezahlen will. Als sie hastig abnimmt, hört sie zunächst nur ein Schluchzen. Ihre Mutter ist am Telefon. »Tino hat es erwischt.« Dann Stille. Für Heike ist es ein Schock. Mehr kann die Mutter nicht sagen, sie ist so aufgelöst, wie Heike sie noch nie erlebt hat. Plötzlich ist der Krieg ganz nah. Tino. Heike merkt, dass ihr in diesem Moment die Knie weich werden. Bilder aus der Kindheit mit Tino ziehen an ihr vorüber. Tino beim Fahrradfahren. Herumtoben draußen in der Natur bis Sonnenuntergang. Heike lässt die bereits bezahlten Schuhe an der Kasse stehen. Sie überlegt mit ihrem Freund umzukehren und nach Koblenz zurückzufahren. Sie wissen, dass alle Verletzten aus Afghanistan zunächst ins Bundeswehrzentralkrankenhaus ausgeflogen werden. Sie entschließen sich jedoch fürs Erste, zu mir nach Murnau zu fahren, um mir beizustehen.

Ich war zu dieser Zeit auf dem Weg nach Hause, eskortiert von einem Feldjägerauto und mit einem Feldjäger am Steuer meines Wagens. Von meinen Kollegen in der Werbeagentur hatte ich mich einzeln verabschiedet. Alle waren sehr bewegt, ich hatte niemandem erzählt gehabt, dass mein Freund als Bundeswehrsoldat in Afghanistan im Einsatz ist – damit ging man damals einfach nicht hausieren, weil man nie sicher sein konnte, ob die Leute das positiv aufnehmen. Jetzt sah ich in den Gesichtern meiner Kollegen: Sie waren betroffen und schockiert. Sie wussten nicht, wie sie mir gegenübertreten sollten. Damals kannte kaum jemand persönlich einen Bundeswehrsoldaten, der bei Auslandseinsätzen war. Heute, wo bereits über 200 000 Soldaten Dienst im Einsatz geleistet haben, ist das schon anders. Meine Kollegen kannten den Krieg nur aus den Nachrichten. Bisher war das alles ganz fern gewesen, und jetzt stand ich hier: Antje, deren Mann es in Afghanistan erwischt hatte. Die Kollegen waren wunderbar. Mein Grafikchef hat mich umarmt. Alle waren aufmerksam. Es war ein endgültiger Abschied, denn mir war klar, dass ich an einem Wendepunkt in meinem Leben angelangt war und dass es lange dauern würde, bis ich wieder ein normales Leben führen und meinen Berufsweg fortsetzen könnte.

Passend zur Situation hat es wie aus Eimern geschüttet. Die ganzen nächsten Tage sollte es regnen. Wie in einem alten französischen Detektivfilm. Auf der Fahrt hat mir der Feldjäger, der mein Auto steuerte, erzählt, dass sie mich lange gesucht haben. Dass sie nicht wussten, wo ich arbeite und alle möglichen Leute in Murnau angerufen hätten, ob diese wüssten, wo ich mich aufhalte. Und mir wurde klar, wer da als Paketdienst nach meiner Adresse gefragt hatte. Auf der Autobahn Richtung Murnau überholten wir Wohnmobile, die Richtung Italien unterwegs waren, immer der Sonne nach. Freizeit. Tiefer Frieden. Ich sah nach draußen auf die schnell vorüberhuschenden Bäume und Wiesen. Die schöne Landschaft flog dahin. Wiesen mit grasenden Kühen. Die schönen, sauberen Bauernhäuser. Abends würden die Familien im Schein der Lampe gemeinsam am Tisch sitzen und Abendbrot essen, sich erzählen, was sie den Tag über erlebt hatten. In diesen Gesprächen würde es nicht um Bomben, Tod und Vernichtung gehen, sondern um die ganz banalen Alltagsprobleme. Die Fünf in Mathe. Die nicht bezahlte Rechnung. Die ungerechten Milch-

preise und das Auto, das wieder in die Werkstatt muss. Wie beneidete ich diese Menschen in jenem Augenblick um ihre Alltagsprobleme, die mir so unbedeutend erschienen. Ich dachte an die Worte von Verteidigungsminister Struck, dass diese Freiheit auch am Hindukusch verteidigt werde, und ich fragte mich, ob die Menschen diesen Frieden überhaupt noch spürten und ob er es ihnen wert wäre, dafür das Leben oder die Gesundheit zu verlieren.
Als wir zu Hause ankamen, stand da schon Mario – unser bester Freund und ein Feldjäger wie Tino. Er war quasi abkommandiert worden, um mich in dieser schwierigen Situation nicht allein zu lassen. Ich schloss die Tür auf und vom oberen Treppenabsatz schaute mein Kater Zwerg starr auf uns herab und begrüßte uns mit klagendem Miauen. Das hatte er noch nie gemacht – Kater Zwerg konnte mit Mario nichts anfangen und verzog sich sonst immer auf seinen Schlafbaum. Es war das erste Mal, dass Zwerg sich neben Mario setzte und sich sogar streicheln ließ. Ich bin mir heute sicher, dass Tiere spüren, wenn etwas nicht gut läuft bei uns Menschen. Und vielleicht war das die Art von Zwerg, seine Anteilnahme zu zeigen.

Abends kommt Heike in Murnau an. Wir liegen uns erst einmal wortlos in den Armen. Bei einer Tasse Kaffee beraten wir, wie es jetzt weitergehen soll. In Murnau können wir nichts ausrichten. Heikes Freund ist Leutnant im Koblenzer Bataillon für Operative Information 950 und Experte für psychologische Kriegsführung. Immer wieder versucht er über seine Verbindungen zu den Stäben etwas Genaueres über Tinos Schicksal herauszufinden – aber ohne Erfolg. Sechs Stunden nach dem Anschlag wissen wir immer noch nicht, in welchem Zustand sich Tino wirklich befindet. Wir versuchen, aus den Nachrichten und dem Internet mehr zu erfahren – vergeblich. Nachrichtensperre. Spätabends dann der Anruf, dass uns die Feldjäger am nächsten Morgen nach Koblenz fahren. Wie es aussieht, werden die zwei Verletzten ausgeflogen. Aber es sei noch nicht sicher, ob die beiden transportfähig sein werden und ob Sandstürme den Abflug verzögern. Man müsse den Morgen abwarten.

Um 22 Uhr habe ich zu Mario und den anderen gesagt: »Kommt, wir versuchen jetzt alle mal zu schlafen und zur Ruhe zu kommen.« An Schlaf war natürlich nicht zu denken. Du liegst im Bett und drehst dich von rechts nach links, dann stehst du wieder auf und schaust im Internet und im Fernsehen, ob es neue Meldungen gibt. Vergeblich. Warten, warten, warten.

Dienstag in der Früh bringt Mario frische Brezen fürs Frühstück. Wir trinken alle erst mal einen heißen Kaffee. Um 8 Uhr 30 endlich der erlösende Anruf: Tino und Stefan seien nach Sonnenaufgang über den Hindukusch nach Termez geflogen worden, und in diesem Moment würde man sie für den Flug mit dem MedEvac, dem Medizinischen Evakuierungsteam, nach Deutschland vorbereiten. Man wisse aber nicht sicher, ob der Airbus starten könne.

Wir beschlossen trotzdem, sofort nach Koblenz aufzubrechen – um mit dem Auto etwa zur gleichen Zeit einzutreffen wie Tino und Stefan mit dem Flugzeug.

Heike meldete sich in der Arbeit ab und machte dieselben Erfahrungen wie ich mit den Kollegen, als sie hörten, dass ein Angehöriger in Afghanistan schwer verwundet worden ist: Sie erfuhr große Anteilnahme und einfühlsame Unterstützung. Heike bemerkte eine Betroffenheit, wie sie sie noch oft erleben wird, wenn sie Menschen von Tinos Geschichte erzählt. Es ist die unvermittelte, direkte Konfrontation mit den Opfern dieses Krieges. Die Auslandseinsätze der Bundeswehr hat jeder immer weit von sich weggeschoben. In den Nachrichten waren sie so gut wie nie Thema. Reportagen oder Hintergrundberichte über die Arbeit der Bundeswehr in Afghanistan oder gar Bilder von Toten und Verletzten gab es nicht. Selbst bei dem großen Anschlag auf den Bus im Juni hat man nie etwas von den Angehörigen gesehen oder gehört. Es hieß immer nur: »Anschlag, Tote, der Kampf geht weiter.« Dieser Konflikt sollte unter Ausschluss der Öffentlichkeit stattfinden. Doch jetzt kommen immer mehr Särge und Verwundete zurück nach Deutschland, immer mehr Familien sind betroffen und erleben schmerzhaft die Auswirkungen dieses Konflikts. Heike ist wütend und hilflos wie wir alle. Sie weint und brüllt gleichzeitig ihre Wut heraus: »Warum Tino? Wieso er?« Ihr kommen ganz einfache Gedanken: Ob es das wert ist, zu sterben für dieses Land und die Menschen dort. Dass dort Krieg ist, wollte niemand bis dahin so recht wahrhaben. Wegschauen kann Heike heute nicht mehr. Wenn wieder Nachrichten kommen von Anschlägen und Opfern, dann ist alles wieder da, damals, als es losging mit Tino.

Blast Injury – Die Welle der Vernichtung

Militär- und Notfallmediziner sagen, die einzige Möglichkeit, eine Explosion zu überleben ist, dass man nicht sofort daran stirbt. Klingt banal – aber es ist die reine Wahrheit, denn nichts wirkt so massiv auf den menschlichen Körper ein wie eine Explosion und die daraus folgende Druckwelle – der sogenannte Blast. Die Überlebensrate nahe dem Zentrum einer großen Explosion geht gegen null – wer nicht gleich hier stirbt, muss mit massiven Verletzungen rechnen, den sogenannten Blast Injuries. In Deutschland sind kurz nach dem Anschlag an diesem Montag auch die Ärzte des MedEvac über den Notfallcode »Blaulicht Charlie« alarmiert worden. Der Notruf setzt auch in Deutschland eine Rettungskette in Gang, die jeden im Einsatz verletzten Bundeswehrsoldaten in ein sicheres Krankenhaus zurückbringen soll – egal wo auf der Welt er Dienst tut. Der

leitende Notarzt und Anästhesist, Oberfeldarzt Dr. Schaefer, ist einer der Experten in Deutschland für Notfalleinsätze und Blast Injuries. Er und sein Team werden bei der Rettung von Stefan und Tino eine zentrale Rolle spielen.
Er hat mir später erläutert, wie sich die gesundheitliche Lage der beiden kurz nach der Explosion darstellte: »Ihr Leben hing an einem seidenen Faden. Tino war vom amerikanischen Stützpunkt mit einem Sanitätsfahrzeug in das deutsche Feldlazarett im Camp Warehouse geflogen worden, wohin Stefan schon direkt nach der Explosion eingeliefert worden war. Die Blutungen hatten die Ärzte zwar stoppen können, aber vor allem Stefan schwebte durch den massiven Blutverlust noch immer in Lebensgefahr. Zwei Operationsteams machten sich sofort an die Arbeit, das wenige noch vorhandene Leben im Körper zu halten. Die Explosion hatte Stefans Körper furchtbar gezeichnet. Als die Bombe zündete, stand er im Explosionsschatten der gepanzerten Tür des Wolf. Kopf, Arme, Hände und Oberkörper waren geschützt – doch wegen des hohen Radstands des Geländefahrzeugs endet die Tür knapp unterhalb von Stefans Hüfte. Die Explosion riss ein Bein sofort komplett ab, das andere hing nur noch mit ein paar Hautlappen verbunden an dem völlig zersplitterten Oberschenkelknochen. Fast alle Nerven waren durchtrennt, alle Beinmuskeln, Venen und Arterien zerrissen. In diesem Fall war nichts mehr reimplantierbar – auch Stefans zweites Bein war rettungslos verloren –, die Ärzte mussten amputieren. Dazu kam der enorme Blutverlust durch die Durchtrennung der Hauptarterien im Bein und die große Fläche der Verletzungen. Als die erstversorgenden Soldaten Stefan Deuschl die Beinstümpfe abbanden, um die Blutungen zu stoppen, ging es sprichwörtlich um Sekunden. Es konnte sich kein Blutdruck mehr aufbauen, weil jeder Gegendruck in den Adern fehlt – das Herz pumpte mit jedem Schlag seine letzten Blutstropfen durch die zerrissenen

Hauptschlagadern in den Sand der Straßen von Kabul. Er war schon grauweiß im Gesicht, seine Lippen blau. Ohne Blutkonserven wäre Stefan Deuschl Minuten später gestorben. Als er im Camp Warehouse eingeliefert wurde, war er bereits klinisch tot.«

Auch Tino ist schwer verletzt: Offener Splitterbruch am rechten Unterschenkel, die Adern durchtrennt, Teile des Unterschenkelmuskels sind weggerissen. Der Fuß droht mangels Durchblutung abzusterben und zusätzlich blutet Tino aus zahllosen Splitterwunden.

Die Ärzte beraten, ob sie sofort amputieren sollen – entschließen sich trotz der großen Infektionsgefahr für den Versuch, den Unterschenkel zu retten. Wenn sich die Durchblutung in den kommenden Stunden verbessern ließe, hätte Tino eventuell noch eine Chance, sein Bein zu behalten. Inzwischen haben die Ärzte Tino und Stefan in ein künstliches Koma versetzt, vor allem, um ihnen die unglaublichen Schmerzen und den Schock über das Erlebte zu ersparen.

Explosionsverletzungen haben körperlich wie psychisch katastrophale Folgen für die Opfer. Die Druckwelle in den ersten Millisekunden nach der Explosion hat das größte Tötungspotenzial. Lunge, Magen-Darm-Trakt und die Hörorgane sind am stärksten gefährdet, weil diese Hohlräume im Körper mit Luft gefüllt sind. Der massive Druckunterschied im Augenblick der Explosion lässt diese Luftblasen anschwellen und bersten. Lungenbläschen platzen wie Seifenblasen.

Weitere Verletzungen entstehen durch jede Art von Splittern und Teilchen, die sich wie Hochgeschwindigkeitsgeschosse in den menschlichen Körper bohren. Selbst Kieselsteinchen oder Sandkörner werden in der Druckwelle zum tödlichen Projektil – auch Zähne von Selbstmordattentätern hat man schon tief aus den Körpern von Anschlagsopfern operiert. Solche Verletzungen sind besonders heimtückisch, weil der eindringende Splitter auf der Hautoberfläche nur eine unscheinbare Eintrittsöffnung hinterlässt, sich im Körper aber wie ein Dumdumgeschoss dreht und weiterwühlt und dabei verheerende Mengen von Gewebe, Nerven oder Blutgefäße und die inneren Organe zerreißen kann. Das Opfer verblutet innerlich, wenn Ärzte diese Wunden übersehen. Dazu kommen – durch herumfliegende größere Trümmerstücke – Brüche an Armen und Beinen, auch im Beckenbereich oder am Kopf. Ganze Gliedmaßen können abgeschlagen werden. Wenn das Opfer durch die Luft geschleudert wird, können beim Aufprall weitere Brüche und Verletzungen auftreten. Schließlich gibt es noch hochgradige Hautverletzungen durch die thermische Wirkung der Explosion, durch Feuer und entzündete Brennflüssigkeiten wie Benzin und anderes.

In einem handelsüblichen Silvesterkracher sind etwa drei Gramm Schwarzpulver – und doch können sie bei fahrlässigem Umgang schon Finger und Hände zerfetzen. Die Bombe im Auto des Attentäters hatte eine Sprengwirkung von zwölf Kilogramm TNT, die 4000-fache Sprengkraft eines Chinaböllers, und Stefan steht weniger als drei Meter entfernt, als der Attentäter die Bombe zündet.

Die Druckwelle arbeitet sich durch die Karosserie und die Scheiben des Autos, sie atomisiert die Kühlerhaube, den Motorblock, sie reißt das Glas als Splitter mit. Das geschieht in Millisekunden. Die mit Splittern durchsetzte Druckwelle wirkt wie eine Ladung Schrot – Tinos und Stefans Körper werden an den ungeschützten Stellen regelrecht perforiert durch Glas, Metallteile, Karosseriesplitter, Steine, Sand und Schrapnelle, weil die Bombe mit Nägeln oder Kugellagern versetzt war, um den Schädigungsgrad zu erhöhen.

Die Ärzte suchen die Körper von Tino und Stefan sorgsam nach kleinsten Verletzungen ab. Man kann nur die größeren

Splitter entfernen und nie alle, weil viele zu dicht an Blutgefäßen oder lebenswichtigen Organen liegen und eine Operation zu gefährlich wäre. Menschen mit Splittern im Körper müssen ihr Leben lang ärztlich überwacht werden, weil die Splitter wandern und noch Jahre nach dem Anschlag tödlich wirken können. Wenn man sich Röntgenbilder von Tinos Beinen anschaut, sehen sie aus wie ein Sternenhimmel: 20 bis 30 Splitter sind deutlich zu erkennen. Tino und Stefan müssen noch heute regelmäßig zum Röntgen, um die Wanderung der Splitter zu kontrollieren, die sie in ihren Körpern tragen – ein Stück Afghanistan; Staub und Karosserieteile aus dem Auto des Attentäters auf ewig vereint mit ihren Körpern.

Zusätzlich bedeuten diese Wunden eine enorme Infektionsgefahr. Jeder dieser Splitter kann Infektionen und Blutvergiftungen auslösen. Dazu kommt der ärgste Feind jeder Behandlung: In Afghanistan gibt es zahlreiche multiresistente Keime, die auf kein Antibiotikum reagieren und den sicheren Tod für den schon geschwächten Verletzten bedeuten. Kaum zu entfernen und ebenso gefährlich sind die im Explosionsstaub enthaltenen Ruß- und Verbrennungspartikel, oft verbacken zu einem schwarzen Schorf verbrannter Haut. Viren, Bakterien, Keime, Staub – dieser ganze Giftcocktail strömt in die Wunden der Explosionsopfer, um im Körper das Inferno fortzusetzen, das sie gerade überlebt haben. Die Ärzte müssen daher aus den verunreinigten Wunden und von den Wundrändern zusätzlich große Hautteile und weitere Knochenpartien entfernen, so lange, bis ein sauberes Wundbild entsteht. Der Blutverlust bei diesen Prozeduren ist enorm.

Das nächste Problem: Die Wunde muss offen heilen. Die Ärzte nähen nicht gleich alles zu, damit Infektionen und Eiter keine Blasen im Körper bilden, sondern die Wundsekrete immer wieder aus dem Körper abgesaugt werden können. Eine extrem aufwändige und schmerzhafte Prozedur. Die Wunde

soll so von innen nach außen heilen – das alles sind sehr langwierige Prozesse, die dem Körper alles abverlangen.
Tino hat zusätzlich zu den Knochenbrüchen ein sehr schweres Kompartmentsyndrom in beiden Beinen. Bei der Explosion werden die Muskeln regelrecht vom Knochen »abgeblasen«, weil der Knochen starr ist und nicht biegsam auf die Druckwelle reagieren kann wie die Muskeln. Im verletzten Muskelgewebe sowie zwischen Muskeln und Knochen entstehen winzige Luftkammern. Es schwillt an wie bei einem Bluterguss. Venen, Arterien und Nerven werden gequetscht und sterben ab, damit verliert der Körper die Verbindung zu dem geschädigten Körperteil und stellt dort die Funktion ein. Durch die Schwellung werden auch die Mikrokapillaren gepresst, die einerseits für den Sauerstofftransport in das Gewebe sorgen, andererseits Schadstoffe und totes Zellmaterial abtransportieren sollen. Die Durchblutung stockt und der Körper beginnt sich selbst zu vergiften. Die Folgen sind dramatisch: Mangelnde Durchblutung und fehlende Sauerstoffversorgung – das Bein beginnt abzusterben.
Durch das Kompartmentsyndrom war Tino in großer Gefahr, beide Beine zu verlieren. Um das geschwollene Gewebe wieder zu entlasten und den Druck wegzunehmen, entschlossen sich die Ärzte zur sogenannten Faszienspaltung. Dazu muss das Bein mit langen Schnitten geöffnet werden. Die Muskelfasern werden im Körper von einem Hautsack gebündelt, der den Muskel straff umschließt – dem Fasziensack. Schwellen die Muskelfasern an, erhöht sich der Druck, weil sich der Fasziensack nicht elastisch ausdehnen kann. Die einzige Methode, den Druck von den Muskelfasern zu nehmen, ist das Aufschneiden des Fasziensacks. Ich kann heute noch sehen, was die Ärzte damals mit Tino gemacht haben, um seine Beine zu retten: Die Narben sind über 40 Zentimeter lang. Es müssen tiefe Schnitte gewesen sein. Schnitte bis auf den Knochen.

Für Tino und vor allem für Stefan sieht es zunächst ganz schlecht aus. Die folgenden Tage werden darüber entscheiden, ob ihr Körper genügend Kraft und Lebenswillen hat, seine Funktionen in den verletzten Bereichen wiederaufzunehmen. Die beiden haben nur ein einziges, aber unschlagbares Plus: Sie haben die Explosion überlebt.

Eine weitere Voraussetzung für das Überleben einer Explosion sind gute Ärzte und eine rasche, entschlossene und umfassende Hilfe. Auch hier hatten Tino und Stefan wieder viel Glück. Die Soldaten, die als Ersthelfer am Explosionsort waren, wussten, was sie tun müssen. Sie banden den Verletzten die Beine ab und konnten die Blutungen stoppen, sie setzten Betäubungsspritzen, um den Schmerz zu lindern, den Schock zu dämpfen und die Verletzten ruhigzustellen. Tino und Stefan ist klar, dass sie diesen Soldaten ihr Leben verdanken. Ohne ihr beherztes Handeln wäre ihr Leben noch am Anschlagsort erloschen.
Diese Soldaten begaben sich selbst in Lebensgefahr. Weitere Attentäter hätten im Hinterhalt auf die Helfer lauern können, um weitere Sprengsätze zu zünden. Immer wieder gibt es solche heimtückischen Fallen. Die erste Bombe lockt die Schaulustigen und die Rettungseinheiten an – die zweite Bombe vernichtet beide.
Tino und Stefan wissen bis heute nicht, wer ihre Retter waren, sie konnten sich nicht bei ihnen bedanken. Nach der Erstversorgung im amerikanischen Feldlazarett wurde auch Tino in das besser ausgestattete deutsche Einsatzlazarett im Camp Warehouse gebracht. Die Mediziner hier sind Experten auf dem Gebiet der Blast Injuries und der Notfallhilfe.
So in etwa war die Situation in Kabul, während es bei uns in den Nachrichten hieß: »Ein Schwer- und ein Leichtverletzter nach Anschlag in Afghanistan.« Diese knappe Information wird bis Dienstagabend die einzige Nachricht über den

Zustand unserer Männer bleiben. Die Ärzte in Kabul haben über das Sanitätsführungskommando in Koblenz und das Einsatzkräfteführungskommando in Potsdam den MedEvac-Airbus für die sofortige Evakuierung der beiden Verletzten nach Deutschland angefordert. Sie wissen, dass sie Stefan und Tino mit den Mitteln des Einsatzlazaretts in Kabul nicht am Leben erhalten können. Der Alarmruf setzt eine einzigartige Logistik in Gang, an der Hunderte Menschen beteiligt sind. Zwischen den Medizinern im Bundeswehrzentralkrankenhaus Koblenz und dem deutschen Feldlazarett in Kabul beginnt ein reger Austausch medizinischer Daten, Diagnosen und Therapiestrategien. Die Ärzte in Deutschland müssen genau wissen, auf welche Verletzungsbilder sie sich einstellen müssen.
Für den Langstreckenflug nach Usbekistan steht ein Airbus 310 zur Verfügung, die fliegende Intensivstation der Bundeswehr und eines der kostspieligsten und effektivsten Glieder einer weltweit einzigartigen Rettungskette. Von seinem rechtzeitigen Eintreffen 5000 Kilometer von Koblenz entfernt wird jetzt alles abhängen. Die Patienten werden zunehmend schwächer. Sind sie nicht mehr transportfähig, dann werden die Ärzte ihren Kampf aufgeben müssen. Nun werden die nächsten Stunden entscheiden, ob Tino und Stefan noch eine Zukunft haben. In den folgenden Tagen werden Dutzende Mediziner, Pfleger und Krankenschwestern von Kabul bis Koblenz rund um die Uhr für sie kämpfen. Von diesem Wettlauf der Ärzte gegen die Zeit wissen wir in Deutschland nichts, als wir uns am Dienstagmorgen auf den Weg nach Koblenz machen.

Die Fahrt nach Koblenz

Wenn ich mich heute an die Fahrt von Murnau zu Tino ins Bundeswehrkrankenhaus nach Koblenz zurückerinnere, denke ich sofort an das Geräusch ewig prasselnden Regens auf das Autodach, endlose Wasserschlieren auf den Scheiben und das monotone Wischen abgenutzter Wischblätter, dieses Witsch-Watsch, das den Takt angibt für die Zeit, die mich von Tino trennt – für die Zeit, die mich wieder mit ihm zusammenführen wird.

Tinos Schwester Heike sitzt mit mir im Wagen. Der VW-Bus ist ein Kommandofahrzeug mit Telefon und Funk. Der Kompaniechef telefoniert immer wieder mit dem Einsatzkräfteführungskommando in Potsdam und seinen Dienststellen in München und Murnau, um Neues zu erfahren, während Spieß Markus Eng unseren Wagen lenkt. Man hört nur »Ja«, »Okay«, »Habe verstanden«. Er hört konzentriert zu. Aber viel hat er nicht zu berichten. Vermutlich sagt er uns auch nicht alles, das Hin und Her der widersprüchlichen Meldungen. Die Soldaten versuchen herauszufinden, ob der MedEvac schon gestartet ist oder noch starten wird. Es gibt Verzögerungen. Später erfahren wir, dass die Mediziner in Kabul und an Bord des MedEvac nicht sicher sind, ob die beiden Patienten den Flug überleben würden. Was soll der Kompaniechef da auch sagen – soll er lügen?

Hauptfeldwebel Andreas Heiss lenkt den zweiten VW-Bus mit Vio und den Kindern. Die Mutter ist voll damit beschäftigt, ihre Kinder zu unterhalten, die wegen der Reise, deren Sinn sie nicht in ihrer vollen Tragweite begreifen können, aufgeregt alles Neue aufnehmen. Immer wieder summt das Handy von Vio. Es sind die zahlreichen Freunde der Familie, die von dem Unglück gehört haben und nun ihre Wünsche simsen, Mut machen wollen und ihre Hilfe anbieten. Vio weiß, dass sie nicht allein ist, dass viele Menschen hinter ihr stehen – und sie hat ihre Kinder.

Zwei VW-Busse, zwei Frauen fahren über die kalte Novemberautobahn nach Koblenz, um ihre Männer heimzuholen – Männer, die sie gesund verabschiedet und umarmt hatten. Männer, die nun verletzt, verwundet, vielleicht verstümmelt wiederkehren.

Hauptfeldwebel Andreas Heiss ist nicht nur der Kamerad von Stefan, sondern auch ein Freund der Familie Deuschl. Er und Spieß Markus Eng wissen, dass die Reise an einem sehr kritischen Punkt angelangt ist, dass die Fahrt nach Koblenz möglicherweise ins Nichts führt, falls der MedEvac nicht starten konnte.

Seine Gefühlslage während dieser Fahrt hat mir Markus Eng später so geschildert: »Die sechs Stunden Autobahn von Murnau nach Koblenz waren für mich die längste und bedrückendste Fahrt meines Lebens. Im Radio kamen alle dreißig Minuten die Nachrichten – immer wieder derselbe Text: ein Toter, ein Schwer- und ein Leichtverletzter. Trotzdem waren die Nachrichten immer wieder der Anlass, alle bekannten Details nochmals zu drehen und zu wenden und sich Hoffnung zu machen, dass am Ende alles nicht so schlimm kommt. Die Stimmung im Auto war wie auf dem Weg zu einer Trauerfeier. Wir waren trotzdem alle bemüht, nicht die Fassung zu verlieren und Optimismus auszustrahlen. Die Kinder von Stefan sollten möglichst wenig von den Sorgen der Erwachsenen mitbekommen. Das war für uns das Wichtigste. Wir wussten immer noch nicht sicher, ob der MedEvac überhaupt gestartet war. Termez ist ein technisch sehr einfach ausgestatteter Flughafen ohne elektronische Flugleitsysteme wie in Deutschland – bei niedriger Wolkendecke oder Sandstürmen geht da gar nichts mehr. Der Abflug des Airbus aber würde für uns

die wichtigste Nachricht sein, eine Nachricht, die Hoffnung versprach. Ich hatte noch die Worte des Kommandeurs vom Vortag im Kopf: ›Wenn sie die Nacht überstehen und der MedEvac am nächsten Tag fliegt, dann sind sie aus medizinischer Sicht zumindest schon mal verlegefähig, und dann haben sie in einem deutschen Krankenhaus auch eine reelle Chance zu überleben. Fliegt der Airbus nicht, dann wissen wir, dass sie die Nacht nicht überstanden haben.‹
Für mich war das der größte Horror: Mit den Familien nach Koblenz zu fahren und ihnen dann sagen zu müssen, dass der MedEvac nicht mehr fliegen wird für ihre beiden Männer. Also haben wir versucht, jede weitere Information, die eventuell vergebliche Hoffnungen auslöst, zu vermeiden. Das war mit das Schwerste: schweigen zu müssen.«

Wir alle hängen auf dieser Fahrt unseren Gedanken über das Leben nach – was war, was bleibt und was werden soll. Erinnerungen, Bilder, Gefühle mischen sich mit Wortfetzen aus Gesprächen, formen sich zu neuen Bildern und Ansichten. Mancher Streit, viele Sorgen erscheinen plötzlich kleinlich angesichts der Tatsache, dass der Tod nun so nahe ist. Es ist dieselbe Stimmung, die man manchmal auf einer Beerdigung hat – die Trauer wirft einen zurück auf die eigene Sinnsuche. Haben wir noch eine Chance, unsere Männer wieder zurückzubekommen, so, wie wir sie verabschiedet haben in dieses fremde Land, werden wir sie wiedererkennen – werden sie uns wiedererkennen können? Wie viel wird noch da sein von den Menschen, die wir kannten? Die ganze Fahrt über dauert der Regen an. Keine Sonne. Novembergrau. In der Nähe von Koblenz kommt dichter Nebel hinzu. Und genauso unklar wie das Wetter ist über 30 Stunden nach dem Anschlag immer noch Tinos und Stefans Schicksal.
Für mich ist die ganze Situation noch immer so unwirklich wie

im Film, nicht mein reales Leben – meine Gefühle haben das, was passiert ist, noch nicht angenommen. Ich sehe Tino vor mir in seinem engen Neoprenanzug beim Surfen auf Rügen. Stark, unverwundbar. Sein Lächeln, seine Präsenz – ich kann ihn mir einfach nicht hilflos auf einer Krankenliege vorstellen. Ich weigere mich, so zu denken, bevor ich es gesehen habe – immer noch von der Hoffnung getragen, am Ende wird sich alles als Irrtum herausstellen und Tino ist gar nicht der Mensch im MedEvac. Ich träume, wie er abends anruft und sagt, ich war doch gar nicht in Kabul, sondern auf Patrouille in Kunduz. Ich bin ein Mensch, der etwas sehen muss, um es zu begreifen. So ziehen die Stunden auf der Autobahn dahin. Tanken. Eine kurze Rast. Regen. Und weiter. Ich bin den Männern dankbar, weil sie mich in Ruhe, aber nicht alleine lassen auf dieser Fahrt, die mich zu Tino bringen soll. Im Auto wird kaum gesprochen. In unser aller Gedanken aber liegen Bitten für den geliebten Menschen, liegt immer wieder Hoffnung, dass man sich mit allen Ängsten täuschen möge und am Ende alles gut wird. Alle sind bei ihm, sprechen mit dem Unsichtbaren, versuchen ihn stark zu machen, den Mut zu geben, alles durchzustehen – Tino, Stefan, ihr dürft nicht sterben.

Aus Chemnitz ist ein dritter Bus unterwegs mit den Eltern von Tino. Meine Gedanken gehen in die Vergangenheit, ein schöner Film der Erinnerungen im Takt des Scheibenwischers und des Regens, der gegen die Frontscheibe schlägt. Es ist wieder Sommer. Das Seminar in Rothenburg an der Fulda, wie Tino sich im Seminarraum umdreht und mich das erste Mal anschaut mit diesem verwunderten Gesichtsausdruck. Die ersten Umarmungen oben am Eibsee. Moritzburg. Schwimmen in den Seen, wandern zu den glücklichen Plätzen meiner Kindheit. Soll das alles schon zu Ende sein? Und dann kommen sie plötzlich wieder, meine Erinnerungen an Rügen.

Ferienidylle auf Rügen

In unserer Küche in Dresden sitzt meine Mutter Ilona am Fenster. Auch sie schaut in den Regen und denkt an Rügen, unseren letzten gemeinsamen Urlaub vor Tinos erstem Auslandseinsatz – und vor meinem ersten Auslandseinsatz. Damals war ich auch Soldat und stand wie Tino, der nach Afghanistan sollte, vor meinem ersten Einsatz in Bosnien. Dass meine Mutter jetzt an Rügen denkt, hat einen guten Grund. Denn nun war genau das passiert, worüber wir damals am Strand von Rügen gesprochen hatten. Aber ich lasse das Ilona am besten selbst erzählen: »Im Sommer kurz vor Tinos und Antjes erstem Einsatz sind wir alle zusammen für zwei Wochen an die Ostsee nach Rügen gefahren. Tino war fast den ganzen Tag draußen auf dem Meer surfen. Wir konnten vom Strand aus sehen, wie er da durch Wind und Wellen gepflügt ist. In seinem Neoprenanzug machte er eine gute Figur, er war sehr sportlich gebaut. Groß. Schlank. Kein Gramm Fett zu viel, sehr lange, schöne Beine. Und vor allem: immer gute Laune. Es war ein wunderschöner Urlaub. Und ich erlebte Antje mal wieder von einer ganz anderen Seite. Warm. Weich. Und nicht so direkt und schroff, wie sie manchmal eben ankam vor allem bei Leuten, die sie nicht besser kannten.

Die Einsätze für Antje und Tino standen kurz bevor. Das lag für mich die ganze Zeit wie Blei über den paradiesischen Tagen am Meer. In Kabul war gerade der Anschlag auf den Bundeswehrbus passiert mit den vielen Toten und Verwundeten. Die Soldaten freuten sich auf zu Hause, auf ihre Familie – und jetzt kamen neun von ihnen tot zurück in die Heimat. Da waren wir alarmiert und haben Antje zum ersten Mal gefragt, was denn Tino da unten in Afghanistan eigentlich genau macht. Aha, Personenschützer. Damit war Tino natürlich sehr gefährdet, weil er außerhalb des Lagers unterwegs sein würde und

möglichen Attentätern direkt ausgesetzt wäre. Darüber hatten wir vorher nie geredet.
Von Antje wussten wir, dass sie in Bosnien im ärztlichen Dienst, in der Apotheke des Lagers und im Krankenhaus, Dienst tun würde – aber nicht außerhalb des Lagers. Militärisch war es in Bosnien ruhig im Vergleich zu dem, was in Afghanistan ablief. Jedenfalls las man in der Zeitung nichts über irgendwelche Anschläge, und auch Antje berichtete nichts, was uns irgendwie hätte beunruhigen müssen. Wir hatten bis dahin nie daran gezweifelt, dass Antje mit der Bundeswehr die richtige Berufswahl getroffen hatte. Aber jetzt beschäftigte mich zum ersten Mal brennend die Sorge: Was wäre, wenn …? Und ich merkte, meinem Mann und meiner Tochter ging es genauso. Es war nach dem Surfen, als wir alle erschöpft und selig in unserer Strandburg saßen. Über uns ein blauer Himmel mit Möwengeschrei. Leise Wellen, die an den Strand plätschern. Ein leichter Wind, der die Sonnenhitze etwas abmilderte. Irgendwie kamen wir über das schöne Urlaubsgefühl, diesen wunderbaren Sommer auf die Frage, warum Menschen nicht alle in Frieden zusammenleben und solche Sommer angstfrei genießen können, ganz ohne Krieg. Wir haben offen darüber gesprochen, warum militärische Gewalt eingesetzt werden muss und wieso Tino und Antje mitmachen, sich für andere Leute in Lebensgefahr begeben, obwohl sie persönlich gegen Gewalt sind.
Für Tino und Antje stand immer ganz klar im Vordergrund, dass sie helfen wollten, genau diesen Frieden wiederherzustellen, den wir hier auf Rügen so genossen. Tino schwärmte von den Berichten seines Vorgesetzten Stefan Deuschl, der im Kosovo hautnah miterlebt hatte, wie begeistert der Einsatz der Bundeswehr im Rahmen der KFOR von der Bevölkerung aufgenommen worden war – weil allein durch die Anwesenheit der Soldaten Gewalt verhindert worden sei. Dass die Menschen jetzt eine Zukunft hätten ohne Angst vor Mord, Plünde-

rung und Vertreibung. Auch die vielen Flüchtlinge in Deutschland würden nun zurück in ihre Heimat können.

Wir kamen auf Afghanistan und die unsichere Lage dort, die Attentate und die Kämpfe zu sprechen. Ich glaube, ich war es, die zuerst die Frage stellte nach einer möglichen Verwundung und den Folgen. Und ob man dazu wirklich bereit wäre. Ich wollte darüber sprechen und ahnte nicht, wie viel Gewicht das alles noch bekommen sollte.

Ich fragte Tino, der gerade noch auf dem Surfbrett gestanden hatte, ganz direkt, welche Verwundung denn für ihn am schlimmsten wäre. Es gab in dieser Situation keine Frage, die man nicht stellen konnte – ich war besorgt, und sie ergab sich aus unserem Gespräch heraus ganz natürlich. Antje und Tino hatten zudem gerade ihr Testament gemacht für den Auslandseinsatz, sich mit ihrem Tod beschäftigt. Sterben war also nicht mehr abstrakt. Und eine Verwundung ebenso wenig. Beide wussten, was sie tun. Für mich hatte es einen Riss in meinem Leben gegeben, als meine Tochter ihr Testament geschrieben hatte. Ich wollte von den beiden jungen Leuten wissen, wie sie darüber denken.

Tino zögerte, wir merkten, wie schwer es ihm plötzlich fiel, eine Antwort zu finden – aber dann kam es: ›Komischerweise: Das Schlimmste wäre, wenn ich meine Beine verlieren würde und nie mehr Sport machen könnte.‹ Nicht blind. Nicht verbrannt. Nicht eine Kopfverletzung. Für Tino waren seine Beine das Wichtigste. Das Schrecklichste wäre, die Fähigkeit zu verlieren, sich bewegen und seine Lieblingsportarten wie Radfahren, Skilaufen, Bergwandern oder Surfen nicht mehr ausüben zu können. Vielleicht lag die Ursache seiner Antwort schlicht darin, dass er gerade vom Surfen gekommen war und noch das Ziehen in seinen Oberschenkeln spüren musste, mit denen er sich gegen den Winddruck im Segel gestemmt hatte. Jedenfalls war es ausgesprochen und nicht mehr zurückzunehmen. Die Beine. Ich höre das heute noch. Damit endete das Gespräch abrupt. Es war still in unserer Sandburg. Sand rieselte vom Wind getrieben über den Wall. Wir fühlten plötzlich alle in diesem Moment, wie weit wir gegangen waren. Wir hatten gemerkt, dass wir mit diesen Gedanken in einen Bereich gekommen waren, der das schöne, tiefe Gefühl dieses Sommers zu zerstören drohte.«

Die Rettung kommt vom Himmel – MedEvac

Am Montagabend nach dem Anschlag bereitet sich in Koblenz Oberfeldarzt Dr. Stefan Schaefer akribisch auf seinen Einsatz vor. Am nächsten Morgen soll sein Team mit einem MedEvac-Airbus zum 5000 Kilometer entfernten Luftversorgungsstützpunkt Termez in Usbekistan starten, um Tino und Stefan nach Hause zu holen. Noch weiß keiner, ob die beiden die Nacht überleben oder ihr Zustand stabil genug sein wird für den Rückflug. Den Ärzten ist klar, dass die Verletzten möglichst rasch nach Deutschland müssen, um ihnen die beste medizinische Versorgung zu geben. Spätestens 24 Stunden nach dem Aktivierungscode, so die Dienstvorschrift, muss der MedEvac der Luftwaffe auf dem Weg zum Zielort sein, um die Verletzten zu bergen. Alle bisherigen Einsätze des MedEvac haben gezeigt, dass Schwerstverletzte spätestens 24 Stunden nach der Verletzung mit schweren Komplikationen wie Nierenversagen, Blutvergiftungen, Wundinfektionen oder Lungenversagen rechnen müssen, die nicht im Einsatzland behandelt werden können, weil die Therapiemöglichkeiten sehr eingeschränkt sind im Vergleich zu Deutschland. Je früher der Rücktransport erfolgt, desto besser die späteren Heilerfolge, deshalb wird der Rückholflug mit höchster Priorität eingestuft.

Dr. Schaefer ist einer der Experten in Deutschland für Notfallmedizin und Langstreckenlufttransporte. Seine Erfahrungen sammelte er als leitender Notarzt des Rettungshubschrauberstandorts Christoph 23 in Koblenz. Wegen seiner zahlreichen Einsätze in der Notfallmedizin und der Flugrettung mit Hubschraubern, der Transall, der Challenger und dem Airbus wurde er ein gefragter Fachmann für Intensivtransporte und schließlich ärztlicher Berater bei der Konzeption der neuen

Patiententransporteinheiten im MedEvac. Die Einführung des MedEvac im Jahr 2000 war eine Folge der weltweiten Bundeswehreinsätze mit Schussverletzungen und Explosionsopfern. Heute ist das Kernstück der Rettungskette der Airbus 310 MRT MedEvac, der zur Versorgung und Evakuierung verletzter oder kranker Soldaten eine Luftbrücke schlägt vom Einsatzland bis in die deutschen Bundeswehrkrankenhäuser.

Dr. Stefan Schaefer hat uns später erzählt, was auf dem Flug von Kabul nach Deutschland passierte, als wir voller Angst und Ungewissheit von Murnau nach Koblenz gefahren sind: »Wenn der Alarmpieper geht, weißt du nie, was kommt und wohin es geht. Sicher ist nur: Da sind Menschen in höchster Not. Über den leitenden Sanitätsoffizier (LSO) in Kabul war der MedEvac über das Einsatzkräfteführungskommando in Potsdam und das Sanitätsführungskommando in Koblenz angefordert worden. Das fliegende Krankenhaus ist zwar 365 Tage im Jahr in einer 24-Stunden-Bereitschaft und steht auf dem militärischen Teil des Flughafens Köln-Wahn abflugbereit, doch der Einsatz erfordert einen hohen logistischen Aufwand. Die Besatzung dieser fliegenden Intensivstation besteht aus zwei Piloten, sechs Flugbegleitern und der 28-köpfigen medizinischen Crew. Sie werden deutschlandweit von allen Luftwaffenstützpunkten angefordert und nach Köln eingeflogen. Die Piloten sind ausgebildet im Fliegen mit ›Nadel und Kompass‹, also dem Fliegen ohne elektronische Leitsysteme, denn in vielen Ländern wie Usbekistan gibt es das nicht. Die Anflüge unter solchen Verhältnissen erfordern hohes fliegerisches Können. Durch die Häufigkeit der MedEvac-Einsätze stehen viele gut eingespielte Crews bereit. 70 bis 80 Prozent der airbustauglichen Luftwaffenpiloten sind schon MedEvac-Einsätze geflogen. Sie fliegen regelmäßig im Personenshuttle für die Truppentransporte Richtung Afghanistan und kennen

die Flugroute und die Landebedingungen auf dem Flughafen Termez, sodass wir auf sehr erfahrene Piloten zurückgreifen können. Ein StratAir-MedEvac-Flug Richtung Afghanistan bedeutet eine 20-stündige Einsatzzeit. In Afghanistan darf der MedEvac-Airbus aus Sicherheitsgründen nicht landen. Der MedEvac hat keine Bewaffnung und keine Ablenksysteme gegen Raketenbeschuss an Bord wie das kleinere Transall-Transportflugzeug. Trotzdem wird der MedEvac als Militärmaschine eingestuft, und bei Einsätzen im Ausland außerhalb der EU sind Überfluggenehmigungen und eine Landeerlaubnis zu besorgen. Er fliegt nur bis Termez in Usbekistan an der afghanischen Grenze. Den Flug über afghanischem Gebiet von Kabul nach Termez übernimmt die wesentlich kleinere Transall.
Vier Airbus 310 MRT hat die Bundeswehr, jeder verfügt über sechs Intensivbetten und insgesamt 38 Patiententransporteinheiten, sogenannte PTEs. Fast alle Geräte an Bord sind Spezialanfertigungen, die auf den Betrieb in einem Flugzeug abgestimmt sind. Das beginnt bei der Einhaltung von Maximalgewichten und geht bis zum Stromverbrauch. Auch gegen Stromausfälle muss das Flugzeug abgesichert sein; Generatoren und Batterien sorgen für einen Puffer von sechs Stunden Betriebslaufzeit.
Normalerweise fliegt nur ein Ärzteteam in den Einsatz, wenn es aber mehrere Schwerverletzte gibt, sind es auch mal zwei oder drei Teams. Mit dabei ist immer ein Facharzt für Anästhesie, er hat die Aufgabe, selbst schwerstverletzte Patienten auf dem Flug schmerzfrei zu halten und zu stabilisieren. Operationen könnten wegen der Turbulenzen und der räumlichen Enge an Bord nur im äußersten Notfall durchgeführt werden. Das ist auch nicht unsere Aufgabe – die Aufgabe ist der sichere Rücktransport in eine Fachklinik in Deutschland. Wir transportieren Notfälle, da spielt der Zeitfaktor die entscheidende Rolle. Allein im Bundeswehrkrankenhaus in Koblenz fliegen wir 20 Einsätze im Jahr mit dem MedEvac.

Der MedEvac ist keineswegs nur für die Bundeswehr unterwegs, sondern fliegt weltweit humanitäre Rettungseinsätze, wie etwa beim ersten Flug im November 2000, als 50 verletzte palästinensische Kinder aus Gaza-Stadt evakuiert und zur medizinischen Behandlung in deutsche Krankenhäuser transportiert wurden. 2002 kam der MedEvac nach der Jahrhundertflut in Dresden zum Einsatz, als die Patienten der Intensivstation wegen des Elbehochwassers in andere Krankenhäuser verlegt werden mussten. Wir haben auch 2004 die Tsunamieinsätze nach Südostasien geflogen. Unser MedEvac war damals mit Tsunamiopfern komplett belegt. Plötzlich hieß es, ein weiterer Tsunami rolle auf die Küste zu und wir mussten notstarten. Dabei waren die Schwerstverletzten noch nicht vollständig versorgt und das medizinische Team arbeitete unter Hochdruck weiter noch während der Jet auf die Startbahn rollte. Als er endlich abhob, klammerten sich Ärzte und Sanitäter an den Alugestellen der Transportliegen fest, auf denen die Verletzten lagen. Das war ein absoluter Notfall, zum Glück ist so etwas nie wieder passiert. Viele dieser Patienten wären ohne den MedEvac noch im Katastrophengebiet gestorben, so aber haben wir sie nach Hause in Sicherheit gebracht. Es waren dramatische Einsätze mit teilweise über 80 Stunden Dauer.

Das MedEvac-System der Bundeswehr ist einmalig in der Welt. Kaum einer in Deutschland weiß, wie viel Gutes die Bundeswehr hier leistet. Mehr als 4000 Verwundete und Kranke hat der MedEvac bisher retten können. Die Besatzung und das Ärzteteam sind stolz darauf, dass bisher noch keiner an Bord gestorben ist oder, wie wir sagen, ›keiner verloren‹ wurde.

Ich werde immer wieder mal gefragt, wie teuer die Rettung von Verletzten mit dem MedEvac ist. Die Rechnung ist relativ einfach: Eine Flugstunde kostet ca. 20 000 Euro. Bei einem Flug nach Afghanistan liegen wir da in einer Größenordnung von mindestens 250 000 Euro. Dahinter verbirgt sich

auch die Frage: Was ist ein Menschenleben wert? Das Leben eines Soldaten, der sich für seinen Staat und seine Gemeinschaft einsetzt? Eine solche Fragestellung ist in jedem Fall äußerst unethisch und unärztlich. Dafür haben wir in der Bundeswehr und in der Ärzteschaft eine klare Antwort: Das Leben eines Menschen ist unbezahlbar, und es rechtfertigt jeden Aufwand, es zu erhalten. Die Rettungskette ist damit eine ›Logistik für das Leben‹, wie es in einer Aufgabenbeschreibung des MedEvac heißt. Einer der Gründe, warum sich deutsche Soldaten zu den Einsätzen im Ausland freiwillig melden, ist die Gewissheit, dass die Bundeswehr keinen zurücklassen wird und dass wir jeden Verletzten auf höchstem medizinischen Niveau behandeln werden.
Mit der Absicht, niemanden zu verlieren, gingen wir auch in diesen Einsatz. Der Airbus sollte so kurz wie möglich am Zielflughafen Termez auf dem Boden bleiben – oder schon abflugbereit sein, wenn die Verwundeten aus Kabul ankamen. Die Verletzten, so wurde aus Kabul berichtet, waren in einem so kritischen Zustand, dass jede Verzögerung ihr Leben zusätzlich gefährdet hätte. In einem Flugzeug hat man nicht die Vollversorgung wie auf der Intensivstation eines großen Krankenhauses – es ist und bleibt eben ein Flugzeug, selbst wenn es so perfekt ausgerüstet ist wie der MedEvac. Die Vorbereitungen eines solchen Flugs sind sehr intensiv. Jedes Detail kann lebensrettend sein: Welche Vorerkrankungen bestehen? Hat der Patient Allergien auf bestimmte Medikamente, welche Blutgruppe hat er? Es wird genau abgeklärt, was an Bord ist und was wir zusätzlich anfordern müssen. Für unsere beiden Verletzten würden wir zusätzliche Blutkonserven benötigen. Es war aber weiter unklar, ob wir wirklich am Dienstagmorgen würden starten können. Die Wetterlage bedurfte noch einer genauen Klärung. Auch der Zustand der beiden Verletzten schien sich stündlich zu verschlechtern. Wir waren unsi-

cher, welche Nachrichten der kommende Tag bringen würde. Mit diesem beunruhigenden Gefühl endete der Montagabend.
Am Dienstagmorgen stand unser Airbus abflugbereit auf dem Rollfeld. Wir hatten keine guten Nachrichten aus Kabul und noch immer keine Flugfreigabe. Der Zustand von Tino und Stefan war besorgniserregend. Es stellte sich die Frage, wie lange die beiden noch transportfähig sein würden und ob sie ausreichend Kräfte hätten, den Transport nach Deutschland zu überstehen. Die Ärzte im Einsatzlazarett im Camp Warehouse befürchteten das Schlimmste. Jetzt waren sie am Ende ihrer Möglichkeiten – die Verletzten würden nur noch in Deutschland die lebenswichtige Intensivversorgung erhalten können.
Noch in Kabul waren Tino und Stefan von einem Hals-Nasen-Ohren-Spezialisten operiert worden, der ihre Trommelfelle wieder zusammengeflickt hatte. Diese OP war äußerst wichtig für den Heimflug – ein zerstörtes Trommelfell kann keinen Druckausgleich machen und würde auf immer geschädigt bleiben.
Um 8 Uhr morgens kam dann endlich die Startfreigabe. Sechs Stunden später landeten wir auf dem strategischen Luftwaffentransportstützpunkt in Termez, Usbekistan. Die Transall aus Kabul war perfekt berechnet nur knapp vor uns in Termez eingetroffen und stand bei unserer Landung mit geöffneter Heckklappe schon auf dem Flugfeld. Die ›Ongroundzeit‹, die Standzeit am Zielflughafen, muss so kurz wie möglich gehalten werden. Die Triebwerke werden nach Möglichkeit gar nicht erst abgeschaltet.
In Termez rollte unser Airbus so nahe wie möglich an die Transall mit den Verletzten heran. Stefan und Tino wurden mit einer hydraulischen Plattform durch die riesige Frachtluke viereinhalb Meter über dem Boden in den Bauch des Airbus geschoben und sofort in die Intensivbetten verlegt. Die Funktion der Beatmungsgeräte darf nicht abreißen. Der Patient ver-

braucht dabei sehr viel reinen Sauerstoff. Für den Flug werden die Patienten sorgsam festgeschnallt, was wegen der Verletzungen nicht immer leicht ist. Stefan und Tino waren im künstlichen Koma, und unsere Aufgabe würde sein, dieses künstliche Koma stabil zu halten, die Schmerzen durch weitere Zugabe von Betäubungsmitteln auszuschalten, um ihnen so jede zusätzliche Belastung zu ersparen.

Den Anblick schwer verletzter Menschen kennt man als Notfallarzt, das gehört leider zum Beruf. Eigentlich kein Thema. Was mir diesmal schwer nachhing – weil man das auch nicht jeden Tag sieht –, waren die Verletzungen von Stefan Deuschl. Als wir die frischen Amputationsstümpfe beim Verbandswechsel sahen, hat uns das alle sehr tief bewegt. Der Stumpf in diesem Zustand ist eine große Wunde über den Querschnitt des ganzen Beins, provisorisch abgenäht mit einem umgeklappten Hautlappen aus dem Oberschenkel, damit der Knochen abgedeckt ist und später zuwachsen kann.

Die Verletzungen waren massiv. Ich mache seit 20 Jahren Rettungsdienst und habe 5000 Einsätze auf dem Buckel – da gibt es eigentlich kaum noch etwas, das man nicht gesehen hat. Aber diese Sinnlosigkeit, einen Menschen absichtlich so zu schädigen, das geht einem sehr nahe. Die Opfer, beides junge Menschen, hatten ihren Dienst in Afghanistan geleistet, um zu helfen – und jetzt hatte es beiden die Beine weggerissen.

Der Transport ist ein sehr heikler Moment und erfordert alle Aufmerksamkeit; Start und Landeanflug bedeuten für den Kranken eine sehr kritische Phase, weil durch den Sink- oder Steigflug eine starke Lageveränderung eintritt. Es kommt zu Verschiebungen im Blutvolumen in den jeweiligen Körperregionen allein durch die Schwerkraft. Die Piloten wissen das, sie starten und landen in einem möglichst flachen Winkel. Das zweite Problem ist, dass die Patienten bei Start und Landung Druckunterschiede ausgleichen müssen, obwohl sie bewusst-

los sind. Ein weiteres Problem: Der Luftdruck in der Kabine kann aus technischen Gründen nicht beliebig verändert werden, was bedeutet, dass der Sauerstoffgehalt im Blut bei einer Reisehöhe von 12000 Metern deutlich schlechter wird. Durch den veränderten Luftdruck dehnen sich während des Flugs die explosionsbedingten Lufteinschlüsse im Körper aus und können dabei wichtige Blutkapillaren und Nerven im Wundbereich abdrücken. Auch die Beatmung stellt hohe Anforderungen an das MedEvac-Team. Die auf Bodenniveau eingestellten Beatmungsgeräte müssen während der Start- und Landephase mit der Flughöhe ständig nachjustiert werden. Die Ärzte können nur durch eine erhöhte Sauerstoffgabe an den Patienten gegensteuern. Im Idealfall bleibt der betäubte Patient während des Flugs stabil, Herzschlag und Kreislauf sind normal und die Ärzte müssen nicht viel tun.
Bei Tino und Stefan war es nicht so. Im Gegenteil. Beide mussten während des Flugs gegen all diese negativen Wirkungen ankämpfen – sie haben um ihr Leben gerungen, das hat man deutlich gespürt. Immer wieder sackte der Kreislauf der beiden ab oder stieg die Herzfrequenz plötzlich um zehn bis zwanzig Punkte, vor allem bei Stefan, der noch mehr Blut verloren hatte als Tino. Wir haben deutlich registriert, dass während des Flugs der Bedarf an Medikation und Schmerzmitteln stark angestiegen war, weil offensichtlich große Schmerzen den Körper in Unruhe versetzten. Auch die Sauerstoffwerte im Blut haben sich ständig verschlechtert. Es war ein ständiges Auf und Ab zwischen Hoffen und Bangen.
Wenn die Überwachungsgeräte Alarm schlagen, müssen wir sofort nach den Ursachen suchen und fragen: Was geschieht da gerade im Körper? Hat der Verletzte Schmerzen? Entwickelt der Patient Fieber? Ist etwa schon jetzt eine Infektion im Anflug? Bei der Schwere solcher Verletzungen ist eine Infektion die Regel – aber später und nicht schon am zweiten Tag nach

dem Anschlag. Es wäre ein Alarmsignal, wenn schon jetzt eine Infektion ausbrechen würde – in jedem Fall muss gegengesteuert und genau untersucht werden, ob es weitere Ursachen gibt. Wir hatten wirklich alle Hände voll zu tun, die beiden zu stabilisieren. Vor allem Tinos Bein bereitete uns Sorgen. Der Sauerstoffwert seines Blutes nahm weiter ab. Wir sind den ganzen Flug über förmlich um ihn herumgetanzt und haben alles versucht, die Durchblutung zu fördern. Wenn es mal eine Viertelstunde nichts zu tun gab, sind wir völlig übermüdet zusammengesackt – und dann denkt man natürlich, so eine Scheiße, was wird der jetzt machen ohne Beine, wie werden die Kinder, die ganze Familie damit zurechtkommen. Aber mit solchen Gedanken bleibt man allein. Im Team redet man darüber kaum. Dafür fehlt die Zeit – die Mission ist das beherrschende Thema und was als Nächstes zu tun ist.
Eine Stunde vor der Landung in Köln begann die letzte eingehende Untersuchung der Verletzten für die Ausschleusung. 15 Minuten vor der Landung muss alles fertig sein. Und so nahm ich kaum wahr, wie der Airbus über den Rhein und den hell erleuchteten Kölner Dom eine Schleife flog und in den Landeanflug überging. Beim Aufsetzen des Airbus spürte ich wieder Zuversicht. Wir hatten unser Ziel erreicht – unsere beiden verwundeten Soldaten hatten den Flug überlebt. Mit der Einlieferung in das Bundeswehrzentralkrankenhaus würden ihre Chancen beträchtlich steigen.
Als Tino und Stefan endlich oben auf der Intensivstation lagen, hatten wir zum ersten Mal das Gefühl, unsere Erschöpfung zulassen zu können. Plötzlich sagte eine Stimme neben mir: ›Jetzt müssen wir aber mit den Angehörigen sprechen – die sitzen unten im Hotel und wissen noch gar nicht, was genau los ist. Wer sagt jetzt denen was?‹ Es war der Militärpfarrer, der für alle Fälle auch für den seelischen Beistand der Angehörigen herbeigerufen worden war. Mir war nicht klar gewesen, dass

die Familien den ganzen Abend auf eine Nachricht von uns gewartet hatten und nichts Genaues über den Zustand ihrer Männer und Söhne wussten. Es ist ein sehr schwerer Gang, einer Mutter und Ehefrau sagen zu müssen, dass ihr Sohn oder Mann zwar überlebt hat, aber beide Beine weg sind, und schlimmer noch, sagen zu müssen, dass er noch lange nicht über dem Berg war. Wir waren nun über 16 Stunden im Dienst, und ich konnte mir alles Mögliche vorstellen, was ich in diesem Moment lieber getan hätte. Ich habe trotzdem sofort geantwortet: ›Das mache ich.‹

Stefan Deuschl war klinisch tot, als er ins Einsatzlazarett im Camp Warehouse gebracht wurde. Bei sehr hohem Blutverlust können in kurzer Zeit weite Teile des Gehirns absterben. Niemand konnte das zu diesem Zeitpunkt ausschließen. Für jeden Angehörigen ist es am wichtigsten, dass die Persönlichkeit des Verletzten erhalten bleibt, dass keine Hirnverletzungen, keine Entstellungen eingetreten sind. Tino Käßner war ansprechbar gewesen und bei klarem Verstand, als er ins künstliche Koma versetzt worden war. Stefan Deuschl nicht. Ich konnte Stefans Frau nicht Mut machen und sagen, im Kopf ist bestimmt alles okay – wir haben noch mit ihm sprechen können. Allerdings waren die Messungen auch nicht alarmierend. Alles würde sich erst in den nächsten Tagen entscheiden, wenn der Patient aus dem Koma erwachen würde. So stand alles auf Messers Schneide.«

Die Wahrheit und nichts als die Wahrheit

Wir waren währenddessen noch unterwegs auf der Autobahn. Erst kurz vor dem Hotel kam über Funk die ersehnte Nachricht, dass der MedEvac-Airbus in Köln gelandet war und die beiden auf dem Weg ins Bundeswehrkrankenhaus nach Koblenz waren. Für mich war das wie eine Erlösung: Tino endlich zurück in Deutschland! Eines der besten Krankenhäuser Deutschlands würde die beiden jetzt aufnehmen.

Als wir am Hotel vorfuhren, wartete im hell erleuchteten Eingang schon Tinos Familie. Wir nahmen uns alle in die Arme und weinten still. Heike sah zum ersten Mal in ihrem Leben, wie bei ihrem Vater die Tränen flossen – ein Mann, der seine Gefühle sonst nur sehr schwer zeigen kann.

Wir versammelten uns im Konferenzraum des Hotels, den Spieß Markus Eng für uns gebucht hatte. Im Hotel habe ich zum ersten Mal die Frau von Stefan, Violetta Deuschl, gesehen. Ohne große Worte haben wir uns gleich erkannt. Wir haben uns in die Augen geschaut, und wieder hat mich ein wildfremder Mensch wortlos in seine Arme genommen, um mich zu trösten, und auch ich habe sie an mich gedrückt. Ich spürte, dass wir Frauen dasselbe fühlten in dieser Situation. Für Violetta war das Ganze noch härter als Mutter von zwei Kindern, die ihren Vater abgöttisch liebten.

Tinos damaliger Kommandeur hatte seine Schwester verständigt, die in Köln als Psychologin tätig war. Sie stand uns zur Seite. Sie war einfach da und hat zugehört, was sehr wichtig war. Vor allem, weil wir weiterhin Geduld brauchten. Wieder saßen wir da und warteten. Auf Menschen, die uns Nachrichten bringen, die der Ungewissheit ein Ende bereiten. Ich kann die Anspannung nicht beschreiben, unter der man steht. Wie

schon auf dem Weg hierher spekulierten wir wieder und wieder, was genau passiert sein könnte – und warum man uns nicht mitteilte, wie schwer die Verletzungen der beiden waren. War das Schweigen ein gutes oder eher ein schlechtes Zeichen? Die Einschätzung wechselte jede Minute zwischen dunkel und hell. Dann hieß es, die Begleitärzte des Flugs würden nach Versorgung der beiden Verletzten ins Hotel kommen und alle unsere Fragen beantworten. Es würde aber noch dauern. Jedes Wort wird in einer solchen Anspannung dreimal mit Gold aufgewogen. Wenn sich das alles so verzögerte, wie schwer waren dann die Verletzungen? Wenn Tino und Stefan leicht verletzt wären, dann hätte man das doch sagen können. Wenn die Ärzte für uns keine Zeit hatten, dann doch nur, weil Tino sie mehr brauchte. Also konnte es nicht gut um die beiden stehen.
Als sich gegen 22 Uhr die Tür zum Konferenzraum öffnete, ging ein Ruck durch unsere völlig übermüdete und gleichzeitig aufgedrehte Truppe. Oberfeldarzt Dr. Stefan Schaefer schien sehr verblüfft, dass hier mehr als sechzehn Menschen, Familienangehörige und Feldjäger, auf seinen Bericht gewartet hatten. Die Ärzte trugen nach ihrem 10 000-Kilometer-Flug noch ihre Fliegeroveralls und wirkten zwar abgespannt, aber sehr konzentriert.
Am besten lasse ich hier Oberfeldarzt Dr. Stefan Schaefer zu Wort kommen, wie er uns an diesem Abend die Nachrichten überbrachte, die wir seit vielen Stunden voller Hoffen und Bangen erwarteten: »Der ganze Raum war voll mit Menschen. Das hat man auch nicht immer, dass da alle versammelt sind. Ich begrüßte die nächsten Angehörigen der verwundeten Soldaten. Wir haben den Leuten zunächst ganz allgemein gesagt, dass wir Tino und Stefan stabilisieren konnten und gut hierher gebracht haben, da waren die schon mal ganz froh. Dann aber kamen die besorgten Fragen: ›Ja, was genau hat denn mein Mann?‹ Das war schwierig, weil wir nicht vor versam-

melter Mannschaft den beiden Frauen sagen wollten, wie kritisch der Zustand ihrer Männer war – vor allem der Frau von Stefan Deuschl nicht. Also haben wir Ärzte uns aufgeteilt und beide Frauen einzeln auf die Seite genommen, um das persönlich zu besprechen. Ich habe immer wieder die Erfahrung gemacht, dass die Angehörigen es am besten verarbeiten, wenn man ihnen die ganze Wahrheit sagt. Nichts beschönigen. Keine falschen Hoffnungen wecken. Trotzdem muss ich sagen, dass es mir dieses Mal besonders schwergefallen ist. Ich musste ja erst mal abschätzen, wie viel Wahrheit mein Gegenüber vertragen konnte. Die Reaktionen sind immer ganz unterschiedlich. Manche weinen hemmungslos, andere sinken in sich zusammen und werden ganz still und der Blick leert sich, oft schreit der Angehörige seine ganze Anspannung heraus und beginnt dann aber gleich wieder, sich zu fassen, den Dingen ins Auge zu sehen und nach Lösungen zu suchen.
Letzteres traf auf Violetta Deuschl zu. Wir haben langsam angefangen, aber am Ende ganz klar gesagt, dass Stefan schon in Kabul klinisch tot war, dass er beide Beine verloren hat und sein Zustand unverändert kritisch ist. Das war, wenn ich heute auf meine ganzen Einsätze zurückschaue und auf die Angehörigen, denen man im Leid beistehen muss, mein schlimmster Gang. Violetta Deuschl wirkte sehr entschlossen. Es war eine Mischung aus Wut und Abgeklärtheit. Angst war keine zu spüren – doch ihren Schmerz, den höre und spüre ich heute noch.«

Während Oberfeldarzt Dr. Schaefer mit Vio redete, saßen wir im Konferenzraum mit den anderen Ärzten. Violetta ging es wie mir, wie uns allen – wir wollten nur eines: endlich Klarheit. Das Schlimmste an den vergangenen Stunden war das Warten gewesen, die erzwungene Untätigkeit und die Ungewissheit. Es schien mir schon fast egal, was die Ärzte sagen würden, wir rechneten inzwischen mit allem – denn wenn die Verletzungen harmlos gewesen wären, hätten die Ärzte uns das doch längst gesagt. Es musste also etwas Schlimmes passiert sein – und wir alle wollten endlich wissen, womit wir es zu tun bekommen würden. Und so war die Reaktion von Violetta dieselbe wie bei mir.

Vio berichtete mir später, wie ihr Gespräch mit dem Arzt abgelaufen war: »Als sich die Tür hinter uns geschlossen hatte, kam der diensthabende Arzt zum Thema und fragte mich nach dem Motto: ›Wo soll ich anfangen? Gleich die volle Wahrheit oder lieber ganz langsam?‹ Anscheinend hatte er seine Erfahrungen und wollte vorsichtig vorgehen. Ich habe zu ihm gesagt: ›Wissen Sie was? Einfach raus mit der Sprache, Sie sagen jetzt einfach, was Sache ist. Denn ich ertrage das Warten nicht mehr! Sie können alles sagen, was los ist und wie schlimm es ist, aber sagen Sie es bitte – jetzt!‹ Der Arzt hat gezögert, hat dann aber angefangen, vom Kopf an bis nach unten die Verletzungen von Stefan aufzuzählen: ›Also, am Kopf fehlt äußerlich nichts, ein paar Platzwunden, Abschürfungen, die Ohren zeigen Brandspuren, aber alles wieder herstellbar.‹ Für mich war das Wichtigste: War Stefan noch da – oder ist sein Hirn für immer geschädigt oder sein Gesicht bis zur Unkenntlichkeit entstellt? Ich wollte mir einen Mann in der Vollzeitpflege mit zwei Kindern von neun und elf Jahren nicht vorstellen. Das würde ich nicht schaffen können, weil ich dazu mental nicht in der Lage wäre. Dass Stefan am Kopf keine Verletzungen hatte – eine wahnsinnig wichtige Mitteilung für mich. Ich würde Stefan also wiedererkennen und er mich. Wir würden miteinander sprechen, uns austauschen können und an unser bisheriges Leben anknüpfen. Das Wichtigste war erhalten geblieben: seine Persönlichkeit, sein Bewusstsein, sein Leben. Der Arzt fuhr fort, man könne allerdings nicht völlig sicher sein, ob wirklich alles okay sei, weil Stefan nach dem Anschlag das Bewusstsein nicht wiedererlangt hätte und nicht mehr ansprechbar gewesen sei. Ich sackte wieder zusammen. Von der Messung der Gehirnströme her gesehen aber sei aus medizinischer Sicht ein Hirnschaden nicht sehr wahrscheinlich. Der Arzt fuhr fort: ›Am Oberkörper fehlt nichts, aber die Lunge ist explosionsgeschädigt, er muss künstlich beatmet werden, die Heilung wird dauern, aber alles ist wiederherstellbar, Arme, Hände, Finger – es fehlt nichts …‹ Ich spürte schon eine Welle der Erleichterung und dachte, dann kann ja nicht mehr so viel kommen, das ist ja alles viel besser als erwartet. ›Frau Deuschl, aber mit den Beinen, mit den Beinen schaut es schlecht aus.‹ Ich zuckte zusammen. Mir war klar, dass Stefans Verletzungen kritisch waren, wenn er eine so schwere Explosion überlebt hatte. Ich konnte mir aber nicht vorstellen, dass Stefan bei so geringen Verletzungen am Oberkörper noch irgendwelche größeren Schäden haben sollte. Doch dann sagte der Arzt mir die volle Wahrheit.«

Erst viele Monate später hat mir Markus Eng, der Spieß von Tinos Kompanie und Freund der Familie Deuschl, erzählt, wie er diesen Moment erlebt hat. Er stand an der Rezeption zwischen unserem Konferenzraum und dem kleinen Besprechungsraum – in den Vio mit den Ärzten verschwunden war –, um notfalls helfen zu können: »Durch die geschlossene Tür hörte ich zunächst nur gedämpfte Stimmen. Es schien gut zu laufen. Doch dann hörte ich diesen Klageschrei von Vio – dieses verzweifelte ›Neeeiiiiin‹, diese Mischung aus Entsetzen, Wut und Trauer geht mir heute noch durch Mark und Bein. Du möchtest hineingehen und helfen, aber du kannst es nicht in diesem Moment. Wer soll das auffangen, wer will da irgendwie ein tröstendes Wort finden? Wenn ich mich an diesen Augenblick erinnere, habe ich auch heute noch Tränen in den Augen. Für mich war das der härteste Augenblick in dieser schweren Zeit.«

Bittere Gewissheit

Während der vielen Stunden, seit der Anschlag bekannt geworden war, hatten alle immer wieder gehofft, dass am Ende doch noch alles gut ausgehen würde. Wie ich für Tino hatte Vio für Stefan gebetet, für ihre Kinder, für ihre Familie. Jetzt waren alle Spekulationen wertlos und die Wahrheit traf uns mit voller Härte. Und so war Vio einen Moment aus dem Gleichgewicht, als ihr das ganze Ausmaß der Verletzungen von ihrem Mann klar wurde. Sie schluckte schwer, bevor sie mir weitererzählte: »Wir wussten ja nichts über die näheren Umstände des Anschlags, und so war ich überwältigt, ja fassungslos, dass bei Stefan beide Beine zerfetzt waren und gleich abgenommen werden mussten. Er war also schon ohne Beine aus Afghanistan zurückgekommen. Aber damit nicht genug: Wegen der kritischen Entwicklung der Wunden sollte gleich am nächsten Tag entschieden werden, ob noch mehr abgenommen werden müsste. Bei der Notamputation im Lazarett in Kabul hatten die Ärzte versucht, so viel vom Bein zu retten wie möglich. Eine Amputation bis unterhalb der Hüfte würde bedeuten, dass Stefan für den Rest seines Lebens im Rollstuhl sitzen würde, weil der Beinstumpf für eine Prothese zu kurz wäre. Der Arzt legte jetzt seine Hand auf meinen Unterarm und fügte noch etwas hinzu, was all dieses Klagen sofort wieder gegenstandslos machte: ›Frau Deuschl, wir müssen Ihnen offen und ehrlich sagen, dass ich nicht weiß, ob wir Ihren Mann durchbekommen – erst die nächsten 76 Stunden werden entscheiden, ob er das überlebt. Es schaut leider nicht gut für ihn aus.‹ Jetzt war es heraus. Das Nächste, an das ich mich erinnern kann, ist, dass Antje und ich uns einfach minutenlang in den Arm genommen haben, ohne etwas zu sagen. Als ich aus dem Zimmer ging, stand sie plötzlich sichtlich bewegt vor mir. Das zweite Ärzteteam hatte ihr gerade eröffnet, wie schwer es

Tino getroffen hatte. Sie fragte mich nur, wie es Stefan geht. Ich habe ihr gesagt, dass beide Beine weg sind oberhalb der Knie. Ich sah, wie ihr die Tränen in die Augen schossen. Für Antje war das nach Tino ein zusätzlicher Tiefschlag. Wir haben einfach nur geweint.«

Mir erging es nicht besser als Vio – auch bei mir hatten die Ärzte Klartext geredet. Wir saßen alle an einem dieser weißen Konferenztische. Eine Neonlampe flackerte. Im Raum waren Tinos Eltern, seine Schwester Heike und acht Kameraden der Feldjäger. Die drei Ärzte saßen uns gegenüber und haben dann erst mal gefragt, ob auch die Kameraden im Raum bleiben dürften. Und da habe ich spontan mit Blick auf Mario gesagt: »Ja sicher – die wollen genauso wie wir wissen, was genau los ist mit Tino!« Das waren Tinos Kameraden, seine Freunde, die uns den ganzen Tag über begleitet und wo es nur ging unterstützt hatten. Ich saß neben Heike, Tinos Schwester, und Mario, unser bester Freund, stand hinter mir und hat mir seine Hand auf die Schulter gelegt. Wir haben uns alle an den Händen gehalten, um auf alles gefasst zu sein. Die beiden Ärzte entschuldigten sich, dass sie erst so spät zu uns kommen konnten – aber die kritische Lage der Patienten habe die komplette Zeit erfordert.
Die Ärzte sagten, dass Tino der leichter Verletzte von den beiden sei. Die Erleichterung blieb mir gleich im nächsten Moment im Hals stecken – denn es bedeutete, dass Stefan noch schwerer verletzt war als Tino. Und schon bei Tino sah es nicht gut aus. Sie sagten, dass es nicht gut stehe um Tinos Unterschenkel. Dass sie nicht wüssten, ob sie das Bein retten könnten. Im Raum war es still. Alle waren geschockt. Der Arzt sagte, wir könnten froh sein, dass es nur der Unterschenkel sei – bei Stefan habe man beide Beine amputieren müssen. Ich habe das erst gar nicht verstanden, ich war noch ganz bei

Tino und dachte: »Tino behindert. Unterschenkel amputiert. Wie wird er damit fertig? Wie soll unsere Zukunft aussehen?« Auch bei Mario spürte ich, wie sich seine Hand auf meiner Schulter verkrampfte. Mario erzählte später, dass er wie gelähmt war, als er gehört hat, dass Tinos Unterschenkel vielleicht amputiert werden müsste.

Die Ärzte schilderten den dramatischen Flug, wie es permanent den Anschein hatte, als würde beide die Kraft verlassen. Ein Arzt sagte, wenn die Verletzten nicht so fit und durchtrainiert gewesen wären, hätten sie nicht genügend Reserven gehabt, diese Strapazen durchzuhalten. Beide hätten zunächst das Schlimmste überstanden, sie seien stabil, und jetzt helfe nur noch Abwarten und genaues Beobachten, wie sich ihr Zustand in den nächsten 76 Stunden weiter entwickeln würde. Es werde noch kritische Situationen geben.

Die Ärzte erklärten, dass sie alles tun würden, um Tinos Bein zu retten, dass sie versucht hätten, Bypässe zu legen, um die abgetrennten Adern zu ersetzen, dass sie sein Bein hatten aufschneiden müssen, um Schwellungen zu entlasten und die Durchblutung aufrechtzuerhalten. Man habe Tino in ein künstliches Koma versetzt, weil sich im rechten Fuß eine schwere Vergiftung abzeichne und man die Giftstoffe durch Bewegung oder Aufregung nicht zusätzlich im Körper verteilen wolle.

Erst jetzt wurde uns klar, was die beiden durchgemacht haben mussten. Wie würde unsere Zukunft aussehen? Wie aus einem Nebel erreichten mich die weiteren Schilderungen der Ärzte, die uns klarmachten, dass es für beide weiter um Leben und Tod gehen würde. Ich war sicher, wenn Tino hier ist, in einem der besten deutschen Krankenhäuser mit deutschen Ärzten und raus aus Afghanistan, dann überlebt er, egal wie. Das war alles, was ich in diesem Moment denken konnte.

Tinos Mutter war während des Gesprächs ganz still und aufmerksam. Sie stellte keine Fragen. Für sie stand in diesem Moment nur im Vordergrund, dass Tino noch am Leben war: »Ich habe nur gedacht: Er lebt! Erst mal ganz egal, wie. Er lebt! Wir haben immer gehofft, dass es nicht so schlimm ist. Dann denkt man nach vorne, was wird werden, wie geht's weiter? Die Fahrt nach Koblenz war eine Fahrt ins Ungewisse gewesen. Wir wussten nicht, was uns erwartete. Mit Tino hätte alles geschehen sein können. Kopfverletzungen. Verlust der Augen. Abgerissene Gliedmaßen. Ich dachte wirklich: ›Tino, scheiß auf dein Bein – du lebst!‹ Ich hatte ihn noch. Schlimm wäre es gewesen, wenn wir ihn in der Kiste zurückbekommen hätten. Noch heute fällt es mir sehr schwer, darüber zu sprechen. Es ist zwar fünf Jahre her – aber ich bekomme die Bilder bis heute nicht aus dem Kopf heraus.«

Das Wiedersehen mit Tino

Die Ärzte fragten uns vorsichtig, ob wir Tino und Stefan noch unbedingt sehen wollten. Wir würden nicht mit ihnen sprechen können – aber wir könnten sie wenigstens sehen. Was für eine Frage! Deshalb waren wir ja alle nach Koblenz gekommen. Ich sagte: »Ich weiß nicht, was die anderen denken, ich jedenfalls will Tino auf jeden Fall sehen. Egal, wie spät das heute noch wird!«

Mir war das sehr wichtig, mit eigenen Augen zu sehen, in welchem Zustand Tino war. Es war diese irrationale Angst: Ist er das wirklich? Liegt nicht doch ein Irrtum vor? Ist Tino wirklich zu Hause? Diese Zweifel würde ich erst beseitigen können, wenn ich bei ihm wäre. Genau deshalb war es auch das einzig Richtige und wirklich Notwendige in diesem Moment für alle im Raum: Tino und Stefan zu sehen und sprichwörtlich mit Händen zu begreifen, dass es geschehen war. Ich wollte die Beruhigung haben: Ja, alles, was möglich ist, wird für Tino getan, und auch ich kann jetzt nicht mehr tun. Ich wollte nicht mehr wie in den vergangenen Stunden tatenlos warten müssen, abhängig von anderen, die mehr wissen, aber nichts mitteilen. Ich war ganz nah bei Tino und spürte, dass er meine Nähe brauchen und fühlen würde.

Dass es in einer solchen Situation für einen Angehörigen nichts Wichtigeres gibt, als seinen Mann, Freund oder Sohn wiederzusehen, hat auch Vio so empfunden: »Mir ging es genauso wie Antje, als der Arzt mich fragte, ob ich Stefan sehen wollte. Ich habe gesagt, ich muss ihn sehen, ihn anfassen, ich muss wissen, dass er nach Hause gekommen ist – denn er hatte in den letzten Tagen vor dem Einsatz immer versprochen: ›Schatz, ich komm heim!‹ Ich wollte, dass er irgendwie im Unterbewusstsein fühlen kann, dass er dieses Versprechen eingehalten hat, dass ich nahe bei ihm bin, dass seine Familie da ist und dass wir ihm beistehen in seiner Not. Es war ja noch gar nicht klar, ob Stefan die kommenden Stunden überleben würde. Ich hätte es mir nicht verziehen, wenn er sterben würde, ohne dass wir uns noch einmal gesehen hätten. Ich glaube fest daran, dass sich Menschen, die sich lieben, spüren, selbst wenn sie im künstlichen Koma vor sich hindämmern und mit dem Tod ringen. Da sind Schwingungen, die von jedem Menschen ausgehen und die sich verbinden, wenn man sich nahe steht, Wellen, die Botschaften überbringen, Botschaften, die ohne Worte wahrgenommen werden. Das beginnt schon mit der Wärme einer Berührung. Unser Unterbewusstsein ist so groß und so unerforscht, dass wir gar nicht bis ins Letzte wissen können, was sich da auf einer anderen Ebene zwischen Menschen abspielt. Medizinisch und mit wissenschaftlichen Mitteln ist das natürlich nicht nachweisbar – aber für mich war es da. Dafür brauche ich keine Wissenschaft. Das Sehen und Sich-nahe-Spüren haben eine unglaubliche Bedeutung.

Wenn Stefan in dieser Nacht wirklich hätte sterben müssen, wäre es für mich unvorstellbar gewesen, ihn vorher nicht noch einmal gesehen und seine Hand gehalten zu haben. Wir sind oft Hand in Hand zusammen eingeschlafen. Das war ein Gleichklang, bevor man einschläft, Frieden zu finden nach einem langen Tag und zu wissen, man gehört zusammen. Er sollte nicht alleine gehen, wenn er gehen müsste. Er sollte spüren, dass ich noch mal da war. Ich wollte ihm zeigen, dass ich an seiner Seite stehe und für ihn da bin, egal was kommt. Deswegen war mir die Nähe zu Stefan so wichtig. Es war also gar keine Frage: Ich musste zu Stefan, egal, wie er aussehen würde und in welchem Zustand er war. Ich war den Ärzten dankbar, dass sie mir von sich aus den Besuch ermöglichten.«

Vio spürte wie ich, dass wir unsere Männer unbedingt sehen mussten. Tinos Schwester Heike hatte uns erzählt, dass sie häufig miterlebt hatte, wie Patienten, die seit Tagen bewusstlos waren und im Sterben lagen, erst loslassen und gehen konnten, als der Angehörige kam, von dem sie sich vielleicht noch verabschieden wollten. Wenn die Verbindung zwischen Sterbendem und Besucher hergestellt war, ging es dann meist sehr schnell und friedlich zu Ende. Und so war ich sicher, dass auch Tino wissen würde, ich bin da.
Die Ärzte wollten nach dem Gespräch wieder in die Klinik zurück, denn Tinos und Stefans Zustand war noch so kritisch, dass die Ärzte die Nacht in ihrer Nähe verbringen würden. Sie versprachen uns, dass wir die beiden noch sehen könnten, sobald ihre Wundversorgung abgeschlossen sei, egal wie spät es würde. Man werde sich dann umgehend melden.
Aber Vio und ich, wir alle wurden auf eine weitere harte Probe gestellt. Als wir gerade Richtung Krankenhaus losfahren wollten, kam ein Anruf von der Intensivstation, dass es noch dauern würde. Bei Stefan hatten sich Komplikationen eingestellt. Vielleicht würde erst am kommenden Morgen ein Besuch möglich sein. Es war ein Gefühl großer Enttäuschung. Wir sind dann zum Freund von Tinos Schwester gefahren, der in Koblenz eine Wohnung hatte, und haben da versucht, ein bisschen Ruhe zu finden. Obwohl wir alle sehr erschöpft waren, konnte keiner schlafen.
Um halb drei Uhr morgens habe ich das Warten nicht mehr ausgehalten und zu Tinos Freund Mario gesagt: »Komm, wir fahren jetzt ins Krankenhaus rüber, und wenn ich den Rest der Nacht dort vor der Station sitze – ich bleibe, bis die mich reinlassen. Hier halte ich es nicht mehr aus.« Minuten später klingelte sein Handy: Wir sollen kommen.

Am Krankenbett

Um drei Uhr morgens des 16. November 2005 standen wir in der Schleuse zur Intensivstation und traten an Tinos Bett. Ich kann mich noch an jede Sekunde, jeden Augenblick erinnern. Ich war auf alles und nichts gefasst. Eine Intensivstation hat eine ganz besondere Atmosphäre. Kaum einer spricht. Kein Klappern von Geschirr, keine lachenden Schwestern. Dafür unendlich viele Apparate, die ständig piepen und über Drähte und Schläuche Daten aufnehmen und Medikamente durch den Körper des Patienten schleusen. Wie Marionetten, deren Spieler gerade eine Pause machen, liegen sie da. Es ist kein schöner Anblick, denn fast alle diese Menschen stehen an der Schwelle zwischen Leben und Tod.

Das Erste, was ich von Tino sah, war sein Gesicht. Seine Haut hatte eine tiefe, lebendige Färbung. Er war braungebrannt, als wäre er aus dem Urlaub zurückgekehrt, und lag unter einer weißen Decke, die durch die gedämpfte Nachtbeleuchtung noch heller strahlte. Um die Augen die weißen Ränder vom Tragen seiner Sonnenbrille. Ein bisschen schmaler das Gesicht und spitzer die Nase, aber kein Zweifel: Es war Tino. Ich habe mich gleich neben ihn aufs Bett gesetzt, seine Wangen gestreichelt. Es war, als ob er schlafen würde. Sein Gesicht hatte einen ganz friedlichen Ausdruck, der Atem schien gleichmäßig zu gehen. In mir machte sich schon so eine Art Jubeln breit. So wie Tino aussah, konnte es nicht so schlimm um ihn stehen. Ich seufzte laut in mich hinein: »Er ist da!«

Im nächsten Moment, als ich ihm nahe kam, um seine Wangen zu küssen, bemerkte ich diesen Geruch. Ich roch abgestandenen Schweiß, eine Mischung aus Straßenstaub, Benzin und Öl – und den alkoholartigen Dunst der Medikamente und Desinfektionsmittel. Dazu entfaltete sich ein sehr bedrohlicher Gestank einer Explosion. Der widerliche schweflige Geruch nach verbrann-

tem Pulver, das Tino aus dem Leben bomben sollte, kokelte mir entgegen. Das war Afghanistan. Gerüche sind es, die manchmal für Sekunden eine ganze Welt vor einem ausrollen. Das Unglück war jetzt knapp 36 Stunden her, und plötzlich war es ganz nah bei mir. Ich sah sein Auto, die Straße, den Feuerball.
Ich bemerkte, dass auch sein Gesicht mit einer leichten Patina aus Staub und Schweiß überzogen war. Genau wie seine Haare war alles von einem leicht gräulich-weißen Film überzogen. Tino hatte einen Transport von über 6000 Kilometern hinter sich. Die Ärzte hatten um sein Leben gekämpft. Da war keine Zeit gewesen, ihn komplett zu waschen. Alles, was heil war an diesem zerfetzten Körper, konnte warten.
Ich habe Tino angesprochen und in sein Ohr geflüstert, dass er jetzt zu Hause ist und alle da sind. Die Eltern, seine Schwester Heike, die ganzen Kameraden. Dass auch Stefan in Sicherheit ist. Dass er sich keine Sorgen zu machen braucht. Dass wir ihn nicht alleine lassen und ihn jeden Tag besuchen werden. Und dass wir es zusammen schon schaffen werden. Was man so sagt in einer solchen Situation. Ich wollte, dass er meine Stimme hört. Ich habe ihn, soweit das möglich war, in den Arm genommen und ihn geküsst. Ganz vorsichtig und sanft. Dabei rutschte seine linke Hand unter der Decke hervor. Doch statt seiner schönen, feingliedrigen Hand sah ich eine abnorm vergrößerte Riesenpranke mit aufgequollenen Fingern. Es war die Hand eines Monsters – aufgetrieben durch die Explosion und die vielen Medikamente. Mein Blick wanderte hinunter zum Bettende. Von den Füßen schauten nur die Zehen aus den Verbänden. Ich zählte zehn. Alle dran. Nur seltsam, dass der eine Fuß so dunkel war. Es war kein Ruß von der Explosion, sondern ein ganz komisches Schwarz. Wie bei einer ägyptischen Mumie. Das war kein blauer Fleck oder so was. Ich schaute in den Verband zwischen den Zehen. Der ganze Fuß war schwarz, soweit ich sehen konnte.

Heike, Tinos Schwester, ist Fachkrankenpflegerin auf der Intensivstation der Unfallklinik Murnau. Sie kontrolliert die Beatmung, den Puls und versucht sich ein Bild zu machen anhand der Krankenakte, die wie üblich am Fußende des Bettes deponiert ist. Sie versteht die Kürzel und Fachausdrücke und kann die Medikation und das Piepsen der Monitore deuten. Tinos Blutdruck ist schwach. Er muss viel Blut verloren haben und bekommt Blutplasma und stark dosierte Medikamente zur Durchblutungsförderung. Sie sollen das verletzte Bein retten. Heike fasst allen Mut zusammen und hebt die Decke über Tinos Bein. Durch die dünnen Laken ist zu erkennen, dass das eine Bein deutlich dunkler ist als das andere. Ihr ist sofort klar, dass Tino das Bein nicht behalten würde. Sie weiß aus der Intensivmedizin, dass es häufig nicht bei einer Amputation bleibt, sondern noch mehr weggeschnitten werden muss, weil sich die durchtrennten Nervenenden entzünden oder Infektionen im Knochen stecken, die sich weiter nach oben durch den Körper fressen. Heike behält ihre Erkenntnis für sich und sagt nur, das Bein sehe nicht so gut aus. Dass sie Tinos Bein in diesem Augenblick verloren gibt, sagt sie nicht. Sie erklärt uns, was zurzeit medizinisch unternommen werde, um Tinos Zustand zu stützen, und welche Funktion die Apparate und die vielen Kabel und Schläuche haben. Ihr besorgter Blick geht zu den Eltern, die mit der Situation deutlich überfordert sind. Heike sieht ihre Angst und sie versucht stark zu sein und den Eltern zu helfen.

Tinos Mutter war ganz still und in sich gekehrt. Sie hatte einen gesunden, lebenslustigen Sohn verabschiedet, der einen als sicher eingestuften Beruf hatte und eine Freundin – und dann bekommt man ihn so zurück. Es war ein Schock für sie, ihn so liegen zu sehen mit den ganzen Schläuchen, das Piepsen der Apparate und nicht zu wissen, wie es weitergeht. Auch Vater Käßner stand regungslos da. Aufgewühlt, aber nicht in der

Lage, seinen Gefühlen freien Lauf zu lassen. Er konnte Tino nicht berühren. Nicht mit ihm sprechen. Jeder spürte, wie sehr es in ihm arbeitete. Er verließ nach kurzer Zeit den Raum.

Heike verstand, was in ihrem Vater vorging. Sie selbst spürte plötzlich eine tiefe Kraftlosigkeit: »Und dann siehst du deinen Bruder da liegen. Intubiert, beatmet, es piept überall. Das ist etwas ganz anderes als bei einem Patienten bei uns in der Klinik. Ich bin mit Tino aufgewachsen, und meine Erinnerungen an ihn waren so anders als das, was da vor mir lag – ich stand cinfach hilflos da.«

Zum ersten Mal konnte Heike verstehen, was Angehörige fühlen, wenn sie in die Intensivstation kommen. Es bestimmt heute noch ihre Arbeit, wenn sie mit Menschen zu tun hat, die in derselben Situation sind, wie sie es damals war. Heute kann sie viel besser einschätzen, warum Menschen panisch reagieren, wenn die Apparate plötzlich piepsen, wenn sie weinen und auch, wenn sie hinausgehen, weil sie es nicht mehr aushalten, einen geliebten Menschen so zu sehen.

Das Leid, die Kinder und die Familie

Für Violetta erschien mir die Ungewissheit und das Warten noch härter zu sein als für mich: eine Mutter von zwei Kindern, die ihren Vater abgöttisch liebten, mit dem sie in jeder freien Minute Sport machten, vor allem Eishockey. Tino hatte den Unterschenkel verloren, aber er würde mit einer Prothese gut durchs Leben kommen, wieder gehen, laufen und Rad fahren können – wenn er den Willen aufbringen würde, mit dieser Verletzung zu leben, sagten die Ärzte immer wieder. Bei Stefan waren die Verletzungen ungleich schwerer. Ihm drohte ein Leben im Rollstuhl, lebenslang abhängig von Menschen, die ihn pflegen. Vio und ich fürchteten uns vor dem Tag, an dem die beiden aus dem Koma erwachen und die ganze Wahrheit erfahren würden. Wir hatten kaum Hoffnung, dass unsere Männer damit fertig werden würden.

Ich habe mich wirklich gefragt, wie ich an Vios Stelle damit fertiggeworden wäre, und habe sie sehr bewundert, wie sie in dieser Situation Haltung bewahrt hat. Sie schien so stark und entschlossen, das Schicksal ihrer Familie offensiv anzugehen. Ich habe nie ein Wort der Anklage oder gar Selbstmitleid bei ihr erlebt. Aus irgendeiner Quelle schien ihr ständig Kraft zuzufließen. Zum einen waren das ihre Familie und die unglaublich vielen Freunde, die ihr schon auf der Fahrt von Murnau nach Koblenz im Minutentakt SMS auf SMS geschickt hatten. Stefan und Vio waren sehr stark mit der dörflichen Gemeinschaft von Garmisch-Partenkirchen verbunden. Die meisten Freunde kannten beide schon seit ihrer Schulzeit, es waren belastbare, gewachsene Beziehungen. Zum anderen waren da noch die vielen Vereine mit ihren starken Netzwerken, die helfen würden, wo es nur ging.

Die wichtigste Stütze für Vio aber waren ihre Söhne Robin und Henry, die eigentlich selbst am meisten Hilfe benötigen würden. Vio war fest entschlossen, jeden seelischen Schaden von den beiden abzuwehren und ihnen für das spätere Leben eine Haltung mitzugeben, die ihnen Kraft geben würde, mit jeder Art von Schwierigkeiten fertig zu werden. Diese Haltung hieß Zuversicht, Offenheit, Beteiligung. Sie wollte nichts schönreden und die Kinder frühzeitig auf alles vorbereiten, was noch kommen könnte.
Robin und Henry wussten zwar, dass ihrem Vater etwas passiert war – aber wie ernst es um sein Leben stand und dass beide Beine weg waren, hatte ihnen niemand gesagt. Am Morgen nach dem Hotelfrühstück hatte mich Vio auf die Seite genommen und mich gebeten, mit dabei zu sein, wenn sie ihren Kindern sagt, dass ihre Familie vor großen Veränderungen steht. Ich hatte Robin im Arm und Violetta Henry. So saßen wir da. Zwei Frauen. Zwei Kinder. Und unsichtbar anwesend im Raum zwei Männer, die schwer verletzt nach Hause gekommen waren. Ich hatte keine Kinder und war unsicher, wie viel Wahrheit man einem Neun- und einem Elfjährigen zumuten kann.
Violetta hatte sich entschlossen, offen und ehrlich mit ihren Kindern umzugehen und sie als Partner zu behandeln in einem Kampf, den die ganze Familie gemeinsam durchstehen musste. Sie sagte: »Dem Papa ist was passiert. Er schläft jetzt ganz tief, damit er wieder gesund wird.« Sie erzählte ihren Kindern alles, was sie wusste, über den Verlauf des Anschlags, auch, dass ihr Vater zwar beide Beine verloren hätte, sonst aber ganz der Papa bleiben würde, so wie sie ihn kennen, und dass er jetzt viel Hilfe brauchen würde. Henry und Robin haben natürlich gefragt, wer dem Papa so etwas Böses angetan habe. Wie erklärt man Kindern Krieg? Kindern, die im tiefen Frieden in einer der schönsten Gegenden Deutschlands in den bayeri-

schen Alpen aufgewachsen sind, in einer Gesellschaft, in der Gewalt strikt geächtet und tabuisiert wird. Das Thema Krieg und Auslandseinsätze hatte die Familie immer von den Kindern ferngehalten. Der Vater fuhr morgens in die Arbeit wie alle Väter – bloß, dass er eine Uniform anhatte. Jetzt war der Krieg in dieses heile bayerische Familienidyll mit aller Gewalt eingebrochen.

Ungeahnte Kräfte

Die Kinder waren erstaunlich gefasst. Ich habe die Vermutung, dass wir ihnen so aufgelöst und ernst erschienen sind, dass sie nicht auf die Idee gekommen sind zu weinen – selbst wenn ihnen danach gewesen wäre. Robin dachte deutlich sichtbar nach und fragte: »Dann kann der Papa ja gar nicht mehr Eishockey mit uns spielen!?« Draußen sein, Bewegung, zusammen Spaß haben, das alles sollte jetzt nicht mehr möglich sein? Für die Kinder tat sich mit einem Schlag ein großes Loch auf. »Ja, aber dafür kann der Papa ja was anderes mit euch machen!«, war mein etwas hilfloser Einwand, und ich suchte nach einem Ausweg aus unserer Ratlosigkeit. Genau in diesem Moment kam Vio und mir ein Zufall zu Hilfe, der wie vom Himmel geschickt schien: Einer der Feldjäger kam in den Raum mit einer Zeitung in der Hand, ging zu Robin und zeigte ihm das Foto eines Rollstuhlfahrers, der Golf spielte. Es war ein Artikel über Handicapsportler. Der Junge schaute sich das Bild an, dachte nach und sagte dann erleichtert: »Na, dann macht der Papa jetzt halt bei den Paralympics mit!« Robin hat da schon weit in die Zukunft geschaut – während wir noch ganz dem Moment verhaftet waren und gerade zu ermessen versuchten, welche Folgen die Verletzung haben würde. Er hatte eine Lösung gesehen – und das hat ihm geholfen in seiner kleinen Welt.
Vio war auch erstaunt, wie groß die Hilfe war, die direkt und

indirekt von ihren Kindern kam. Sie hat es später einmal so zusammengefasst: »Es sind so viele Dinge, bei denen mir meine Kinder eine große Stütze waren und Probleme für sich selbst gelöst haben, für die ich ihnen keine Lösung hätte anbieten können. Mit Kindern kannst du nie in einer depressiven Stimmung stecken bleiben, weil sie dich durch ihre unverfälschte natürliche Art immer herausreißen. Natürlich waren sie auch mal niedergeschlagen – aber wenn sie dann merkten, okay, es gibt nichts Neues, dann reißen sie sich da raus, sei es auch nur, dass sie fragen: ›Mama, liest du mir was vor?‹ Dann kommst auch du aus deinem Stimmungstief wieder heraus. Als Mutter bist du wachsam und lässt dem Negativen so wenig Raum wie möglich, du kämpfst und verteidigst die Zukunft deiner Familie. Ich war nie krank in all den Jahren seit dem Anschlag, und mir ist – Gott sei Dank! – nie etwas Schlimmeres passiert. Diese innere Forderung an dich selbst, nicht zu versagen, scheint dich irgendwie zu schützen. Meine Kinder waren zu keinem Zeitpunkt eine Belastung für mich. Wie oft habe ich das gehört, o Gott, eine Mutter ganz allein mit zwei Kindern! Nein, wir waren zu keinem Zeitpunkt allein, wir hatten uns und waren zu dritt. Ich war nicht nur gefordert als Mutter – ich habe umgekehrt sehr viel bekommen, weil Kinder so viel von sich geben können.«

Im Krankenhaus konnten wir nun nichts mehr erreichen, und so sind wir mit den Kindern in die Koblenzer Innenstadt gefahren, um uns etwas abzulenken. In der Stadt wurde gerade der Weihnachtsmarkt aufgebaut. Plätzchen backen und Weihnachten feiern, das würde es dieses Jahr für uns wohl nicht geben. Doch Vio schien das alles nicht zu beschäftigen, die Kinder waren aufgekratzt und wuselten zwischen den Buden herum. Im Hotel hatte sie noch sehr angespannt gewirkt, bevor wir den Kindern die Wahrheit sagen wollten, jetzt aber wirkte sie gelöst, fast heiter.

Später sagte sie mir, dass sie in den Tagen nach dem Anschlag durch ihre Kinder sehr viel über sich und ihr eigenes Leben erfahren hat: »Für die Kinder war es ein ganz normaler Weihnachtsmarkt – es ist so faszinierend, wie sie alles, was stört und schmerzt, in diesen Augenblicken ausblenden und vergessen können. Ich habe damals gedacht: Wie viele Menschen haben hinter der Fassade glücklicher, entspannter Gesichter eine ähnlich große Krise durchzukämpfen wie meine Familie? Man sieht es den Leuten ja nicht an, welche Last sie mit sich herumtragen. Wir haben Mandeln gekauft, uns amüsiert und gelacht. Wer uns gesehen hätte, wäre nie auf den Gedanken gekommen, dass mein Mann zehn Minuten entfernt um sein Leben kämpft. Ich habe damals von meinen Kindern gelernt, wie wichtig es ist, selbst in der größten Anspannung immer wieder zeitweise aus den Sorgen herauszutreten und wenigstens für einen Augenblick alles vergessen zu können. Kinder sind in ihrer Unbekümmertheit und Spontaneität so beneidenswert stark, und ich verstehe bis heute nicht, warum wir all diese so heilsamen Eigenschaften wieder vergessen haben, wenn wir erwachsen sind. Ihr sollt sein wie die Kinder, steht schon in der Bibel. Du brauchst das, um wieder Kraft zu tanken für dich, und diese Kraft brauchst du auch, um wieder geben zu können. Annehmen und loslassen. Ohne diesen Rhythmus aus Geben und Nehmen erstickst du.«

Die Feldjäger, die uns in die Stadt begleitet hatten, gaben sich alle Mühe, die Kinder abzulenken. Sie hatten ein richtiges Besuchsprogramm organisiert, waren zu einem Eishockeyspiel gefahren und hatten die Feuerwehrzentrale besichtigt. Neben dem Weihnachtsmarkt war eine Kirche, und Violetta sagte: »Ich geh da jetzt rein und zünde eine Lebenskerze für Stefan an!« Ich war hin- und her gerissen, ob ich mitgehen sollte. Kirchen erschienen mir fremd und unheimlich. Ich war in der

DDR groß geworden und hatte mit der Kirche nichts am Hut gehabt, weil ich damit nie in Berührung gekommen war. Andererseits hätte ich nach jedem Strohhalm gegriffen, der Tino hätte helfen können – auch Beistand von ganz oben, wenn da überhaupt jemand war. So stand ich vor dieser Kirche in der Koblenzer Innenstadt und wusste nicht, ob ich jetzt reingehen und auch eine Kerze anzünden oder mir diesen Aberglauben sparen sollte. Ich konnte einfach nicht heraus aus meiner Haut, obwohl eine Lebenskerze für Tino nicht verkehrt sein konnte. Vio bemerkte meinen Konflikt, und ich war erleichtert, als sie einfach sagte: »Antje, das macht doch nichts, dann zünde ich eine zweite für Tino an.«

Stefans Weg

Wie sehr Vio – die sogar in diesem Augenblick noch an mich und Tino dachte und auch für ihn gebetet hatte – von Stefans kritischer Situation mitgenommen war, merkte man ihr kaum an. Seit Jahren waren sie und Stefan zusammen; Tino und ich, wir hatten uns ja erst gut zwei Jahre zuvor kennengelernt. Was wir noch vor uns hatten, nämlich ein hoffentlich glückliches Eheleben, darin hatten Vio und Stefan schon lange Jahre Erfahrung. Von Vio erfuhr ich die Geschichte ihrer Ehe und auch einiges über Stefan, das mir klar vor Augen führte, dass bei ihm im Unterschied zu Tino – der immer ein beneidenswert positiv eingestellter und optimistischer Nach-vorn-Schauer war – die Erlebnisse als Soldat im Auslandseinsatz ganz andere Auswirkungen hatten.

Als Stefan 1987 Soldat geworden ist, dachte noch niemand im Entferntesten daran, dass auf die Bundeswehr ein Einsatz in Afghanistan mit Selbstmordanschlägen, Kampfeinsätzen, Bombardierungen, Toten und Verletzten zukommen würde. Soldat in der Bundeswehr zu sein, das war für Stefan damals genauso ein Beruf wie Feuerwehrmann, Polizist oder Rettungssanitäter. Nicht die Begeisterung für Waffen und Militär war es, die ihn zu diesem Beruf brachte, sondern es war eine gut überlegte Sachentscheidung, denn bei der Bundeswehr könnte er mit seinem erlernten Beruf als KFZ-Mechaniker die Meisterprüfung machen, die für ihn sonst unerschwinglich gewesen wäre. Dazu kam, dass es in Garmisch für Kinder ganz normal war, mit Soldaten in der Nachbarschaft aufzuwachsen – es gab dort den Stab der 1. Gebirgsdivision, und Soldaten in Uniform gehörten zum Stadtbild und waren ein ganz alltäglicher Anblick.

Stefan kannte Vio schon seit ihrer Jugend, sie haben aber erst später zusammengefunden – sozusagen Liebe auf den zweiten Blick.

Vor Stefans erstem Auslandseinsatz im Kosovo hatten sich die Aufgaben der Bundeswehr bereits komplett verändert. Manche seiner Kameraden haben damals gesagt, sie hätten beim Fahneneid doch nur geschworen, unser Vaterland zu verteidigen – und das sei hier, aber nicht in Afghanistan. Stefan widersprach dann immer; nein, sie hätten geschworen, dem deutschen Volke tapfer zu dienen. Und wenn das deutsche Volk – vertreten durch unser Parlament – sagt, wir müssen diesem Land und dieser Bevölkerung helfen, dann ist das Volkes Wille und Soldat ist dein Beruf. Als Polizeibeamter kann ich auch nicht sagen: Oh, da ist ein bewaffneter Bankräuber, da fahr ich mal lieber schnell weg. Oder als Feuerwehrmann: Oh, da brennt's und das wird mir zu heiß. Stefans Berufsverständnis war immer, mach es ganz oder gar nicht – ein Dazwischen gab es für ihn nie.

Stefan musste sein Testament abfassen und damals kam zwischen ihm und Vio natürlich auch zur Sprache, was wäre, wenn er verwundet oder gar getötet würde und die Familie allein zurücklassen müsste. Eine Vorstellung, die wohl niemandem behagt, die man besser schnell beiseiteschiebt. Klar war, dass er sich auf Vio verlassen konnte und sie in seiner Abwesenheit alles bestens im Griff hatte.

Solche Einsätze bedeuten für Familien immer große Zerreißproben. Schon immer hatten Umstrukturierungen und Versetzungen den jungen Familien alles abverlangt. Die Auslandseinsätze aber waren eine ganz neue Qualität. Doch Stefan konnte schlecht nein sagen, weil er durch die Bundeswehr seinen KFZ-Meister und so viele Zusatzausbildungen und Lehrgänge absolviert hatte, dass er eine Verpflichtung gegenüber seinem Arbeitgeber verspürte. Wenn er draußen in einer zivilen Firma gearbeitet hätte, die ihre Leute für einen wichtigen Auftrag auf Montage schicken muss, hätte er ja auch schlecht sagen können, nein, das mache ich jetzt nicht. Außerdem hatte er als Portepeeunteroffizier Führungsverantwortung und damit Vorbildfunktion. Er war Feldwebel und genau für diesen Job ausgebildet.

So flog Stefan 1999 in die viertgrößte Stadt Mazedoniens, nach Tetovo, zu seinem ersten Auslandseinsatz. Damals hatte die NATO aufgrund der fortwährenden Vertreibungen und Menschenrechtsverletzungen nach massiven Warnungen an das Milošević-Regime in Belgrad mit Luftangriffen begonnen. Das serbische Militär sollte geschwächt und am weiteren Vorgehen gegen die Zivilbevölkerung im Kosovo gehindert werden. Die NATO und damit auch die Bundeswehr erhielt das Mandat, in Grenznähe sichere Zonen für Tausende gepeinigter und verjagter Kosovo-Albaner zu schaffen, die mit ihren Familien und mit allem, was fahren konnte, auf der Flucht zur sicheren Grenze waren. Auf dem Weg dorthin wurden sie beschossen und ausgeplündert von der ehemals eigenen Armee und brutalen paramilitärischen Einheiten, die für ungeheure Gräueltaten verantwortlich waren. Ziel der Serben war die ethnische Säuberung des Kosovo. Die Soldaten sahen täglich in den Ge-

sichtern der Flüchtlinge, was sich jenseits der Grenze abspielen musste. Die Bundeswehr startete die größte Luftbrücke seit ihrem Bestehen und lieferte über den Flughafen im mazedonischen Skopje Tausende Tonnen Lebensmittel, Zelte, Decken und Medikamente zur Versorgung der Flüchtlingsströme in Albanien und Mazedonien. Über 80 000 Flüchtlinge waren bald in den geschützten Lagern wie in Kukes und Morina zu versorgen, Menschen, die mit wenig mehr, als sie am Leib hatten, oft binnen weniger Minuten vor anrückenden Marodeuren von Haus und Hof geflüchtet waren. Viele hatten traumatische Erlebnisse hinter sich, fast alle hatten Angehörige verloren, Familien waren zerrissen und ausgelöscht worden.
Die Soldaten der Bundeswehr waren hier das erste Mal direkt mit den Auswirkungen des Krieges konfrontiert und bei allen hat das damals die Einstellung zu ihrem Auftrag und zu ihrem Land grundsätzlich positiv verändert. Die Menschen hier zu schützen und ihnen vielleicht eine Heimkehr in ihre Heimat zu ermöglichen, erschien ihnen als beste Motivation für den gefährlichen Einsatz.

Der Blick in die Hölle

Stefans Einheit war unter den Ersten, die in den Kosovo eingerückt sind. Als ihr Konvoi zum KFOR-Sammelplatz in Kukës fuhr, wurde hinter der Grenze noch geschossen; sie sahen die Leuchtspurmunition, hörten den Gefechtslärm, Explosionen und das Tok-Tok-Tok der schweren Maschinengewehre.
Über den Morina-Pass ging es an frischen Massengräbern, MG-Stellungen und nicht geräumten Minenfeldern vorbei nach Prizren. Über diesen Pass, der damals nur aus einer Sandpiste bestand, würde in den folgenden Monaten in endlosen LKW-Kolonnen der deutsche Nachschub von Thessaloniki nach Prizren laufen.

Bei Stefans Ankunft in Prizren wurde auch dort noch wild geschossen. Es gab kein Recht und kein Gesetz mehr, nur Gewalt – es herrschte Chaos im Land. Die Stadt war im Ausnahmezustand. Jeder hatte Waffen. Jeder schoss anscheinend auf jeden. Plünderungen und Brandschatzungen machten selbst vor den Kirchen und Moscheen nicht halt. Die Bevölkerung hat die Bundeswehrsoldaten mit Jubel und großen Hoffnungen begrüßt.
Stefan und seine Kameraden waren in den ersten Monaten für die Aufrechterhaltung der militärischen Ordnung und Sicherheit zuständig. Sie haben in der Stadt zunächst ein Büro beschlagnahmt und eine Art Polizeistation aufgemacht. Binnen kürzester Zeit stand die ganze Straße voll mit Hunderten Menschen, die Hilfe gesucht haben oder etwas melden wollten: ein Toter in der Wohnung, Waffenfunde, Minen, Geiselnahmen und Plünderungen. Was dort tagtäglich über die Soldaten hereinbrach, überforderte sie nicht nur vom Arbeitsaufwand, sondern auch seelisch. Die Leute hatten Vertrauen in die Bundeswehr, sie war die letzte Hoffnung in ihrem Elend, Hoffnung auf eine Rückkehr in ein geordnetes Leben. Die Menschen hatten nur einen Wunsch: dass das Morden und Plündern endlich aufhört. Stefan hat seine Arbeit als Feldjäger bei der Bundeswehr niemals vorher so sinnvoll erlebt wie in diesen Monaten. Er hatte seinen Job immer gerne gemocht – doch von da an war er aus voller Überzeugung bei der Bundeswehr.
Bei diesem Einsatz im Kosovo hat Stefan Dinge gesehen, auf die er nicht vorbereitet war. Szenen, die er bisher nur aus Kriegsfilmen gekannt hatte und über die er bis heute noch nicht reden möchte. Menschen, die halbverwest auf dem Waldboden liegen, zu zweit, in Dreiergruppen – noch in Straßenkleidung mit ein paar Habseligkeiten. Geschändete und geplünderte Leichen, daneben geleerte Brieftaschen, im Schmutz liegende Fotos aus glücklicheren Tagen. Hochzeitsfotos, Kin-

derfotos von Menschen, die Träume hatten, Träume, die hier in dieser verwüsteten Landschaft gewaltsam beendet worden waren. Stefan und seine Kameraden sind durch menschenleere Dörfer gefahren, Kilometer um Kilometer keine Seele. Auf einem Hof zeigten ihnen die zurückgekehrten Bewohner einen Brunnen – er war voll mit Leichen. Brandgeruch lag noch in den Mauern der Gehöfte, totes Vieh und überall diese Hunde. Hunde, die so einen irren Blick hatten; man konnte sich ausmalen, was sie fraßen. Leichengeruch brennt sich in jeden Geruchsnerv und gräbt sich unauslöschlich ins Gedächtnis. Der Gestank von verrottetem Menschenfleisch – überall war Tod, nur Tod. Es war der sprichwörtliche Blick in die Hölle.

Entsprechend hart war die Landung nach Stefans Rückkehr im idyllischen Garmisch-Partenkirchen bei seiner Familie und seiner Frau. Er spürte damals die Gefahr, dass da etwas kaputtgeht in ihm und er war heilfroh, dass da eine Familie war, die ihn brauchte. Die erste Zeit nach diesem Einsatz war er derartig ausgebrannt, dass er tagelang nur geschlafen hat. Mit der Ruhe aber kamen die Erinnerungen und die Albträume und all das Unverarbeitete wieder hoch. Bis zu seinem ersten Einsatz hatte Stefan immer schlafen können wie ein Bär, ein ungewöhnlich guter, sanfter Schläfer. Kein Schnarchen, nur Wärme – einfach gut. Nach seiner Rückkehr waren die Nächte plötzlich sehr unruhig, er fing an zu zucken und zu schreien, Befehle, ganze Verhöre und Telefonate. Reden konnte er nicht über seine Erlebnisse, denn auch bei Stefan war es, wie es bei den Männern und vor allem bei vielen Soldaten immer ist, dass sie denken, es geht von alleine vorbei, es geht schon immer irgendwie weiter. Aber es ging nicht.
Alles schien anders geworden zu sein, Stefan konnte einfach nicht in den gewohnten, entspannten Alltagstrott seines alten Garmischer Lebens zurückfinden. Und Vio war auch überfor-

dert. Ihre Arbeit in der Anwaltskanzlei, zwei kleine Kinder, die sie Tag und Nacht auf Trab hielten und laut und umtriebig waren, während der Mann Ruhe und Entspannung brauchte … Vio war ausgelaugt und müde. Sie hatte erwartet, er kommt nach Hause und hilft – aber er kam nach Hause und sagte: »Hilf mir!« Und dann stehen beide da und sagen: »Ich kann nicht mehr!« Und schon ist es da, das Beziehungsproblem.

Schmerzhafte Entfremdung

Die lange Abwesenheit im Auslandseinsatz stellt jede Beziehung auf eine harte Probe. Es war wie in so vielen Soldatenehen: Vio war die Aufgabe zugefallen, im Alltag alles alleine zu entscheiden, ohne ihren Mann zu fragen, denn es ging nicht anders. Als Stefan dann in seine alte Lebenswelt zurückkehrte und sie gemeinsam den Faden wiederaufnehmen sollten, als wäre er nie fort gewesen, klappte das nicht. Wo Stefan hergekommen war, hatten die Soldaten Dinge erlebt, die sie unverarbeitet als einen riesigen Packen mit nach Hause geschleppt hatten. Dieser Packen stand auch zwischen Vio und Stefan und blockierte das ganze Familienleben. Da war ein Fremder zurückgekommen und prallte natürlich auf eine fremde Frau, die sich in den sechs Monaten Alleinsein eingerichtet hatte in einem Leben ohne Mann, mit ihrem Beruf, den Kindern und der Einsamkeit. Die Frau hatte sich organisiert, sich Hilfe von außen geholt, ihren Alltag so gestaltet, dass sie mit der Trennung auf Zeit zurechtkommt – und auf einmal kommt da einer zur Tür herein und sagt: »Du, ich spiel jetzt wieder mit!« Viele Beziehungen von Soldaten haben diese Veränderungen im Wesen des Lebenspartners und dieses Auseinanderdriften der Lebenswelten nach dem Einsatz nicht verkraftet.

Vor Stefans Einsätzen sind Stefan und Vio immer gern zusammen über den Markt in Garmisch-Partenkirchen geschlendert und haben für das Wochenende eingekauft. Überall traf man Freunde und Bekannte, hier ein bisschen ratschen und Neuigkeiten erfahren, dort Verabredungen treffen zum Sonntagsspaziergang – das kleine Garmisch-Partenkirchen kann so friedlich und beschaulich sein, wenn es nicht gerade um Olympia geht. Der Trubel in den überfüllten Cafés. Die schönen Stände mit frischem Obst und Gemüse, Bauernkäse, frischer Milch und Butter und Schinken aus den Bergen – freundliche, gut gekleidete Menschen. Ein Bild des Friedens und des Wohlstands eben.

Doch Stefan kam aus dem Krieg und hatte sich niemandem öffnen können, dass er das, was er im Kosovo erlebt hatte mit seiner alten Heimat nicht mehr in Einklang bringen konnte. Er kannte jetzt beide Seiten – Elend und Krieg, Frieden und Überfluss. Einmal hatten Albaner sie zu ihrer Dorfmetzgerei geführt, ein zusammengekrachter VW-Bus, in dem geschlachtet und verkauft wurde. Da hingen aber keine Schafe, keine Ziegen oder gar ein Rind am Wagen – sondern Ratten, Katzen und tote Hunde, übersät von Tausenden Fliegen, die in der Sommerhitze ihre Eier auf dem ungekühlten Fleisch ablegten. Daneben noch die Eingeweide von der Schlachtung. Hier in Garmisch-Partenkirchen dagegen die blitzsauberen Supermärkte mit Dutzenden verschiedenen Fleisch- und Wurstsorten, Käsetheke, Grillstation, übervolle Brotregale. Menschen, die abgepackte Wurst oder einen Joghurt angeekelt wieder ins Regal legen, nur weil das Haltbarkeitsdatum bald abläuft und dann alles am Abend in den Müllcontainer wandert. Im Kosovo gab es keine Supermärkte, nicht mal Kanalisation, keine Ärzte – nichts. Er konnte nur schwer die Vorstellung verarbeiten, das hier in Deutschland Leute Probleme haben, ob sie nun 200 oder 400 Euro für ein Paar Lederschuhe ausgeben wollen, während in Prizren Kinder bei Minusgraden barfuß an der Straße standen und bettelten. Mitten in Europa so ein derartiges Elend zu sehen, war fern seiner Vorstellungskraft. Monatelang hatte Stefan ausgemergelte Kinder gesehen, hagere Menschen, die 40 waren und aussahen wie 70-jährige Greise, kaum noch Zähne im Mund. Für Stefan war klar: Wir leben in einer Scheinwelt mit Scheinproblemen und machen uns hier in diesem Schlaraffenland das Leben gegenseitig zur Hölle durch diesen endlosen Konsumwahn, dieses Angeben und Protzen, mit dem, was wir kaufen können. Es erschien ihm alles so sinnentleert durch seine Erlebnisse im Kosovo – nur ein paar hundert Kilometer entfernt von uns. Der Frieden, die schöne Natur, die netten Menschen, die Freunde in Garmisch – diese ganze Idylle erschien Stefan nun wie eine schlechte Theatervorstellung, künstlich und verlogen, einfach falsch. Vor allem nachdem er gesehen hatte, wie sich ehemals befreundete Nachbarn im Kosovo gegenseitig niedergeschossen hatten. Stefans Urvertrauen in das Gute war angeschlagen.

Vio war bald allein unterwegs in die Disko zum Tanzen, allein zum Markt, allein zum Einkaufen. Stefan konnte das alles nicht mehr ertragen, wollte nicht mehr raus, sondern einfach nur ruhig in seinem Wohnzimmer sitzen, in der Wärme, nicht im kalten Zelt – in der Hoffnung, vergessen zu können und wieder ganz normal wie früher zu leben.

Wie tief die schrecklichen Erlebnisse saßen, wurde Vio auf einen Schlag bewusst, als sie eines Tages Stefan um seine Meinung bat, ob ein Stück Fleisch, das sie zwei Tage zuvor gekauft hatte, noch gut sei. Sie hielt ihm die Tupperdose hin, doch sobald er sie geöffnet und den leichten Geruch wahrgenommen hatte, musste Stefan sich übergeben. Der Gestank von Fleisch, das in Verwesung übergeht, der Leichengeruch, das Grauen im Krieg – all das kam ihm sprichwörtlich wieder hoch.

Er hatte diesen Geruch auch in den Wochen danach immer in der Nase. Wenn er einen Krimi im Fernsehen sah, in der es eine Leiche gab, sprang er plötzlich auf und fing das Suchen an,

schaute unter die Couch, schnupperte herum, weil angeblich irgendwas abartig riechen würde. Bald war klar, dass allein die Fernsehbilder wieder die Erinnerung an den Verwesungsgeruch weckten und damit die Erinnerungen an die Gräuel, die er erlebt hatte. Diese Bilder kamen immer wieder hoch und standen zwischen Vio und Stefan. Die Wochen nach dem ersten Auslandseinsatz war die schlimmste Zeit in der Ehe von Vio und Stefan.
Es dauerte eine ganze Weile, um das auseinandergedriftete System wieder in Einklang zu bringen. Viel Geduld auf beiden Seiten war nach Stefans erstem Kosovo-Einsatz nötig, bis sich die beiden wieder fanden. Sie haben ausgemacht, dass jeder eine Auszeit, eine Stunde für sich beanspruchen kann, in der er von allen Aufgaben frei ist und sich nur auf sich selbst konzentrieren kann. Eine Strategie, bei der man ehrlich zueinander sein und sagen können muss, dass man nicht mehr kann und einfach eine Pause braucht. Und wenn beide nicht mehr können, muss man auf den anderen zugehen und sich ehrlich fragen, wer von beiden jetzt näher an seine Grenzen gekommen ist als der andere – und dann auch seine eigene Befindlichkeit für den anderen zurückstellen. Dieses Abkommen war die Rettung für die Partnerschaft, dieses Verstehen, Aufeinandereingehen und für den anderen da sein. Grundlegend dabei war der Wille, ihre Beziehung nie aus den Augen zu verlieren und wieder etwas miteinander zu unternehmen, wenn die Kraft dafür da war. Sie erinnerten sich gegenseitig an ihr Versprechen vor dem Altar »in guten, wie in schlechten Zeiten« füreinander einzustehen – und natürlich an ihre Liebe zueinander.
Bei den drei folgenden Auslandseinsätzen gab es nach jeder Rückkehr Stefans diese Phase der Fremdheit und Niedergeschlagenheit, an der viele Familien in der Bundeswehr zerbrochen sind. Aber da hatte Vio schon gelernt, was es bedeutet, die Frau eines Bundeswehrsoldaten zu sein. Und beide konnten besser damit umgehen.

Von der DDR zur Bundeswehr – Antjes Geschichte

Ich hätte es eigentlich wissen müssen, worauf ich mich einlasse, als ich mich in einen Soldaten verliebte – denn auch ich war Soldat im Auslandseinsatz. Ich habe vieles, was Tino in Afghanistan erlebt hat, auch mitgemacht. Aber alles der Reihe nach. Meine Mutter hat mich am 11.11.1977 zur Welt gebracht. In Dresden. Im tiefen »Tal der Ahnungslosen«, wie Spötter im Osten wie im Westen immer sagten, weil wir doch kein Westfernsehen empfangen konnten damals, vor dem Fall der Mauer. Bei der Wiedervereinigung war ich zwölf Jahre alt. Ich weiß noch, wie wir nach Berlin gefahren sind. Die ganze DDR war damals auf den Beinen Richtung Westen. Das Erste, was ich mir von den 100 D-Mark Begrüßungsgeld, das jeder erhielt, gekauft habe, war ein Walkman. Und das war's dann für mich auch schon mit der Wende. Dass es das einschneidendste Erlebnis in meinem Leben war, die große Freiheit, das habe ich nicht empfunden. Ich war zu der Zeit zu jung, um eine Enge oder den Zwang des Systems zu spüren. Ich habe warme, tiefe Erinnerungen an meine Kindheit. Sicher lag das nicht an Erich und Margot Honecker – sondern vor allem an meinen Eltern und Großeltern. Mein Großvater war Berufssoldat bei der NVA, der Nationalen Volksarmee, musste aber aufgrund von Schuppenflechte aus dem Dienst ausscheiden. Er hat dann sein Studium nachgeholt. Ich bin gut behütet aufgewachsen und hatte eine superschöne Kindheit. Die Schule stand im Mittelpunkt des Alltagslebens. Nach der Schule wurden Hausaufgaben gemacht, danach hatten wir Freizeit bis zum Abendbrot. Im Sommer waren wir fast die ganze Zeit draußen und haben gespielt bis es dunkel wurde. Dann ab in die Badewanne. Eine Stulle zum Abendbrot, und Marsch ins Bett. Wir fühlten uns damals frei, die Eltern konnten sich kaum um uns kümmern, weil beide arbeiten mussten. Wir Kinder haben sehr früh gelernt, selbstständig zu sein, zu kochen und unsere Sachen in Ordnung zu halten. Das wurde auch so von uns erwartet. Und ich habe Freiheit nie wieder so tief empfunden, wie nach so einem Sommertag abends ins Bett zu fallen und einzuschlafen, während meine Mutter noch in der Küche arbeitete.

Die Kinder heute haben kaum noch Zeit für sich. Nach der Schule kommt die Nachhilfe, der Musikunterricht und dann meist noch Sport. Alles ist verplant, das Meiste wird von den Eltern vorgegeben. Wie sollen Kinder so lernen, sich Dinge selbst zu erarbeiten und dann stolz darauf zu sein? Inzwischen habe ich selbst eine Tochter, Hanna. Ich möchte sie so erziehen, wie meine Mutter Ilona mich erzogen hat, hart, aber sehr herzlich, mit großer Wärme und Anteilnahme.

Als ich auf die Welt gekommen bin, haben meine Eltern noch bei den Großeltern gelebt – und zwar in einer Zweiraumwohnung. Heute kann man sich das gar nicht mehr vorstellen; vor allem kann man sich nicht vorstellen, dass es einfach schön war. Ich habe das nie als Enge empfunden, sondern als eine Nestwärme, die unsere Familie zusammengeschweißt hat.

Die Wende habe ich als Zusammenbruch meiner friedlichen Kinderwelt erlebt. Plötzlich geriet alles, was so geordnet und berechenbar schien, ins Wanken. Die Möglichkeit, in den neuen Supermärkten plötzlich zwischen 49 Joghurtsorten wählen zu können, kann auch zu einer Belastung werden, wenn man damit nicht aufgewachsen ist. Unsere Familie wurde aus ihrer Kuschelecke herausgerissen und stand plötzlich im grellen Licht eines bisher nicht gekannten Kapitalismus.

Meine Mutter arbeitete in einer Kinderkrippe der Stadt und wurde von heute auf morgen entlassen. Unsere Existenz schien bedroht, denn bei meinem Vater sah es auch nicht besser aus. Plötzlich war es vorbei mit unseren harmonischen Familienabenden, und Angst und Sorge saßen mit am Tisch. Die Streitigkeiten mit der Stadtverwaltung setzten unserer Familie erheblich zu. Meine Mutter Ilona bekam nach vielen schlaflosen Nächten eine schwere Gürtelrose. Meine Familie konnte nun die teure Rechtsschutzversicherung sehr gut gebrauchen, die uns einer dieser neuen Versicherungsvertreter aufgeschwatzt hatte. Meine Mutter klagte gegen die Stadt Dresden und gewann. Sie bekam eine Aufgabe im Liegenschaftsamt der Stadt. Und da ließ man sie erst mal wochenlang ohne Arbeit schmoren. Dann der nächste Schock: Es wurden Computer eingeführt, aber eine Schulung gab es nicht. Die notwendigen Computerkenntnisse musste sie sich selbst aneignen. Auch Ilonas alten Kindergarten wollte man plattmachen, aber die Eltern in der Nachbarschaft gründeten schnell einen Verein und betrieben den Kindergarten privat. Ilona übernahm die Buchhaltung. So wurde dieses kleine Paradies über die Wirren der Wendezeit hinübergerettet. Heute wird er wieder von der Stadt betrieben, als wäre nichts gewesen. Ein wunderschöner Kindergarten. Und wenn die Tochter meines Bruders so weit ist, wird sie dort in den Kindergarten gehen.

Nach meiner Schulzeit habe ich Zahnarzthelferin gelernt, bin aber nicht übernommen worden. Es gab plötzlich eine Ausbildungsförderung vom Staat – eben weil so viele Jugendliche nach einer Lehrstelle suchten –, und da hat der Zahnarzt gesagt: Dann stelle ich lieber einen neuen Lehrling ein und kassiere die Prämie. Und so stand ich genau wegen einer Fördermaßnahme, die Menschen zu einer Arbeit verhelfen sollte, das erste Mal auf der Straße. Wochenlang habe ich nach einer Anstellung gesucht über das Arbeitsamt. Ich habe gejobbt, geputzt, nur um beschäftigt zu sein und nicht den ganzen Tag zu Hause herumzusitzen. Es ist nicht schön, wenn man jung ist und gleich nach der Ausbildung vermittelt bekommt, dass man nicht gebraucht wird. Doch dann kam die Bundeswehr.

Durch Zufall zur Truppe

1997 hatte mein Vater, der als Taxifahrer arbeitete, Wind davon bekommen, dass im folgenden Jahr in der Dresdner Alberstadtkaserne die neue Offiziersschule des Heeres eröffnet werden sollte. Voller Begeisterung berichtete er mir davon und meinte, die würden doch auch medizinisches Personal brauchen und das wäre vielleicht meine Chance. Auch mein Großvater riet mir zu. Er war wie mein Vater auch Zeitsoldat und Offizier bei der NVA gewesen. Opa sagte immer wieder: »Die Bundeswehr, das hat Zukunft – überleg es dir gut. Solange es den Staat gibt, wird es auch eine Armee geben. Die können nicht pleitegehen.«

Ich bin aber nicht wegen der Familientradition zur Bundeswehr. Ich war wie elektrisiert von der Aussicht auf eine mögliche Anstellung, denn ich wollte unbedingt arbeiten. Alle Frauen, mit denen ich aufgewachsen bin, hatten immer gearbeitet. Wer nicht arbeitete, war schwanger, zu alt oder mit dem stimmte etwas nicht. So war das eben bei uns: Arbeiten und niemandem auf der Tasche liegen, selbst Geld haben, das bedeutet auch ein gutes Stück Unabhängigkeit.

Ich habe mir also meine Bewerbungsunterlagen geschnappt und bin los. Es sind manchmal die kleinen Fehler, die dem Leben eine ganz andere Richtung geben als geplant. Dieser Tag war so ein Schicksalstag: In der Eile habe ich die Offiziersschule, wo ich hinwollte, mit dem Kreiswehrersatzamt verwechselt, das am entgegengesetzten Ende der Stadt lag. Wo ich schon mal da war, bin ich ins Büro – und landete prompt bei einem Anwerber der Bundeswehr. Dem kam gar nicht in den Sinn, mich zivil einzustellen, sondern er fragte ohne große Einleitung: »Was halten Sie davon, sich als Zeitsoldat bei der Bundeswehr zu verpflichten?« Ich fand es spannend, dass da endlich jemand war, der mich wollte – nach den vielen Bewerbungsabsagen. Schon der Anfangssold lag weit über dem, was ich als Zahnarzthelferin verdient hätte. Und dann war da natürlich die Aussicht auf einen sicheren Job. So dachte ich mir: Probier's doch einfach mal!

Im Juni wurde ich nach Berlin zur Aufnahmeprüfung eingeladen. 25 Jungs und sechs oder sieben Mädchen waren angereist. Musterung, Intelligenztest, Allgemeinwissen, Mathematik wurden abgefragt, dazu die Sportprüfung. Am zweiten Tag kam noch ein Psychologe, der um fünf Ecken fragte. Einmal hat er auch direkt gefragt: »Würden Sie auch von der Schusswaffe Gebrauch machen in einem Konflikt, wenn es aus staatlicher Sicht erforderlich wäre?« »Wenn Soldat, dann mit allen Konsequenzen«, habe ich damals geantwortet. Das war tatsächlich meine Meinung. Außerdem hätte ich mich aus der Prüfung geschossen, wenn ich nein gesagt hätte. Dass wenig später tatsächlich der Ernstfall eintreten würde, daran habe ich im Traum nicht gedacht.

Von den 20 Jungs wurden nur sieben genommen und von den Mädels zwei. Eine davon war ich. Meine Zukunft schien zum ersten Mal wieder eine klare Richtung zu haben. Ich hätte nie gedacht, dass ich mal zur Bundeswehr gehen würde, statt als Zahnarzthelferin zu arbeiten. Aber mit wünschen war nun mal nichts in Dresden im Jahr 1997 – da musste man schon zugreifen, wenn was kommt. Und so unterschrieb ich meinen Vierjahresvertrag und wurde Soldat der Bundeswehr. Zwölf Jahre war ich groß geworden mit der Panikmache vor dem Klassenfeind, der Propaganda vom antiimperialistischen Schutzwall, der uns zusammen mit der NVA und den Waffenbrüdern aus dem Warschauer Pakt vor einer »kriegslüsternen Bundeswehr« und der NATO schützen sollte – und jetzt war ich plötzlich Teil davon. Und das nur, weil ich eine Adresse verwechselt hatte.

Weil ich bereits eine Ausbildung als Zahnarzthelferin hatte, wurde ich gleich als Hauptgefreite eingestuft und bekam 2000 D-Mark netto im Monat. Das war richtig viel Geld, ich konnte es kaum fassen. Über 1000 D-Mark mehr, als ich in Dresden in meinem Beruf je bekommen hätte. Ich wollte richtig Karriere machen beim Bund. Auch ein Medizinstudium schien nicht ausgeschlossen, wenn ich das Abi nachmachen würde. Das wäre alles möglich, hatten die Berater gesagt. Monatelang schienen alle Türen in das Erwachsenenleben für mich verschlossen – und nun sah ich wieder eine strahlende Zukunft vor mir.

Das war gut sieben Jahre nach der Wende, ich war 19. Ich war stolz, dass gerade ich es geschafft hatte, endlich, nach all den Niederlagen der vergangenen Monate. Ich sehe mich heute noch in diesem Abteil eines alten DDR-Regionalzugs sitzen, der mich auf holperigen Gleisen gemütlich zurück nach Hause, nach Dresden, schaukelt. Ich sehe ein glückliches Mädchen, das endlich seine Zukunft entdeckt zu haben glaubt, ein Mädchen, das endlich einen Platz gefunden hat in diesem neuen und oftmals immer noch fremden Deutschland.

Die Grundausbildung

Da wusste ich noch nicht, was mich erwartet. Meine dreimonatige Grundausbildung begann ich im Januar 1998 in Feldkirchen bei Straubing mitten im Winter. Und der Winter in Niederbayern ist heftig; es war trostlos, kalt und eintönig.

Ich war einer gemischten Kompanie der Bundeswehr zugeteilt worden. Zum Grundwehrdienst gehörte auch die Ausbildung an der Waffe zur Selbstverteidigung. In unserem Zug gab es sechs Frauen und 35 Männer. Wir Frauen hatten eigene Schlafräume, Duschen und WCs, ansonsten wurden wir genauso hart behandelt wie die männlichen Rekruten. Die Grundausbildung war das Härteste, was ich bis dahin erlebt hatte. Ein

Kulturschock. Das Fehlen jeder Privatsphäre, permanenter Schlafmangel. 6 Uhr wecken, gebrüllte Befehle, eiskalte Kasernenflure, Exerzieren, Übungen, Dienstgrade auswendig lernen, Stuben- und Spindkontrolle, 16 Uhr 30 Abendessen. Nach dem ersten 30-Kilometer-Marsch hatten viele Blutblasen, und bei der Rückkehr fragte uns der Ausbilder: »Und wo sind die lachenden Gesichter?« Nach dem ersten Wochenende zu Hause stand ich vor dem Schaufenster in der »Rührt-euch«-Haltung, breitbeinig, die Hände auf dem Rücken und sage »jawoll« zu meiner Freundin, als die fragte, ob wir was essen gehen wollen. Die Bundeswehr begann zu wirken.

Ich wusste, dass ich als Frau unter besonderer Beobachtung stand. Einige wollten uns Frauen scheitern sehen, und ich hatte mir vorgenommen, durchzuhalten und es ihnen nicht leicht zu machen. Von einigen Soldaten und Vorgesetzten, vor allem von den älteren, wurde ohne jede Begeisterung aufgenommen, dass jetzt auch Frauen in ihrer Kompanie waren. Aus den Spinden der Männer mussten die Pin-ups entfernt werden. Es gab plötzlich feste Duschzeiten, getrennt nach Geschlechtern. Trotzdem kam es immer wieder vor, dass sich Feinrippunterhose und Slip auf dem Flur über den Weg liefen. In der Anfangszeit kam es auch vor, dass Frauen mit ihrem Make-up-Koffer nach dem Wecken quer über den Gang liefen, und darin waren nicht nur Zahnbürste und Kamm. Viele Rekrutinnen mussten sich erst daran gewöhnen, dass es außer Tarnfarbe kein Make-up braucht, wenn es ins Manöver geht. Auch stundenlanges Haarefönen kam nicht gut an.

Einige der Frauen haben die Grundausbildung auch abgebrochen. Das war eine Bestätigung für die männlichen Spötter in der Truppe. Wir mussten Sprüche aushalten wie: »Die können ja nicht mal Auto fahren – wie sollen die einen Panzer führen oder ein MG bedienen?« Da musste Frau sich wirklich erst mal beweisen und sich Respekt verschaffen. Angebaggert worden bin ich nie. Ich setze da immer schnell meine Grenzen und kann da auch mal etwas ruppig sein. Damit habe ich mir diese Probleme alle vom Leib gehalten. Ich habe abends auch wirklich an alles andere gedacht als an Sex. Vor allem an meine kalten Füße, wenn man morgens um 6 Uhr wieder geweckt wurde.

Ende Januar schneite es heftig, als wir noch vor Tagesanbruch zu einem Orientierungsmarsch ins Gelände aufbrachen. Zehn Kilometer – keine große Distanz, aber es ging durch Schneeverwehungen und eisigen Wind. Die Männer im Zug boten mir mehrfach an, meinen Rucksack zu schleppen. Ich lehnte ab. Natürlich heißt Kameradschaft, dass man auch mal den Rucksack von jemand anderem trägt oder zulässt, dass einem geholfen wird, aber ich wollte nicht, dass mir die Jungs das abnehmen. Schließlich war ich der Überzeugung, dass ich mindestens so viel draufhatte wie die. Bei diesem Wintermarsch bin ich aber an meine Grenzen gekommen. Ich bin nur 161 Zentimeter groß und habe 58 Kilo gewogen, als ich mit der Ausbildung begann. Bei diesem Marsch vier Wochen später hatte ich nur noch 53 Kilo Gewicht. Und mein Rucksack wog 20 Kilo. Wir waren fix und fertig, als wir am Ende eines dieser trostlosen weiten Felder Niederbayerns endlich unseren Mannschaftsbus sahen. Die Aussicht auf warmen Tee, was zu essen und einen beheizten Innenraum. Als wir der Reihe nach über das Feld gingen, versank ich plötzlich in einem mit Schnee zugewehten Graben. Bis zu den Schultern steckte ich im Schnee und kämpfte, um mich aus diesem Loch zu befreien. In diesem Moment wollte ich mich einfach nur noch hinlegen und schlafen. Dann kamen die Kameraden und zogen mich raus. Sie wollten mir den Rucksack abnehmen und tragen, aber ich schrie sie an, dass sie mich in Ruhe lassen sollten und ich meine Ausrüstung selbst bis zum Schluss tragen würde. Ab da hatte ich im Zug meiner Kompanie den Ruf weg, äußerst zäh zu sein.

Die Frauen nach mir haben es möglicherweise schon leichter gehabt. Der Frauenanteil bei den Zeit- und Berufssoldaten stieg kontinuierlich an. Einen weiblichen General aber gibt es meines Wissens bis heute nicht. Frauen waren sechs Jahre nach meiner Grundausbildung ein nicht mehr wegzudiskutierendes Faktum in der Truppe. 2005 leisteten schon 11 500 Frauen Dienst bei der Bundeswehr. Heute sind es bereits über 17 000 in allen Truppengattungen, sogar als Zeitsoldaten in der »kämpfenden Truppe«, was erst 2001 mit der sogenannten Kreil-Entscheidung des Europäischen Gerichtshofs juristisch erzwungen worden war.

Damals hatte sich die Elektrotechnikerin Tanja Kreil unter Hinweis auf den Gleichheitsgrundsatz bei der Behandlung von Männern und Frauen ihre Einstellung als Zeitsoldatin in der Waffenelektronik erstritten. Der Dienst an der Waffe war Frauen nach dem Grundgesetz ursprünglich untersagt. Dort stand, dass Frauen »auf keinen Fall Dienst an der Waffe leisten« dürften. Tanja Kreil suchte 1996 keinen Streit, sondern einen Job, weil ihr die Karrierechancen als Frau in einem Ingenieurberuf nach der Ausbildung bei Siemens nicht gut schienen. Ihr Freund war Zeitsoldat, Richtladeschütze im Kampfpanzer Leopard 2 – das wollte sie auch und bewarb sich bei der elektronischen Waffeninstandsetzung für den Leopard 2. Doch das Kreiswehrersatzamt lehnte unter Hinweis auf das Grundgesetz und die Vorschriften der Bundeswehr ab. Tanja Kreil war empört und schrieb an den damaligen Verteidigungsminister – auch der lehnte ab. Daraufhin klagte sie wegen Verletzung des Gleichheitsgrundsatzes von Mann und Frau. Erst vier Jahre später, am 11. Januar 2000, entschied der Europäische Gerichtshof abschließend, dass die Bundeswehr Frauen zum Dienst an der Waffe zulassen muss. Nach diesem Urteil wurde sogar der betreffende Grundgesetzartikel umgeschrieben. Statt des generellen Verbots ist heute nur noch der Zwang

verboten, und so heißt es nun: »Frauen dürfen auf keinen Fall zum Dienst mit der Waffe verpflichtet werden.« Zynische Juristen nannten das später »Gleichheit zum Tode«. Tanja Kreil hatte ihren Kampf gegen eine letzte Bastion der Männer gewonnen, aber – Ironie der Geschichte – sie hat ihren Job in der Bundeswehr nie angetreten, sondern blieb bei Siemens.
Die Grundausbildung hat mich an meine physischen und psychischen Grenzen geführt. Ich habe gelernt, die Zähne zusammenzubeißen und alles durchzustehen. Später würde mir das noch sehr hilfreich sein, trotz aller Erschöpfung am Ende doch noch das letzte Quäntchen Kraft aktivieren zu können.
Es ging schließlich auch um meine berufliche Zukunft – ein Scheitern hätte ich nicht so einfach wegstecken können. Außerdem hatte mich der Ehrgeiz gepackt.
Meine Mutter Ilona hat sich in dieser Zeit große Sorgen um mich gemacht. Das ist immer so, wenn Mütter ihre Töchter ins Leben entlassen. Aber auch mein Vater hatte Bedenken, denn der kannte von der NVA her noch die Schleifermethoden beim Militär.
Nach den drei Monaten Grundausbildung bin ich für drei Monate nach Leipzig ins Bundeswehrkrankenhaus und habe dort eine Ausbildung zur Schwesternhelferin gemacht. Ich war jetzt Soldat und habe im Bundeswehrsanitätszentrum in Bonn als Zahnarzthelferin meinen Dienst angetreten. In den Westen zu gehen war für mich keine leichte Entscheidung. Mir steckte die Grundausbildung noch in den Knochen – und jetzt gleich wieder so weit weg von zu Hause? Aber im Westen bekam man damals 250 Euro mehr als im Osten – dieser Unterschied war letztlich das Entscheidende. Sich von der Familie zu lösen kann ein sehr schmerzhafter Prozess sein. Für meine Eltern war es das. Als sie mich damals nach Bonn fuhren, haben wir kein Wort miteinander geredet, meine Mutter hat dauernd geweint. Sie ist nicht nur meine Mutter, wir sind füreinander

die besten Freundinnen. Bei uns im Osten hatten Familie und Freunde immer einen sehr hohen Stellenwert. Die Familie hielt zusammen, nicht der eine hier, der andere da, Hunderte Kilometer voneinander entfernt. Meiner Mutter war endgültig klar, dass es vorbei war mit unserer kleinen, heilen Familienwelt, dass die Familie nicht mehr zusammensein konnte und nichts mehr so sein würde, wie es früher mal war. Auch mir fiel die Trennung nicht leicht. Um ein bisschen Heimat in der Fremde zu haben, nahm ich auf Anraten meiner Mutter unseren Kater Zwerg mit.

Das neue Leben in Bonn

Das Leben in Bonn war wie eine zweite Grundausbildung. Ich war einsam und allein. Mit meinem sächsischen Dialekt hatte ich bei manchen Leuten auch gleich mal den Ossi-Stempel auf der Stirn. Wieder musste ich mich durchbeißen. Zum Glück hatte ich Kater Zwerg. Er strahlt eine unglaubliche Ruhe aus und sieht mit seinen Barthaaren und den langen Ohren aus wie eine Mischung aus Uhu und chinesischem Kung-Fu-Meister. Alle Katzenliebhaber schwören Stein und Bein, dass man sich mit Katzen lautlos unterhalten kann. Wer dafür ein Gespür hat, fängt automatisch an, in Gedanken mit seiner Katze zu reden. Kater Zwerg ist ein echter Philosoph. Er schaut einen an, und dann hört man das Yin und Yang fernöstlicher Weisheiten. Das kommt ganz von selbst, und es kehrt wieder Ruhe im Kopf ein. Kater Zwerg war mein Lebensanker in dieser Zeit.
In meine Arbeit hatte sich schnell Routine eingeschlichen. Auch die Zusammenarbeit mit einigen Kollegen entwickelte sich so stressfrei, wie ich mir das gewünscht hatte. Ich bin ein geradliniger und kompromissloser Typ. Wenn es einen Befehl oder eine Vorschrift gab, dann galt es, das umzusetzen. Die ganze Bundeswehr basiert auf Vorschriften, das ist die Grund-

substanz, die alles zusammenhält – jeder muss diese Spielregeln kennen und einhalten. Wer das beachtete, kam mit mir supergut klar. Aber es gab auch Quertreiber, und dann wurde ich laut. Meine Schwäche ist bis heute: Ich habe einen Perfektionsanspruch und werde schnell ungeduldig, wenn eine Sache sich nicht so entwickelt, wie ich mir das vorstelle. Ich kann schlecht delegieren und erledige deshalb alles am liebsten selbst. Andererseits bin ich ein harmoniesüchtiger Familienmensch. So stand ich oft einsam da: Wenn sich die untergeordneten Mannschaftsdienstgrade über mich unterhalten haben, hieß es: »Das ist vielleicht ein Drache! Wenn du mit der Dienst hast, o Gott!« Das war die eine Seite. Die anderen haben meist schnell festgestellt: Wenn einer seine Aufgaben zuverlässig erledigt, dann ist es gar nicht so schlimm, mit mir zusammenzuarbeiten. Unter diesem Qualitätsgesichtspunkt trennen sich dann eben die, die mich mögen, und jene, die mich nicht aushalten.
Immer wieder bin ich zu Lehrgängen geschickt worden und habe mich weitergebildet. Im Juni 2000 entschied ich mich dazu, meinen Dienst als Zeitsoldat von vier auf acht Jahre zu verlängern. Am Ende meiner Zeit in Bonn war ich »Stabsunteroffizier im Sanitätsdienst (w)«; (w) steht für weiblich. So sah die offizielle Schreibweise in den an mich gerichteten Schreiben aus. Irgendein Schreibtischhengst hatte die Vorschrift erlassen, dass das Weiblich deutlich herauszustellen war. Ich empfand das (w) damals als diskriminierend. Aus meiner Sicht macht es keinen Unterschied, ob ein Offizier seine Frau oder seinen Mann steht. Hauptsache, der Offizier macht einen guten Job. Allein darauf kam es an.

Antje macht ihr Testament

Mit 25 Jahren habe ich mein Testament gemacht, mich von meinen besten Freunden verabschiedet und den Lieblingsplätzen meiner Kindheit Lebewohl gesagt. Meine letzten Dinge geregelt und mir vorgestellt, wie das ist, wenn ich morgen tot bin. Das war im Sommer 2003.

Mit 25 Jahren denkt man ja eigentlich nicht ans Sterben. Aber ich hatte keine andere Wahl. Im Bonner Sanitätsdienst hatte ich meine Grenzen erreicht. Aus dem Abinachmachen und dem Medizinstudium war nichts geworden. Weiter als bis zum Stabsunteroffizier würde ich es wohl nicht mehr bringen. Ich hing fest in einer Endlosschleife des Krankenhausalltags, war einsam und hatte Heimweh. So stand ich da am Ende meines fünften Dienstjahres und mir wurde immer klarer, dass ich nicht auf zwölf Jahre verlängern, sondern den Dienst quittieren würde. Dazu kamen meine Enttäuschungen mit Männern. Es kam nichts Gescheites daher, dann eben lieber keinen. Und so saß ich mit Kater Zwerg zu oft allein vor dem Fernseher, eine Tasse Tee in der Hand und den schnurrenden Philosophen neben mir. Ich spürte, das würde kein Modell für die Zukunft sein. Kater Zwerg war es immer recht, wenn die Männer bald wieder verschwunden waren. Er hat sich meist breitbeinig in den Flur gestellt und sie angefaucht. Mein Kater kennt sich aus mit Menschen. Zwerg lässt sich nie von Fremden streicheln – und nie würde er auf die Idee kommen, einem Besucher schnurrend um die Beine zu streichen. Bei Leuten, die er mag, thront er oben in seinem Katzenbaumhaus auf seinem Diwan und fixiert sie mit seinen hypnotischen Augen. Und so schaute er mich an. Ich aber war unzufrieden und unausgeglichen und hatte den sehnlichen Wunsch nach einer Veränderung, ohne ein konkretes Ziel vor Augen zu haben. Es musste etwas geschehen.

Dann ergab sich wie damals bei der Sache mit dem Kreiswehrersatzamt eine Gelegenheit, die mein Leben verändern sollte. Ein Feldwebel (w) aus meiner Kompanie hatte nach einem Monat Auslandseinsatz ernste private Probleme bekommen. Ihr Mann war stiften gegangen, während sie in Bosnien den Frieden sicherte, und sie saß nun fern der Heimat mit Liebeskummer und Wut im Bauch im Feldlager Rajlovac. Eigentlich sollte sie noch vier Monate bleiben, aber das hätte unter den gegebenen Umständen zu einer Tragödie geführt.
Bei einem Besuch in Bonn kam sie auf mich zu und fragte mich, ob ich nicht den Auslandseinsatz für sie übernehmen wolle – das war sie, die Veränderung, auf die ich gehofft hatte. Zudem wurde der Auslandseinsatz besser bezahlt. Als Stabsunteroffizier bekam ich damals ca. 1400 Euro Sold netto. Ich hatte in Bosnien einen Auslandszuschlag von ca. 50 Euro täglich. Nach Abzug der Steuern würde ich dann also etwas über 2600 Euro erhalten. Das ist einerseits gutes Geld, aber dafür musste ich 24 Stunden am Tag sieben Tage die Woche verfügbar sein. Das ergibt einen Stundenlohn von ca. 2,70 Euro. Jeder, der rechnen kann, wird schnell zu dem Ergebnis kommen: Nur wegen des Geldes setzt sich niemand diesen Gefahren aus. Ein Einsatz im Ausland wäre für mich der krönende Abschluss meiner aktiven Dienstzeit gewesen. Jahrelang Soldat zu sein und keinen einzigen Einsatz mitgemacht zu haben – vor allem keinen Auslandseinsatz –, das war für mich plötzlich etwas sehr Beunruhigendes. Diese Einsatzerfahrung wollte ich noch mitnehmen. Hätte ich das nicht gemacht, dann wäre bei mir immer so ein Gefühl des Unfertigen, Unerledigten geblieben.
Als ich mich dann also für einen Einsatz in Bosnien gemeldet habe, kamen natürlich die Fragen meiner Eltern: »Muss das jetzt noch sein, ausgerechnet zum Ende deiner Dienstzeit? Gehst du da kein zu hohes Risiko ein?« Vor allem meine Mutter Ilona wurde sehr nervös und brachte Einwände vor. Bislang

musste sie nicht damit rechnen, dass ich im Sanitätsdienst in einer verschlafenen Stadt wie Bonn irgendeiner ernsten Gefahr ausgesetzt wäre. Das Gefährlichste an Bonn war der Straßenverkehr. Und der Karneval. Als ich aber anrief und sagte: »Du, Mama, ich bewerbe mich für den Auslandseinsatz und gehe nach Bosnien!«, sah für meine Eltern alles ganz anders aus. 2003 waren die Spuren des dreijährigen Bürgerkriegs in Bosnien mit über 278 000 Toten und Vermissten und über zwei Millionen Flüchtlingen und Vertriebenen immer noch an jeder Ecke sichtbar. Das Land war arm und völlig zerstört. Immer wieder flackerten Unruhen voller Gewalt zwischen den verschiedenen ethnischen Gruppen auf, mühsam unter Kontrolle gehalten von den SFOR-Truppen, die für die Einhaltung des Friedensvertrags von Dayton aus dem Jahr 1995 sorgen sollten. Am 11. Juli 1995 hatten die Serben beim Massaker von Srebrenica mehr als 7500 wehrlose muslimische Flüchtlinge und Soldaten getötet und in Massengräbern verscharrt. Eines der größten Kriegsverbrechen nach Ende des Zweiten Weltkriegs in Europa und einer der bittersten Fehler der NATO, die dieses Verbrechen nicht verhindern konnte. Als Reaktion auf die hemmungslosen Gewalttaten der bosnischen Serben und ihrer Freischärlereinheiten hatten am 1. September 1995 zum ersten Mal seit Ende des Zweiten Weltkriegs deutsche Tornados aktiv in die Kampfhandlungen eingegriffen und Stellungen und Waffendepots der Serben bombardiert. Die Bundeswehr hatte damit ihren Status als reine Verteidigungsarmee abgelegt. Von nun an würde sie aktiv in Konflikte eingreifen – zum Schutz der Menschenrechte, aber auch zum Schutz der eigenen Bevölkerung, der nicht mehr allein auf die Landesgrenzen beschränkt sein würde. Das geschah unter deutlicher Zustimmung der deutschen Bevölkerung, des Deutschen Bundestags und quer durch alle Parteien.

Eine Art schriftlicher Abschied

Nun würde ich nach Bosnien gehen. Alle Soldaten im Auslandseinsatz sind angehalten, ihr Testament zu schreiben. Das Schlimmste daran war, meiner Mutter zu beichten, dass es jetzt ernst wird. Dass ihr das sehr nahe ging, zeigt sich am besten in ihren eigenen Worten: »Vor ihrem Einsatz sollte Antje noch einen Einweisungslehrgang besuchen. Wir hatten gar nicht mit ihr gerechnet, aber wir waren sehr froh, als sie am Wochenende davor überraschend zu Besuch nach Dresden kam. Sie wirkte bedrückt. Dass irgendetwas in der Luft lag, spürte ich sofort. Aber sie rückte den ganzen Samstag nicht raus damit, und ich dachte, lass sie mal kommen, das geht schon, wenn es soweit ist. Abends saß sie bei mir am Küchentisch und sagte plötzlich in ihrer direkten Art: ›Mama, es hilft ja jetzt nicht drumrumzureden: So schlimm, wie das ist, also, wir müssen jetzt mein Testament machen.‹ Dabei sah sie mich einfach nur mit großen, ruhigen Augen an. Meine Reaktion war so, wie eine Mutter reagiert, wenn ihr Kind sein Testament machen möchte, darüber kann ich gar nicht reden. Antjes Letzter Wille liegt heute noch in einer Mappe bei uns im Wohnzimmerschrank. Da steht mit schöner Mädchenschrift geschrieben: ›Ihr, Papa und Mama, seid meine Alleinerben im Fall meines Todes.‹ In diesem Moment ist mir zum allerersten Mal hundertprozentig bewusst geworden: Es könnte ja etwas schiefgehen! Und langsam, langsam sickerte es bei uns durch: Das ist diesmal ernst, keine Übung, wir könnten unser Kind auch verlieren. Ich spürte, ich könnte es nicht verkraften. Und wir dachten nur noch: Hoffentlich passiert nichts!«

Kurzerhand hat meine Mutter mich dann zu unserem Versicherungsmenschen geschleppt. Wenn sie schon nicht mit nach Bosnien reisen und mich beschützen konnte, wollte sie mir doch wenigstens eine Art schriftliche kugelsichere Weste mit allen nur möglichen Versicherungen anlegen. Lebensversicherung, Unfallversicherung, Krankentagegeldversicherung, Bundeswehrzusatzversicherung, Berufsunfähigkeitsversicherung – alles, was irgendwie ging. Wir haben uns auf alles vorbereitet. Zu diesen Vorbereitungen für den Einsatz gehörte auch die Patientenverfügung – was soll geschehen, wenn ich verletzt werde und nicht mehr Herr meiner Sinne bin? Soll ich meine Organe spenden? Es war ein sehr seltsames Gefühl, sein Testament zu schreiben. In dem Alter besitzt man ja eigentlich noch nicht wirklich was, das man im Testament zu verteilen hätte. Aber man hat seine Geschichte, die Menschen, die man kennt und liebt. Das ist das Vermächtnis. Es ist irre, was einem da alles durch den Kopf geht, an wen man plötzlich wieder denkt – wem man noch was sagen oder wen man noch einmal in die Arme schließen will.

So also ist das beim Testamentschreiben. Das ist eine Übung, die ich nur jedem empfehlen kann. Denn ein Testament schreiben bedeutet Abschied nehmen. Unwiderruflich von allem, was man kennt, liebt oder hasst. Da fällt eine Tür zu, die man nicht wieder öffnen kann. Und mit diesem Gedanken wird plötzlich jede Sekunde, die bleibt, sehr, sehr kostbar. Plötzlich merkt man, wie schön und spannend das Leben doch eigentlich ist – und wie unwichtig die ganzen Probleme, die manchmal so übermächtig erscheinen und uns blockieren.

Die Entscheidung für so einen Auslandseinsatz setzt in der Bundeswehr ein unglaubliches Räderwerk der Bürokratie in Gang. Eine zentimeterdicke Checkliste ist akribisch abzuarbeiten: Anträge, medizinische Check-ups, Impfungen, Gesundheitszeugnisse, Ausbildungsbescheinigungen, Versicherungen, Daueraufträge für den Privathaushalt, Patientenverfügung … und eben die Erklärung, dass man ein Testament hinterlassen hat sowie einen Brief, der alles regelt für den Fall, dass man

über längere Zeit nicht mehr ansprechbar wäre. Und das dauert alles und kostet Nerven. Ich habe sehr schlecht geschlafen in diesen sechs Wochen vor meinem Einsatz.
Es war wie ein Abschied aus einem alten Leben; ich saß auf dem Bett in meinem einstigen Kinderzimmer in Dresden und erinnerte mich mit ein bisschen Wehmut, Freude, Rührung, Trauer oder auch Wut daran, wie ich hier gelebt, was ich hier erlebt hatte – und wie mich alles verändert hatte seit dem Tag, als ich in die Bundeswehr eingetreten und nach Bonn gezogen bin. Ich wusste, diese Tür würde ich mit Freude ins Schloss werfen und nie wieder zurückkommen. Bonn war Geschichte. Irgendwo hinter Bosnien lag meine Zukunft.
Jetzt stand ich endlich wieder vor neuen Herausforderungen: Bin ich den Belastungen des Auslandseinsatzes überhaupt gewachsen? Ich kannte inzwischen viele Geschichten über Beziehungen, die während der Auslandseinsätze gescheitert waren – nun, das würde mich nicht betreffen, dachte ich da noch, schließlich hatte ich keinen Freund. Und Kater Zwerg würde Urlaub bei meiner Mutter in Dresden machen – also kein Problem. Was mich mehr beschäftigte, waren die vielen beunruhigenden Nachrichten über psychische Probleme, die während oder nach so einem Einsatz bei fast allen Soldaten mehr oder minder heftig auftauchten. Kommt man damit klar, monatelang mit seinen Kameraden in einem Container auf engstem Raum zusammenzuleben? Kommt man damit klar, dass sich der Großteil des Lebens für vier Monate in einem von Stacheldraht umzäunten Lagerareal abspielen wird? Man kann in so einem Krisengebiet nicht einfach vor die Tür und in die Stadt zum Kaffeetrinken oder gar shoppen gehen. Der Auslandseinsatz erschien mir mehr und mehr als eine Prüfung, bei der ich wieder neue Seiten von mir kennenlernen würde. Ich habe das gesucht und gebraucht zu dieser Zeit. Ich wollte wissen: Packe ich das? Und packe ich überhaupt die Vorausbil-

dung? Denn die Trainingscamps für den Auslandseinsatz lagen noch vor mir. Hier erwartete die Soldaten ein Crashkurs über alles, was wissenswert und notwendig ist im Einsatzland: strategische Lage, Klima, Geografie, Sitten, Geschichte – und die einzelnen Volks- und Interessengruppen, die auf dem »Spielfeld« stehen.

Ich hatte Glück, dass ich so kurzfristig noch in einen dieser Kurse rutschen konnte. Zunächst, weil es sonst wohl nichts gewesen wäre mit dem Auslandseinsatz. Denn ohne Trainingsbescheinigung kein Abflug. Und dann war da noch etwas, was mein Leben völlig verändern sollte – Tino Käßner. Die nächsten Jahre würden uns beide durch Himmel und Hölle führen.

Von Karl-Marx-Stadt nach Kabul – Tinos Geschichte

Tino trat in mein Leben – und ich in seines –, als wir beide den Vorbereitungskurs für unsere Auslandseinsätze besuchten. Bis zu diesem Zeitpunkt wusste ich nichts von ihm, und deshalb soll er hier in eigenen Worten erzählen, was vor unserer gemeinsamen Zeit war.

»Wie Antje wurde ich in der DDR geboren, am 24. April 1974 in Karl-Marx-Stadt – das heutige Chemnitz. Mein Vater war Elektriker und auch meine Mutter hat gearbeitet, als Verkäuferin. Als ich fünf war, sind wir in ein kleines Haus mit Garten am Stadtrand gezogen, nach Adelsberg. Von heute aus betrachtet wohnten wir bescheiden, aber für mich damals war es paradiesisch schön und ich war eigentlich immer draußen beim Spielen und Herumtollen.

Mein Vater hat als Elektriker in einer der größten Fabriken für Sondermaschinen und Elektromaschinenbau der DDR gearbeitet. Er war normaler Arbeiter, ich glaube, er war auch in der Partei – aber Politik hat in unserer Familie nie eine Rolle gespielt, sondern man hatte sich aus praktischen Gründen angepasst. So konnte ich zum Beispiel in das sommerliche Ferienlager für die Kinder des Betriebs, irgendwo in den endlosen Wäldern von Brandenburg in einem kleinen Dorf nördlich von Potsdam. Wir Kinder haben viel unternommen und viel Blödsinn gemacht. Harmlose Jugendstreiche, aber für uns war es das große Abenteuer.

Wenn ich zurückdenke an meine Kindheit, dann kann ich nur sagen, dass ich glücklich war und nie das Gefühl hatte, dass mir etwas fehlen würde. Unsere Familie war intakt, und als ich sechs war, kam meine Schwester auf die Welt. Endlich ein Geschwisterchen, darüber war ich sehr froh.

Wir haben mit den Eltern jedes Jahr Urlaub an der Ostsee gemacht. Im FDGB-Heim, dem Erholungsheim des Freien Deutschen Gewerkschaftsbundes, waren die Plätze rar und sie wurden nur für besondere Verdienste vergeben, dort waren wir nur zweimal, sonst gingen wir immer auf den Campingplatz. Ich kann mir noch heute für einen kleinen Jungen nichts Besseres vorstellen, als in Kiefernwäldern und Dünen zu spielen und schwimmen zu können, wann immer man will. Ich war den ganzen Tag draußen. Sonne, Wind, das Meer und vor allem die Dünen – ein Paradies für BMX-Fahrräder. Damals begann wohl meine große Radfahrleidenschaft und ich bin den ganzen Tag die Sandwogen rauf und runter.
Später ging ich auf die polytechnische Oberschule, aber ohne großen Ehrgeiz. Ich hatte was anderes im Kopf: mein Crossrad. Mit acht Jahren war ich 1982 in den SG Adelsberg eingetreten und hatte schon erste Crossrennen gewonnen. Auch beim Skilanglauf stand ich immer wieder auf dem Siegertreppchen. Meine Schulzeugnisse dagegen waren eher durchschnittlich und auch sonst galt ich als unauffällig. Mein Motto war immer: Erst mal schauen, die Lage peilen. Ich bin einfach so mitgeschwommen, kann man sagen, aber nie gegen den Strom. Ich wollte einfach meine Ruhe und keine Konflikte, hatte vor allem meine Crossstrecke im Kopf, die ich im Wald selbst gebaut hatte und auf der ich mich richtig ausgetobt habe. Stundenlang. Nur dort habe ich wirklich Ehrgeiz gezeigt. Ab und zu bin ich zu meinen Großeltern geradelt, die in unserer Nähe wohnten und zu denen ich ein enges Verhältnis hatte. Mit meinem Opa habe ich dann oft den ganzen Nachmittag an der Werkbank in seiner kleinen Werkstatt verbracht. Wir haben alles selbst gebaut. Viel mit Holz. Anbauten. Frühbeete für den Salat. Kaninchenställe. Möbel. Einen neuen Schuppen. Bevor es losging, mussten wir immer erst das Material organisieren. Es war ja in der DDR damals nicht so, dass man ein-

fach zum Baumarkt gefahren ist und eingekauft hat, was man so brauchte. Vom Brett bis zur kleinsten Schraube musste alles über aufwändige Kettentauschgeschäfte beschafft werden. Hast du Bretter, dann tausch ich die gegen eine Kloschüssel, die jemand braucht, um ein Ersatzteil für seinen kaputten Trabbi einzutauschen. So ging das damals – alle kannten sich irgendwie, zumindest über solche Tauschgeschäfte.
Natürlich war ich auch bei den jungen Pionieren. Jungpionier mit Hemd und blauem Halstuch, darauf war ich stolz. Die hatten tolle Ferienlager. Einmal waren wir zum Beispiel in Polen an der Ostsee. Vier Wochen Zeltlager draußen in Kiefernwäldern direkt am Strand. Damals war das einfach nur toll. Ich müsste lügen, wenn ich etwas anderes sagen würde als: Ich habe nur gute Erinnerungen an meine Kindheit in der DDR. Vielleicht hatte ich einfach nur das Glück, erst nach der Wende erwachsen zu werden und gar nicht erst die Kollisionspunkte mit dem System, in dem ich damals lebte, herausfinden zu müssen. Grundsätzlich bin ich völlig unpolitisch – andere würden vielleicht naiv sagen. Aber ich halte es da lieber wie mein Opa, der immer gesagt hat: ›Du musst die Kraft haben, Dinge zu verändern, die du verändern kannst – und genauso viel Kraft, genau das bleiben zu lassen bei Dingen, die du nicht ändern kannst.‹ Damit bin ich immer gut durchgekommen.
Die Begeisterung für den Sport und fürs Technische, das ist auch jetzt noch mein Hauptinteressengebiet. Das liegt vielleicht auch in der Familie. Mein Vater steht heute noch stundenlang an der Werkbank in meinem Fahrradkeller, und dann basteln wir an den Rennrädern herum, bis alles wieder tipptopp dasteht. Diese technische Versessenheit, mit geringen Mitteln optimale Ergebnisse zu erzielen, das habe ich damals gelernt in der DDR. Kompromisse schließen, improvisieren, organisieren, auf Umwegen Lösungen finden und Mittel beschaffen, ein großer Freundeskreis, der hilft, und das Beste aus

einer Situation machen, die du eh nicht verändern oder rückgängig machen kannst. Nicht dauernd missmutig vergleichen und sich mit den gegebenen Verhältnissen arrangieren, das war der ganze Trick für das Leben in der DDR damals. Vielleicht liegt hier auch der Schlüssel zu meinem heutigen Umgang mit meiner Verletzung: Ich kann nicht ändern, dass mir das Bein fehlt. Mit meinem Schicksal zu hadern, das würde mich überhaupt nicht weiterbringen, sondern nur lähmen. Also arrangiere ich mich nicht nur mit der Situation, sondern versuche ständig, das Beste daraus zu machen, alles zu optimieren und so ein Manko in ein Plus umzuwandeln.«

Die Wende – eine neue Zeit beginnt

Tino schwärmte wie ich von der schönen Kindheit, die er in der DDR erlebt hatte, von der Wärme und dem Zusammengehörigkeitsgefühl, das uns großes Vertrauen und Unbeschwertheit bescherte. Er war älter als ich und nahm die Wende bewusster wahr, wenn er auch nicht begeisterter war als ich, wie er mir mal erzählte: »Als die Wende kam, war ich 15. Am späten Abend des 9. November 1989 wurden die Grenzen der DDR geöffnet, und alles war plötzlich von dieser Begeisterung erfasst, überall Jubel, alle waren unterwegs in den Westen. Mir war dieser ganze Trubel seltsam fremd. Ich sagte mir: ›Na schön, warten wir mal ab, was da kommt.‹

Meine Eltern haben am nächsten Morgen gemeint: ›So, jetzt fahren wir auch mal rüber nach Hof.‹ Wir standen im historischen Megastau hupender Trabbis und Wolgas, der nach meiner Erinnerung bereits hinter dem Ortsschild von Karl-Marx-Stadt begann und durchgehend bis nach Hof reichte. Es war eine lange und nervende Fahrt von der DDR in die BRD, ich hinten eingeklemmt mit meiner Schwester Heike auf der Rückbank eines Trabbis. Noch heute messe ich jeden Stau an dieser Albtraumfahrt von Chemnitz nach Hof. Ich war völlig ernüchtert, als es über die Grenze ging. Die Dörfer sahen auch nicht viel anders aus als bei uns, und ich war froh, als wir nach einer erneuten langen Fahrt im großen Stau spätabends wieder zu Hause waren.

Was damals wirklich passiert ist, diese historische Dimension, das habe ich zu der Zeit nicht gefühlt und nicht verstanden, aber dass sich große Veränderungen anbahnen, habe ich gemerkt. Überall gab es das deutliche Bröckeln der staatlichen Macht. Bei uns in der Nähe lag ein geheimnisumwittertes Stasigelände; keiner wusste genau, was hinter dem Stacheldrahtzaun ablief. Am Tag der Wende war das Gelände plötzlich offen, die Wachposten waren verschwunden. Bürgerrechtler hatten schon die Anlage durchsucht und Papiere gesichert. Ich habe mich mit ein paar Kumpels getroffen, und dann sind wir wie magisch angezogen vom Hauch des Verbotenen immer tiefer in die Bunker hineingestiegen. Drei, vier Stockwerke ging es unter die Erde. Überall aufgerissene Schaltschränke mit Telefonkabeln und Abhöreinrichtungen. In den Räumen sah es so aus, als wären die Stasileute erst vor wenigen Minuten aufgebrochen – auf einem Tisch fand sich sogar noch eine angebissene Stulle. Das war für mich der spannendste Moment der Wende.

Die Wende war für viele Menschen in der damaligen DDR ein Schock – vor allem, nachdem die Begeisterung wieder dem Alltag gewichen war und wir sehen mussten, wie wir klarkommen mit all den Neuerungen, die für Westdeutschland völlig selbstverständlich waren.

Für mich bedeutete die Wende vor allem einen Blick in den Abgrund von Arbeitslosigkeit und die Angst vor Verarmung und einer ungewissen Zukunft. Wir mussten Kapitalismus und Marktwirtschaft erst verstehen lernen. Und das war oft sehr schmerzhaft. Es kamen harte Jahre, die mich sehr geprägt ha-

ben. Ich begann eine Lehre als Gas-Wasser-Installateur, denn es gab viel zu bauen und zu renovieren im Osten, und so hatte ich mir mit diesem Beruf gute Chancen ausgerechnet. Aber das war ein Irrtum. Die Nachwendezeit war chaotisch und das Berufsleben aggressiv. Meine wechselnden Arbeitgeber gingen pleite, weil Auftraggeber nicht zahlten oder Geld und Baumaterial einfach verschwunden waren. Es war ein ständiger Kampf um ausstehenden Lohn und immer wieder die Suche nach einem neuen Arbeitsplatz. Dieser dauernde Wechsel und nicht zu wissen, was morgen ist, das ging selbst mir an die Nerven. Aber ich habe gesagt, gut, es ist jetzt so – aber ich lass mich nicht verheizen in diesen Verhältnissen. Manche meiner Kollegen haben stark unter diesen Verhältnissen gelitten, hatten dauernd Angst, ihren Job zu verlieren, und trauten sich kaum, Pause zu machen. Mir machte das zum Glück weniger aus, ich konnte wie schon zu meiner Schulzeit abschalten; ich habe gut und schnell gearbeitet, mich aber nie unter Druck setzen lassen. Es war mir immer wichtig, mich nicht von äußeren Zwängen aus dem Gleichgewicht bringen zu lassen, weil das meine Freiheit eingeschränkt hätte. Die Freiheit, die ich in meiner Jugend in der Natur erfahren habe, war für mich ein hohes Gut, das ich mir unbedingt bewahren wollte.
1994 bin ich bei den Feldjägern in die Kaserne eingerückt und habe meinen Wehrdienst abgeleistet. Mir hat die Zeit viel Spaß gemacht. Klare Strukturen, klare Spielregeln, geregelte Dienstzeiten, und außerdem fand ich hier Vorgesetzte, die sich um mich kümmerten und mir zeigten, dass ich ihnen auch als Mensch etwas wert bin – und nicht nur eine Kalkulationsgröße für mehr Gewinn. Ich wurde gefördert und in den zwölf Monaten Grundwehrdienst zum Unteroffizier der Feldjäger ausgebildet. Nach dem Ende der Wehrdienstzeit dachte ich immer noch nicht daran, Berufssoldat zu werden. Ich versuchte, wieder als Installateur Fuß zu fassen, aber auf den Baustellen

wurde der Ton immer rauer und eine Pleite jagte die nächste. Ich wechselte dauernd zwischen Anstellung, Pleite und Arbeitslosigkeit. Ich fand keinen längerfristigen Job, immer nur für kurze Zeit. Meine berufliche Zukunft als Installateur kam mir schließlich wie ein Albtraum vor. Und so stellte ich 2000 den Antrag auf Wiedereinstellung bei der Bundeswehr. Ich verpflichtete mich zunächst auf vier Jahre, doch schon ein Jahr später verlängerte ich auf acht Jahre und entschloss mich 2003, noch einmal zu verlängern – auf zwölf Jahre – und beantragte gleichzeitig meine Übernahme als Berufssoldat.
Meine Eltern waren zwar nicht begeistert von meiner Idee, fest zur Bundeswehr zu gehen, aber sie haben auch gesehen, dass in meinem Beruf als Installateur die Aussichten für mich alles andere als rosig waren und ich bei der Bundeswehr einen sicheren und gut bezahlten Beruf anstrebte, der mich auch Spaß machte.
Bei mir wie bei vielen anderen war es also nicht die Begeisterung für Waffen, Marschieren und Disziplin, dass wir zur Bundeswehr gegangen sind – sondern in erster Linie die Suche nach einem Platz im Leben, nach einer Perspektive. Die Bundeswehr war mein Beruf, und diesen Beruf habe ich mit sehr viel Freude und Einsatzbereitschaft ausgeübt.
In den Anforderungen für Feldwebelanwärter bei den Feldjägern wurde damals schon ganz klar präzisiert, dass ich auch zu Auslandseinsätzen abkommandiert werden würde. Neben selbstsicherem und korrektem Auftreten, hoher Teamfähigkeit und besonderer körperlicher Leistungsfähigkeit waren Tropentauglichkeit, Auslandsverwendungsfähigkeit und die Bereitschaft zu internationalen Einsätzen gefordert. Ich wusste, was auf mich zukommt. Dass ich mal selbst Opfer werden würde, daran habe ich zu keiner Sekunde gedacht.
Ich absolvierte die Ausbildung zum Feldjäger-Feldwebel und die Speziallehrgänge ›Personenschutz‹ und ›Militärpolizeili-

che Aufgaben im Ausland‹. Dazu kamen die Ausbildung zum Sportleiter Bundeswehr und Lehrgänge zum Ausbilder waffenloser Kampf und Jägereinsatztechnik. Bei meiner feierlichen Vereidigung im Juni 2000 in der Werdenfelser Kaserne in Murnau habe ich nach Paragraf 9 des Soldatengesetzes bei Fackelschein folgendes Gelöbnis abgelegt: ›Ich schwöre, der Bundesrepublik Deutschland treu zu dienen und das Recht und die Freiheit des deutschen Volkes tapfer zu verteidigen.‹ Ein Schwur ist ein Schwur. Den Zusatz am Schluss ›so wahr mir Gott helfe‹ habe ich als Mensch ohne Religionszugehörigkeit weglassen dürfen. Nun hatte ich einen Rahmen gefunden, der mir Halt gab, mit Vorgesetzten, die mich förderten und schätzten – eine echte Perspektive für meine Zukunft, mit der ich mich wohl fühlte. Ich war jetzt Zeitsoldat auf vier Jahre und wurde nach Murnau abkommandiert. Was die uneingeschränkte Mobilität bedeuten sollte, würde ich bald mit allen Konsequenzen erfahren.«

Soldatenliebe – Antje lernt Tino kennen

Wie ich fand auch Tino bei der Bundeswehr einen sicheren Arbeitsplatz und bekam die Chance, sich persönlich zu entwickeln und einen sinnvollen Dienst für die Allgemeinheit zu leisten.
Ich denke oft zurück, wie das alles damals war, dieses Gefühl des Umbruchs und die Sehnsucht nach einem ganz neuen Leben, der Ausbruch aus der Eintönigkeit in Bonn und diese Erwartung, dass irgendetwas Neues passieren wird, ohne dass man ahnt, was das ist. Mitten in diesem verwirrenden Gefühlschaos trat Tino in mein Leben. Ich sah ihn zum ersten Mal in Rothenburg an der Fulda im Seminarraum der Alheimerkaserne, wo die Auslandsvorbereitung der Bundeswehrsoldaten durchgeführt wird. Das war eine gemischte Ausbildung für alle, die ins Ausland sollten.
Tino stach aus allen anderen Soldaten heraus. In unserem Hochzeitsbuch habe ich drei Jahre später diesen magischen Moment herausgegriffen, weil das der Anfang war und er so gut beschreibt, wie wir uns erst aneinander herantasten mussten wie zwei Kinder mit verbundenen Augen auf einer Geburtstagsfeier, bis wir uns erkannt haben.

»Es war im Sommer 2003 in Rothenburg an der Fulda. Unsere Blicke trafen sich. Wir stellten uns die Frage: Gehören wir zusammen? Die Zeit sollte es zeigen. Das erste Mal, dass wir uns richtig kennenlernen durften nach unserem Treffen, war in Moritzburg bei Dresden. Und es sollte nicht das letzte Treffen bleiben. Ein zweites und drittes folgten. Und das Feuer zwischen uns wurde entfacht.«

Tino war lustig, 180 Zentimeter groß, durchtrainiert, schlank, er hatte ein sehr männliches Gesicht und sehr schöne, sensible Augen mit langen Wimpern und dieses Lächeln – er war irgendwie immer gut gelaunt. Und vor allem: Er war genau wie ich in der DDR geboren, und zwar in Chemnitz, Sachsen – endlich jemand, mit dem ich wieder meine Sprache sprechen konnte. Wir hatten dieselbe Geschichte, dieselbe Jugend, DDR-Schule, FDJ-Freizeitlager, Erster-Mai-Feiern. Er kannte Quarkkeulchen, Meissner Fummel oder Neinerla. Wir hatten dieselben Songs gehört von den Puhdys, City, Karat, Die Art oder Stern-Combo Meissen und bei den FDJ-Partys zu Computerkarriere getanzt.
Meine Stubenkameradin Eva war aus der Einheit von Tinos Stubenkamerad und wir haben nach den Seminaren jeden Tag die Freizeit miteinander verbracht. Nebenbei habe ich ständig unauffällig ein paar neue Informationen über Tino eingeholt, so von Frau zu Frau. Eines Tages hat Eva gesagt: »Komm doch abends mal mit in die Pizzeria, da sind auch die anderen Jungs aus meiner Einheit.« Und so saß ich dann ganz zufällig Tino gegenüber am Tisch und habe ihn den ganzen Abend nicht aus den Augen gelassen. Geländeerkundung strategisch günstiger Positionen.
Nach diesem Abend habe ich alles unternommen, damit ich in den Seminaren immer in die Gruppe von Tino gekommen bin. In den Kursen über Minenkunde bis hin zur Erstversorgung von Schussverletzungen und Minenopfern. Es ging um faustgroße Löcher im Körper, um zerfetzte Füße, abgerissene Gliedmaßen – und immer nur um das eine: Möglichst rasch den Blutverlust zu stoppen und den Verletzten evakuieren zu lassen.
Das erste Mal, dass ich in Tinos Gruppe kam, war ausgerechnet beim Minenseminar mit dem Sanitätskursus zur Erstversorgung Verletzter. Tino und ich bildeten ein Zweierteam. Wir

sollten lernen, möglichst rasch Druckverbände anzulegen und Blutungen zu stoppen. Es wäre mir damals nie in den Sinn gekommen, dem irgendeine Bedeutung beizumessen. Ich bin auch nicht gläubig, habe nie einer Kirche angehört und glaube auch nicht an Übersinnliches. Aber heute frage ich mich schon manchmal, ob das irgendwie ein Zeichen gewesen sein soll, das uns vorbereiten sollte auf das, was dann kam. Oder misst man dem Geschehen später nur eine größere Bedeutung bei, als es gerechtfertigt ist?

Jedenfalls war Tino das Opfer. Ich musste ihm das Bein verbinden. Im Nachhinein: Wieso habe ich ihm gerade das rechte Bein verbunden – und zwar nur den Unterschenkel? Einfach nur Zufall? Es war ausgerechnet der rechte Unterschenkel, den er später verlieren sollte. Ich habe noch oft über diese Szene nachgedacht. Wir sitzen da. Tinos durchtrainiertes Sportlerbein ragt aus der hochgekrempelten Uniformhose. Ich habe ein warmes Gefühl im Bauch und werde rot, weil ich ihn, unsicher, wie ich bin, mit der Schere piekse. Wir lachen. Und ich schlage weißes Mullband um diesen Unterschenkel, der zwei Jahre später amputiert werden muss. Als ich fertig war, hat er mich etwas unsicher angelächelt. Ich wusste damals nicht, welche Geschichte mir dieser Blick Jahre später erzählen sollte.

Am jenem Abend in der Pizzeria haben wir uns nur unterhalten. Oberflächliches Geplauder. Unter dieser glatten Oberfläche brodelte es aber merklich auf beiden Seiten. Wir hatten uns beide offenbart und wussten, dass wir weit gegangen waren, ohne ein Wort darüber zu sprechen. So belauerten wir uns gegenseitig, wer den nächsten Schritt unternehmen würde, um das Wirklichkeit werden zu lassen, was wir beide fühlten. Tino zu berühren unter dem Vorwand, ihn zu verbinden, war ein magischer Moment gewesen, an den ich heute noch gerne zurückdenke. Denn in dieser Sekunde ist dieses Gefühl entstanden, das uns viel später zusammenführen sollte. Tino wusste

da vielleicht noch nicht, ob aus dem Funken ein Feuer werden sollte – ich schon. Ich suchte nun nach Kerosin.
Am Donnerstagabend vor der Abreise waren wir alle noch mal in unserer Pizzeria. Dort hat es dann richtig gefunkt. Es lag Abschiedsstimmung über unserer Gruppe. Ich spürte Wehmut und wusste nicht, ob ich meine Gefühle für Tino wirklich offen zulassen sollte. Zum einen steckten mir noch die Erfahrungen der Bonner Zeit in den Knochen, zum anderen standen Tino und ich vor einem monatelangen Auslandseinsatz, der neue Eindrücke, neue Freundschaften bringen würde, die alles infrage stellen konnten. Der Abflugtermin stand bei uns beiden für die kommende Woche fest – wir würden überhaupt keine Zeit haben, unsere Liebe zu festigen. Zudem hatten wir uns ja noch nicht einmal geküsst. Alles wehrte sich in mir, jetzt noch auf die Schnelle etwas übers Knie zu brechen. Ich kannte ihn ja auch gar nicht wirklich, sagte ich mir, und wer weiß, ob Mr Sonnyboy nicht nur mit meinen Gefühlen spielte. So war die Situation ungelöst, es machte sich Casablanca-Stimmung breit: Entweder war das Seminar der Beginn einer wunderbaren Freundschaft – oder definitiv das Ende des Films. Wir würden zurück in die Kaserne gehen und uns schlafen legen, und ich würde ganz schlecht schlafen. Auf dem Rückweg vom Abendessen wurden wir beide immer langsamer, haben uns in die Dunkelheit zurückfallen und die anderen vorgehen lassen. Um die Lichter der Straßenlaterne kreisten Nachtfalter. Ich dachte, wenn er jetzt nichts sagt, müssen wir uns beeilen, weil wir sonst den Anschluss zu den anderen verlieren. Wir brauchten noch den ganzen Weg zum Kasernentor und den ganzen Weg zu meiner Unterkunft. Dort gab's den ersten Kuss. Mehr nicht. Mr Sonnyboy war nämlich ganz schön schüchtern. Für mich war dieser Kuss ein Versprechen, dass da mehr möglich ist, dass ich endlich jemanden gefunden habe, der auf meiner Wellenlänge liegt. Am nächsten Tag hat er mir dann mein Ge-

päck zum Wagen geschleppt – einen dieser schweren Leinensäcke der Bundeswehr. Diesmal habe ich zugelassen, dass mir jemand hilft. Dann haben wir uns einen sehr langen Kuss gegeben, und dann ist er seiner Wege gefahren, ich bin meiner Wege gefahren – und mir war die ganze Rückfahrt nach Bonn über nicht klar, ob wir uns noch mal wiedersehen würden oder ob es das gewesen war. Doch es ging weiter.

Die Kraft der Anziehung

Zunächst saß ich wieder mit Kater Zwerg in meiner kleinen Zweizimmerwohnung am Waldrand südlich von Bonn – viel zu weit weg, um schnell mal zu Tino nach Murnau zu fahren. Ich sehnte mich nach der Pizzeria in Rothenburg an der Fulda und den Leuten aus dem Seminar. Und danach, dass mich jemand aus Murnau anruft. Kater Zwerg hat mich interessiert mit seinen hypnotischen Augen angeschaut, und ich habe mit meinen hypnotischen Augen das Telefon angeschaut. Irgendwie kam ich dann in eines meiner mentalen Selbstgespräche mit Kater Zwerg, und der hat mir dann geraten: »Jetzt ruf doch deinen Tino endlich mal an – vielleicht schaut der genauso aufs Telefon wie du!«

Die nächsten Tage habe ich jeden Abend mit Tino telefoniert. Ich stand unmittelbar vor meinem Bosnieneinsatz, und er packte seine Seekiste für Afghanistan. Tino kann gut zuhören und es waren sehr schöne, intensive Gespräche – trotzdem blieb ich misstrauisch, ob ich wirklich den Mann gefunden hatte, nach dem ich mich so gesehnt hatte. Meine Gefühle waren in Aufruhr.

Natürlich hatte ich meiner Mutter Ilona am Telefon erzählt, dass ich verliebt war. Vielleicht hätte ich ihr auch nicht gleich erzählen dürfen, dass Tino so gut aussah, dass er sich immer wieder als Modell für Feinrippunterhosen von Marken wie

Bruno Banani ein sattes Zubrot verdient hatte. Ich habe die Fotos heute noch – er sah wirklich hammermäßig aus. Meine Mutter nahm das gelinde gesagt reserviert auf und warf umgehend das komplette Tochterwarnprogramm an: »Kind, verrenn dich nicht!«, war noch das Harmloseste, was ich mir anhören musste. Für meine Mutter war Tino nur eine Soldatenromanze, die wie eine Signalpatrone nach kurzer Zeit wieder verglühen würde – und in meinem Leben das nächste Trümmerfeld hinterlassen könnte. Auch ich selbst war nicht gerade scharf darauf, mich wieder verletzen zu lassen. Aber man hofft halt immer auf den Richtigen.

Meine Mutter hatte eben ihren Beschützerinstinkt, und ihre besorgten Worte zeigten langsam eine zersetzende Wirkung. War es nicht wirklich so, dass ich Tino kaum kannte? Was, wenn sein freundliches, ruhiges Wesen nur eine Maske war? Ich wollte die Probe. Am Wochenende würde Tino zu seinen Eltern nach Chemnitz fahren – und ich wollte nach Dresden kommen, um mich zu verabschieden. Das würde Tränen geben. Abschied von den Eltern und Abschied von einem Mann, der noch nicht einmal Zeit hatte, mein Mann zu sein.

Das alles waren meine Gedanken, als ich auf dem Weg von Bonn nach Dresden die Autobahnabfahrt nach Chemnitz nahm. Es kam zu einem sehr romantischen Treffen mit Tino in der örtlichen McDonald's-Filiale. Wir haben Kaffee getrunken. Normalerweise wäre es das gewesen bei anderen Frauen. Wer kommt schon auf die Idee, sich bei McDonald's zu treffen? Aber mit Schmetterlingen im Bauch spielt das keine so große Rolle. Ich wusste jetzt, trotz lauwarmem Kaffee aus Pappbechern: Tino ist der Richtige – aber ich zweifelte noch, ob diese frische Liebe das Kommende überstehen würde. Wir haben uns für den nächsten Tag am Jagdschloss Moritzburg verabredet, 20 Autominuten vom Dresdner Stadtzentrum entfernt. Mit diesem Schloss verbinde ich wunderschöne Jugenderinnerungen. Hier habe ich viele glückliche Sommertage verbracht, im Schloss und in den weitläufigen Anlagen und Wäldern im Landschaftsschutzgebiet Friedewald. Im Winter war ich hier mit der ganzen Familie Schlittschuhlaufen auf den schönen Teichen rund um das Schloss, und immer hat diese schöne Landschaft, diese Verbindung aus gestalteten Gärten und ursprünglicher Natur, mir Ruhe und Kraft gegeben. Alles hier ist Erinnerung an meine glückliche Kindheit, die bis dahin schönste Zeit in meinem Leben. Genau hier war der Ort, wo ich Tino wiedersehen wollte. Wir haben uns auf der Schlossauffahrt mitten in den Touristenmassen in die Arme geschlossen und sind nach einem langen Spaziergang direkt am Schloss im Schwanenteich baden gegangen. Es war der perfekte Sommertag, sehr warm – genial schön. Nach dem Mittagessen sind wir dann zu meinen Eltern gefahren. Ich wollte unbedingt, dass meine Mutter Tino in Augenschein nimmt. Und das tat sie dann auch. Sie hat mir erzählt, was sie bei diesem ersten Treffen in ihr vorging: »Ich war wirklich skeptisch und bereit, diesem Mann eine Abfuhr zu erteilen, wenn ich den Eindruck haben würde, dass da Unheil für meine Tochter droht. Doch als er mit Antje in der Haustür stand, dachte ich nur: ›Das könnte was werden.‹ Und als er wieder wegfuhr: ›Hoffentlich wird das was!‹ Tino war offen, ehrlich, bodenständig, intelligent. Er war wirklich besorgt um die Antje, und gut ausgesehen hat er ja auch. Die Mutter in mir war wieder beruhigt: Tino war ein Goldstück!«

Bis dahin hatten Tino und ich uns nur geküsst, umarmt, gestreichelt – wie verliebte Teenager, mehr war da nicht. Wir beide gingen sehr bedächtig vor, weil wir selbst spürten, dass wir Zeit brauchen würden, um nicht unbedacht etwas zu zertrümmern, was sich gerade so wundervoll entwickelte.

Das zweite und dritte Treffen folgten, und ich fuhr schließlich doch zu Tino nach Murnau. Es war für mich völlig klar, dass ich ihn unbedingt noch mal alleine für mich haben wollte, bevor es losging, einfach, um mich meiner Gefühle zu vergewissern. Ich wollte Klarheit haben, bevor ich für drei Monate in Bosnien und er für vier Monate in Kabul verschwinden würde. Sechs Monate sind eine lange Zeit, wenn man auf den Falschen wartet. Sechs Monate Trennung können selbst gute Beziehungen ruinieren. Tino und ich kannten uns ja noch nicht so intensiv, dass da eine Basis gewesen wäre. Ich wollte ihm deshalb auch etwas von mir mitgeben, ein paar Erinnerungen an gemeinsame Tage wie in Moritzburg, damit er mich nicht so schnell vergessen würde. Und so bin ich von Dresden nach Murnau gefahren.

Murnau

Murnau ist ein kleiner oberbayerischer Ort am Fuße der Ammergauer Alpen, der so schön in die Natur eingebunden ist mit dem Staffelsee und seinen Moorlandschaften, dass sich hierher die Maler der Künstlergruppe Blauer Reiter in den Sommern vor dem Ersten Weltkrieg zurückgezogen haben. Um zu leben, zu lieben und zu malen. Der Sommer 2003 war unser Sommer, bevor es an »die Front« gehen würde.

Die drei Tage in Bayern waren sehr intensiv und trotzdem viel zu kurz. Ich merkte auch bei Tino, dass es ihm so ernst war, dass ich weiter Vertrauen zu ihm fassen konnte. Später hat er mir gesagt, dass er hin- und hergerissen war zwischen seiner Zuneigung und dem Bewusstsein, dass wir uns drei Tage später wieder trennen müssten für mehrere Monate. Diese Gedanken standen zwischen uns. Wir wussten nicht, wohin die Zeit unsere Liebe treiben würde. Aber wir wollten uns. An einem heißen Tag sind wir dann an den Eibsee unterhalb der Zugspitze gewandert, dort hat es sich endgültig entschieden, dass wir ein Paar werden. Es gibt noch ein wunderbares Foto von uns. Wir stehen am Rand dieses Märchensees ein bisschen verschwitzt vom Wandern, engumschlungen und wir schauen sehr, sehr glücklich in die Kamera. Auch die anderen Tage waren wir draußen in der Natur, wandern, mountainbiken und schwimmen im Staffelsee – bei Föhn spiegeln sich die Berge so klar auf seiner Oberfläche, dass man förmlich in sie hineinschwimmt. Es war ein bisschen wie Fliegen, und das Glücksgefühl, das dabei entsteht, war herrlich. Alles war noch so neu und so verwirrend fremd. Nach diesen Tagen in der bayerischen Natur war ich endgültig über beide Ohren verknallt. Hier hatten sich zwei Wege gekreuzt, und wir waren entschlossen, unseren Weg künftig gemeinsam zu gehen – auch wenn wir in diesem Moment noch gar nicht abschätzen konnten, was das noch bedeuten sollte. Meine quälenden Zweifel, ob es Tino ernst war mit unserer Beziehung, waren fort. Und wurden ersetzt durch Verlustangst: Wenn das nun der Mann war, mit dem ich zukünftig zusammenleben wollte, wie sollte ich es schaffen, dieses Feuer über ein halbes Jahr am Lodern zu halten? Was, wenn meine Mutter doch mit ihren Warnungen recht hätte, dass eine Soldatenliebe eine so lange Trennung nicht aushalten würde? Auf Einsätzen kann viel geschehen. Viele Soldaten kommen sehr verändert wieder. Nicht jeder wird mit der Situation fertig. Was würde der Einsatz bei mir verändern? Wie würde er Tino verändern? Es war eine ganze Reihe von Fragen, mit denen ich mich im Schlaf herumwälzte. Ich wusste noch zu wenig über Tino Käßner. Dafür hatten die paar Tage nicht ausgereicht. Ich hatte mich aber entschieden, mehr herauszufinden. Ich beschloss, meine Gefühle einzukapseln und zu schützen. Die Glut zu bewahren, aber das Feuer nicht sinnlos lodern zu lassen. Und mit diesem Gefühl bin ich nach Bosnien geflogen.

Das Feldlager Rajlovac – Antje in Bosnien

Meine Ankunft in Sarajevo schien so unwirklich. Die Spuren des Bürgerkriegs in Bosnien und Herzegowina, der das Land seit 1992 binnen gut drei Jahren verwüstet hatte, waren noch an allen Ecken sichtbar. Überall war der Tod und die Angst der Menschen gegenwärtig, die hier gelitten hatten. Bis zu 278 000 Tote und Vermisste und über zwei Millionen Flüchtlinge und Vertriebene weisen die offiziellen Statistiken aus.
In einem Konvoi ging es vom Flughafen mitten durch die Stadt in das zwölf Kilometer nordwestlich des Zentrums gelegene Feldlager Rajlovac, das Hauptquartier des 1. Deutschen SFOR-Kontingents. Aus dem Osten kannte ich ja noch genügend verfallene Häuser, Industriebrachen. Aber was ich in Sarajevo sah, war etwas ganz anderes: Das waren Kriegsruinen. Und das Beklemmende: Nicht nur ein Haus, nein, ganze Straßenzüge, Stadtviertel – eine ganze Stadt, zerschossen, ausgebrannt und geplündert. Vier Jahre lang, vom 5. April 1992 bis zum 29. Februar 1996, war Sarajevo von den Serben belagert worden – militärgeschichtlich mit 1425 Tagen die längste Belagerung im 20. Jahrhundert. 1993 waren nach offizieller Zählung 35 000 Gebäude der Stadt völlig zerstört und kein einziges mehr ohne Beschädigung, darunter die weltberühmte Nationalbibliothek mit ihren unersetzlichen Handschriften und Büchern.
Während der Belagerung schossen die bosnischen Freischärler und Serben von den umliegenden Hügeln täglich über 300 Granaten auf Sarajevo ab. Die Bevölkerung war außer in den Kellern der Häuser nirgends sicher. In den leeren Fensterhöhlen sah ich bei unserer Fahrt zum Feldlager überall Rußspuren, wo das Feuer aus den Fenstern geschlagen hatte. Ganze Häu-

serzeilen waren abgebrannt, weil im Kugelhagel niemand zu löschen wagte. An der breiten Hauptverkehrsstraße Zmaja od Bosne die von MGs und Granatensplittern regelrecht durchsiebten Hochhäuser, einst der Stolz der Stadt und Symbol für den Aufbruch in eine moderne Zeit. Wie skelettierte Finger ragten sie in den Himmel, etagenweise reduziert bis auf ihre Betonträger, weil sämtliche Zwischenwände herausgeschossen worden waren.

Über 11 000 Menschen aller Ethnien und Religionsgruppen – darunter 1600 Kinder – wurden bei dieser Belagerung getötet. Allein in den zwei Monaten August und September 1992 fielen den Heckenschützen, die wahllos auf alles schossen, was sich bewegte, 253 Zivilisten und 406 Soldaten zum Opfer – unter den toten Zivilisten waren 60 Kinder. Die Straße wurde von der Bevölkerung bald »Sniper Alley« genannt. Viele Menschen wurden Ziel der Scharfschützen und Granatwerfer in den umliegenden Höhenzügen, nur weil sie zu verdursten drohten und trotz der Gefahr Wasser holen mussten an einer der letzten funktionierenden öffentlichen Zapfstellen. Kleinkinder blieben manchmal tagelang allein und ohne Hilfe in den Wohnungen zurück, weil der Vater an der Front und die Mutter beim Wasserholen getötet worden waren.

Während der Belagerung legten die Einwohner ganze Tunnelsysteme an zum Schutz vor den überall lauernden Scharfschützen. Der berühmte 800 Meter lange Sarajevo-Tunnel wurde 1993 auf dem Höhepunkt der Kämpfe fertiggestellt. Ein mit Erde überdeckter Laufgraben, der zur neuen Hauptstraße der Stadt wurde und vielen Eingeschlossenen das Leben gerettet hat.

Dabei war Sarajevo einst eine junge, aufstrebende, eine moderne Stadt. Ganz plötzlich musste der Virus des Krieges über die Menschen gekommen sein und hatte Gewalt und Zerstörung entfesselt. Nachbarn, die jahrzehntelang friedlich zusam-

mengelebt hatten, waren plötzlich zu Todfeinden geworden und hatten das Wertvollste zerschossen, was wir Menschen haben: den Frieden und das Vertrauen. Die Wunden und traumatischen Erlebnisse in der Bevölkerung waren tief: Raub, Mord, Vergewaltigung – in nahezu jeder Familie waren Opfer zu beklagen.
Was ich sah, ist mit Worten kaum zu beschreiben: 50 Kilometer Dorf an Dorf nur kaputte, verlassene Häuser. Viele der Gehöfte waren ausgeplündert und angezündet worden. Die Ställe waren leer – in den Brunnen lagen Kadaver. Auf den minenverseuchten Feldern wucherte das Unkraut, Gebüsche und Bäume eroberten sich die Felder zurück. Bald würde hier ein großer Wald die einst mühsam gepflegte Kulturlandschaft überwuchern.
Das Pionierkontingent der SFOR leistete Wiederaufbauhilfe, räumte Minenfelder und verteilte Holz und anderes Baumaterial an die Bevölkerung. Wir sahen Familien, die wie Höhlenbewohner in ausgebrannten Gebäuden hausten. Sie kochten über offenem Feuer. Statt Fensterscheiben gab es Holzbretter und Plastikplanen. So versuchten die Einwohner, den kommenden Winter zu überstehen. Ich weiß bis heute nicht, wie sie das durchgehalten haben. Zwischen notdürftig geflickten Häusern sah man Hofstellen, die von den geflüchteten Eigentümern aufgegeben worden waren, ohne dass jemals wieder eine Chance auf Rückkehr bestand. Die Zugehörigkeit zur falschen Volksgruppe oder Religion bedeutete für die jeweilige Minderheit Vertreibung.

Eingesperrt im Camp

Als ich 2003 nach Sarajevo kam, war der von den SFOR-Truppen erzwungene Frieden acht Jahre nach Ende des Bürgerkriegs immer noch brüchig. Immer wieder flackerten Unruhen

und Gewalt zwischen den verschiedenen ethnischen Gruppen auf, mühsam unter Kontrolle gehalten von den SFOR-Soldaten.
Während der Belagerung Sarajevos hatte die deutsche Luftwaffe unter Lebensgefahr die Bevölkerung mit Nahrungsmitteln und Medikamenten versorgt, was der Bundeswehr großen Respekt und Beachtung aus aller Welt einbrachte. Am 6. Februar 1993 wurde eine C160-Transall des Lufttransportgeschwaders 62 beim Landeanflug getroffen und der Ladungsmeister, Hauptfeldwebel Wiebel, schwer verletzt.
Das Feldlager Rajlovac hat den offiziellen Namen »Camp Capitaine Carreau«. In Deutschland kennt diesen Namen keiner. Die meisten Deutschen kennen ja nicht einmal den Namen auch nur eines deutschen Soldaten, der in Afghanistan oder bei anderen Auslandseinsätzen getötet worden ist. Gilles Carreau war Hauptmann der französischen UN-Schutztruppe, als er am 22. Juli 1995 an der Spitze eines Konvois ins belagerte Sarajevo fuhr, um die Bevölkerung mit Lebensmitteln und Medizin zu versorgen. Es war nachts um 23 Uhr, als eine vom Berg Igman abgeschossene Mörsergranate serbischer Freischärler seinen Jeep traf. Gilles Carreau verblutete, weil nicht schnell genug Hilfe kam.
Es gibt viele dieser Geschichten aus den Balkaneinsätzen – nicht nur bei der Bundeswehr. Mit solchen Namensgebungen versucht man die Erinnerung an Menschen wachzuhalten, die ihr Bestes gegeben haben für den Frieden – ihr Leben. Bei den Einsätzen der Bundeswehr auf dem Balkan sind seit Mitte der Neunzigerjahre mehr als 40 Bundeswehrsoldaten ums Leben gekommen. Die meisten von ihnen nicht durch direkte Kampfhandlungen, sondern durch Munitions- oder Verkehrsunfälle.
Den Frieden sichern, genau das sollte die SFOR leisten. Das war unser Auftrag. Das wurde auch von der Bevölkerung so wahrgenommen – die war wirklich dankbar. Wir hatten viele

einheimische Arbeitskräfte im Lager, mit denen wir uns unterhalten konnten. Es war beklemmend zu hören, was sie alles hinter sich hatten. Das waren nicht mehr die anonymen, ausgemergelten Gesichter der Flüchtlingskonvois aus den Nachrichten, sondern ordentlich gekleidete, gebildete Menschen, die versuchten, ihr Leben neu zu organisieren. Ihre Familien lebten mit zehn bis zwölf Personen in notdürftig wieder bewohnbar gemachten Wohnungen. Ohne ausreichend Nahrung, im Winter oft gänzlich ohne Heizung. Plötzlich waren sie wieder da, die Erzählungen, wie es bei uns war nach dem Krieg in den zerbombten Städten. Das war ja alles so weit weg für uns. Das hier war ganz nah. Diese Menschen habe ich sehr respektiert. Denn trotz allem, was sie durchgemacht hatten, trotz ihrer großen Armut haben sie ihre Würde behalten. Dieser Stolz und dieser Trotz dem eigenen Elend und Erlebten gegenüber hat mich tief beeindruckt. Mir wurde auf einen Schlag klar, in welchem Luxus wir in Deutschland leben. So ein Krieg, das schwor ich mir, darf sich bei uns nicht wiederholen. Nie möchte ich meine schöne kleine Welt in Deutschland so zerschossen sehen wie damals Sarajevo. Nie dürfen Nachbarn zu Feinden werden.

Zehntausende dieser Flüchtenden hatten mit Beginn des Bürgerkriegs bei uns in Deutschland Unterschlupf gefunden. Die Menschen kehrten nur langsam aus Deutschland zurück. Die Arbeitslosenrate lag bei über 60 Prozent. Die Menschen, die zurück wollten oder auf Druck der Bundesregierung zurück mussten, würden nur gehen, wenn sie in ihrem Land eine Zukunft finden könnten fern von Hunger und Todesangst. Mein Bundeswehreinsatz bekam plötzlich eine ganz andere Dimension. War es vorher einfach nur ein Auftrag, der zu erfüllen war, so hatte das Wort Friedenssicherung für mich jetzt eine viel weitere, tiefere Bedeutung. Ich war überzeugt, dass ich das Richtige tat. Der ganze Frust aus dem Bonner Sanitätsdienst war mit einem Schlag wie weggeblasen. Wir waren alle hoch motiviert, etwas Gutes in das Land zu bringen. Ich war jetzt Teil der SFOR und stolz darauf. Ich kam, um zu helfen – und zum ersten Mal war mir wirklich klar geworden, wofür wir eigentlich in der Bundeswehr kämpfen.

Schlafmangel

Nach der ersten Begeisterung kam die Ernüchterung. Mein Schlafzimmer mit breitem, weichem Bett hatte ich gegen eine harte Pritsche in einem Baucontainer eingetauscht, den ich mit einer Kameradin teilte. Nachts trennten mich zwei Millimeter Stahlblech und ein bisschen Glasfaserdämmung von der Lagerstraße und dem Landeplatz der Helikopter für die Notaufnahme. Das Wummern und Flappen der Rotorenblätter war mein Einschlaflied. Dazu aufheulende Motoren beim Starten der Jeeps, Türenschlagen, Klingeltöne einsamer Handys, Befehle, Flüche, harte Stiefelabsätze auf dem Pflaster – das Wort Ruhe hatte ich bald vergessen. Bei uns im Lager war immer Lärm. Das Camp schlief nie, gearbeitet wurde in drei Schichten 24 Stunden am Tag.

Die ständige Verfügbarkeit. Und immer wieder Alarm. Noch immer gab es viele Minenopfer, die meisten Hirten oder Bauern, die bei uns im Krankenhaus des Camps versorgt wurden. Wenn ein Notfall kommt, wird das ganze Lazarett mit allen Fachbereichen alarmiert. Egal zu welcher Tages- oder Nachtzeit. Häufig weiß man erst, wenn der Helikopter gelandet ist, mit welchen Verletzungen man es zu tun hat, wie viele Verletzte zu versorgen sind und was operiert werden muss. Da steht dann das komplette OP-Team bereit. Tage, die ruhiger verliefen, wirkten beinahe schon unheimlich. Man dachte: Das kann doch gar nicht sein, dass es plötzlich so ruhig ist – was ist da los?

Schon nach wenigen Tagen stand ich allein durch den Schlafentzug wie unter Drogen. Ich war ständig müde, dasselbe Gefühl der Trance, das ich aus meiner Grundausbildung kannte. Jede freie Minute nutzten die Soldaten, um sich irgendwo ein bisschen Schlaf zurückzuholen. Es reichte nie. Man nutzte jede sich bietende Gelegenheit dafür, sich irgendwo anlehnen oder wenn möglich ablegen zu können, und sei es auf einer Patientetrage. Das Leben im Lager war ein permanenter Kampf um Schlaf. Dieser geraubte Fünfminutenschlaf war nur scheinbar erholsam – binnen Sekunden ist man einfach weg, wie in tiefer Bewusstlosigkeit, aber beim Aufwachen fühlt man sich wie gerädert. Zu schnell ist der Fall ins traumlose Nichts und zu abrupt das Aufwachen.
Der einzige Zeitpunkt, der wie ein Heiligtum nach Möglichkeit von allen Störungen frei gehalten wurde, war der Sonntagvormittag. Da war Lagerruhe angeordnet, und man konnte »ausschlafen«. Nur wer monatelang unter Schlafentzug gelitten hat weiß, wie wichtig dieser Sonntagmorgen für uns Soldaten war. Mit der Lagerruhe war es aber meist schon um 11 Uhr wieder vorbei.
Das Leben im Lager war reduziert – doch gemessen an dem, was wir draußen in Sarajevo erlebt hatten, war es der pure Luxus. Obwohl wir keine Dusche und kein WC in unseren Containern hatten. Wenn man nachts noch mal pinkeln musste, hieß es sommers wie winters aufstehen, Uniform anziehen und rüber über den Platz zur Zentrallatrine. Das überlegt man sich mitten in der Nacht dreimal. Vor allem, wenn es kalt ist. Viele Kameradinnen haben vor dem Schlafengehen nichts mehr getrunken, damit sie von dem Theater verschont bleiben. Aufwachen, anziehen, Latrine. Ich habe aus Erzählungen mitbekommen, dass sich Kameraden in den ersten Wochen nach ihrer Rückkehr in der eigenen Wohnung – man muss sich das mal vorstellen – im Schlafdusel wieder komplett angezogen

haben, die Kleider, Stiefel und alles, nur um aufs eigene Klo zu gehen. Ich hatte denselben Spleen in den ersten Wochen, nachdem ich nach Deutschland zurückgekommen bin: Meine Schnürschuhe mussten abends immer neben dem Bett stehen. In den ersten Wochen habe ich sie schlaftrunken auch immer angezogen, wenn ich hochmusste. Ich erzähle das nur, damit klar wird, wie tief einen das Lagerleben prägt und selbst solche Nebensächlichkeiten in Fleisch und Blut übergehen können.

Der Draht nach Hause

Während ich langsam in dem amöbenartigen Körper eines Bundeswehrlagers aufging und von seiner faszinierenden Geräuschwelt assimiliert – sprich: lärmunempfindlich – wurde, saß meine sensible Mutter Ilona in ihrem Dresdener Liegenschaftsamt wie auf glühenden Kohlen. Wir hatten kaum noch direkten Kontakt – die wenigen Möglichkeiten zum Telefonieren nutzte ich, um mit Tino zu sprechen. So blieben nur die Briefe. Und die waren inhaltlich fern von dem, was meine Mutter zur Befriedigung ihrer vielen, vielen Fragen benötigt hätte – jedenfalls war sie kreuzunglücklich.

Sie hat das folgendermaßen erlebt: »In den ersten Wochen nach Antjes Abflug nach Sarajevo saß ich vor meinem Computer und konnte nicht arbeiten, weil ich nur noch an Antje dachte und wirklich Tränen meinen Blick auf spannende Katasterauszüge verschleierten. Wir konnten mit ihr nur sehr selten telefonieren, und Internet hatten wir gar nicht – weder zu Hause noch im Büro. Doch da gab es meinen neuen Abteilungsleiter. Der war aus dem Westen und damals gerade mal 25 Jahre alt. Hätte auch mein Sohn sein können. Entsprechend reserviert war ich. Aber dieser Abteilungsleiter entpuppte sich als der verständnisvollste Mensch und Helfer, den man sich als Chef nur vorstellen kann. Als er mich heulendes Elend sah, fragte er gleich, was denn los sei, und ich habe ihm erzählt, dass Antje im Auslandseinsatz in Sarajevo ist und wir nur selten Kontakt haben, dass ich ihr nicht mal mailen kann, weil die Post keine Leitungen dafür freigibt. Es stellte sich heraus, dass mein Chef selbst bei der Bundeswehr gewesen war und ganz großes Verständnis für die Sorgen einer Mutter hatte. Und er hat sofort gehandelt. In der ganzen Behörde gab es noch kein Internet, aber die Post hatte bereits die Leitungen gelegt. Er hat dafür gesorgt, dass ich den allerersten Internetzugang im ganzen Amt bekommen habe – mit der ausdrücklichen Erlaubnis, den Dienstcomputer auch zum Mailen mit Antje zu nutzen. Und dann hat er noch den Satz gesagt, den ich ihm nie vergessen werde: ›Frau Rudolph, wenn Sie mal irgendwas brauchen, wenn mal irgendwas mit Antje ist – ich helfe Ihnen!‹«

Mit dem Internetanschluss hat sich die Arbeitsleistung meiner Mutter schlagartig verbessert, und wir konnten uns beinahe wieder so austauschen wie in unserer kleinen Küche daheim in Dresden.

Ein anderes Verbindungsglied nach Hause war Radio Andernach, der Sender der Bundeswehr, wo Angehörige und Soldaten »mit der Grußassistentin Gabi ein Stück Heimat in den Einsatz bringen« konnten mit Musikwünschen und Geburtstagsgrüßen von daheim. Das lief morgens überall im Lager. Radio Andernach hat die gleiche Funktion wie Radio Norddeich für Seefahrer – Andernach war eben nur für Soldaten der KFOR, EUFOR und ISAF – alles per Satellit, rund um die Welt. Zum Programmstart kam bei uns aus dem Radio sachlich deutsch: »Guten Morgen, Sarajevo« – aber viel, viel langweiliger gesprochen als im Kinofilm *Good Morning, Vietnam*, in dem Robin Williams, der den AFN-Moderator Adrian Cronauer darstellt, seine Sendung jeden Morgen mit einem lang gedehnten Schrei beginnt: »Gooooood Mooorning, Vietnaaaaaam!«

So einen Weckruf hätte ich damals gebraucht. Aufpeitschend, aufrüttelnd, einem Schlachtruf gleich. Denn mein Körper war im Krieg mit sich selbst und gegen den fehlenden Schlaf, von dem er nie genug bekam. Die Ausnahme war Alarm: Dann ist man binnen Sekunden am Start. Die Erschöpfung nach dem Alarm aber ist noch fieser – weil der Körper nochmals die letzten Reserven mobilisert.

Nach ein paar Wochen Lager passiert dann etwas Seltsames: Man gewöhnt sich so an den Lärm, dass man regelrecht süchtig danach werden kann. Wie süchtig, habe ich erst nach meiner Rückkehr in mein einsames Waldappartement bei Bonn erfahren, das ich danach umgehend aufgeben wollte, um mir an irgendeiner Ausfallstraße mit Autobahnzubringer und Flughafenanschluss etwas Neues, Lautes zu suchen.

Ich hatte in meinem Leben bisher immer nur eine Handvoll Freunde gehabt und auch sehr viel allein unternommen. Hier in Bosnien wurde man zwangsweise Teil einer großen Gemeinschaft – ob man wollte oder nicht. Es gab kein Entkommen. In so einem großen Lager ist immer irgendeiner, der einen anspricht und auf den man reagieren muss. Man hat gar keine Chance, allein zu sein. Keine Sekunde. Und irgendwann ist man danach süchtig, dass viele Menschen um einen sind und ständig Lärm herrscht.

Isolation und Sehnsüchte

Wer keine Angehörigen bei der Bundeswehr hat, weiß nicht, wie die Soldaten im Ausland leben. Darüber gibt es keine Soaps, keine Dokumentationen; es scheint auch niemanden zu interessieren. Und wenn mal einer eine Talkshow macht aus Afghanistan, mit einem Verteidigungsminister, der auch noch seine Frau mitgebracht hat, dann ist die Empörung groß. Jeder sollte sich klarmachen, dass man während des Einsatzes das

Lager fast nie verlassen kann, weil es zu gefährlich wäre. Da freut man sich über jedes Lebenszeichen aus der Heimat – und sei es nur das aktuelle Fernsehprogramm.
Mein ganzes Leben spielte sich auf diesem ein paar Tausend Quadratmeter großen Areal eines ehemaligen jugoslawischen Luftwaffenstützpunkts ab – wenn man es genau nimmt, war es eigentlich wie im Knast. Uniformen. Umzäunung. Bewaffnete Wachposten. Scheinwerfer. Spürhunde. Viele Soldaten im Innendienst sind während der Monate ihres Einsatzes nie aus dem Lager gekommen – sie haben vom Land nichts gesehen. Es ist sehr tragisch, dass ausgerechnet Soldaten, die den Frieden überwachen sollen, so wenig Kontakt zur Zivilbevölkerung bekommen.
Wenn ich mal dienstfrei hatte, habe ich mich einfach in mein Bett zurückgezogen. Wenn ich nicht geschlafen habe, habe ich meinen Laptop aufgeklappt, DVDs geschaut oder Musik gehört. Im Lager konnte man nicht viel anderes machen. Man ist entweder zum Sport in die Muckibude oder ins Solarium gegangen oder rüber ins »Sun Valley« – so hieß die offizielle Betreuungseinrichtung der Sanitäter. Klingt nach psychosozialem Beratungsdienst, und irgendwie war es das auch – in Form einer Kneipe. Rustikale Holztheke, rustikale Heiterkeit – Partykellerambiente mit dem entsprechenden Kitsch und dem Dosenbier. Hier traf man sich und konnte Dampf ablassen. Samstags war immer Party. Für einige war dann Alkohol angesagt. Manchmal kam es vor, dass Soldaten aus dem Sun Valley direkt in die Notaufnahme getragen wurden, weil sie sich komplett »weggebeamt« hatten, um den Stress und die vielen unverarbeiteten Erlebnisse loszuwerden. Diese Soldaten wurden nach solchen Exzessen meist auch schnell abgelöst. Es waren Menschen, die mit diesem Dauerstress nicht zurechtgekommen sind. Das Lager macht krank, wenn du nicht stark genug bist.

Man gibt sehr viel von sich her als Soldat im Auslandseinsatz. Und das ist nicht nur der Verzicht auf jede Privatsphäre. Der psychische Druck ist enorm. Gerade als Frau in so einer Männergesellschaft ist das nicht einfach. Es gibt unterschiedliche Möglichkeiten, das zu verarbeiten. Ich habe Frauen erlebt, die brauchten Sex, um abzuschalten. Wir hatten Franzosen und Italiener im Lager. Junge, durchtrainierte Männer. Und natürlich reizt das die Fantasie, wenn man abends allein in diesem kargen Container liegt und wenige Meter weiter jemand atmet, der gerade genauso denkt, aber männlich ist. Das weckt Sehnsüchte auf beiden Seiten. Da waren einige dann sehr offen für neue Bekanntschaften. Die Liebe findet immer einen Platz, wo man zueinander finden kann. Manchmal war es nur hastige Liebe. Eine Liebe aber, die für wenige Momente Wärme gibt und abschalten hilft. Es muss jeder für sich wissen, ob das gut für ihn ist.

Viele Soldaten haben sich so kennengelernt, verliebt – und sind auch nach dem Einsatz ein Paar geblieben, das gab es gar nicht mal so selten. Andere sind schon als Paar in den Einsatz gefahren und man hat stillschweigend dafür gesorgt, dass die einen Container für sich alleine haben. Jeder konnte da mit dem Verständnis seiner Kameraden rechnen. Als höherer Dienstgrad hatte man sowieso einen Container für sich. Ansonsten sprach man sich eben ab. Meine Zimmernachbarin hatte damals auch einen SFOR-Freund aus Frankreich. Sie wusste, dass ich tagsüber im Dienst bin. Unseren Container konnte man abschließen. Und wenn ich doch mal kurz noch was holen wollte und es war abgeschlossen – dann war halt abgeschlossen, und jeder wusste, was Sache war.

In so einem Lager bleibt nichts geheim. Eine gute Quelle für Tratsch war unsere Lagerzeitung. Im Laufe des Tages war man ganz gut informiert, was wo so läuft. Die Stimmung war manchmal so aufgeladen, dass sich schnell Gerüchte entwickel-

ten: Die hat was mit dem und der mit der. Der übliche Tratsch, wie man das auch in Büros hat – aber hier unglaublich verdichtet auf engstem Raum, weil man eben 24 Stunden zusammen war. Da musste man als Frau ganz genau aufpassen, dass man nicht falsch eingeordnet wurde nach dem Motto: Da geht was. Bei mir lief da nichts. Ich war völlig fixiert auf Tino.
Alle Neuankömmlinge wurden besonders neugierig beäugt. Ich hatte damals meine ohnehin schon rötlichen Haare raspelkurz zu einem Mecki geschnitten und feuerrot eingefärbt. Ich war eine wandelnde Signalrakete. Rot für Angriff. Irgendwie war das auch die Kampfansage: »Hallo, Kamerad, hier bin ich – und an mir kommst du nicht so schnell vorbei!« Damit hatte ich meinen Spitznamen weg und hieß nur noch *Die rote Zora*, weil ich aus dem Osten kam, aus der »Zone«, wie ich auch immer wieder hören musste. Diesen Spitznamen bekam ich gleich am ersten Tag, als ich in die Kantine kam. Eigentlich aber ist die rote Zora eine Figur aus einem Kinderbuch der Vierzigerjahre, in dem ein rothaariges Mädchen an der kroatischen Adria eine Kinderbande gründet, um gegen Ungerechtigkeit zu kämpfen. Genauso sah ich mich. Ich habe manchmal eine etwas zackige Art und komme auch mit Männern besser klar als mit tratschenden Frauen. Vielleicht lag es daran. Die rote Zora – das war ein Ausdruck von Respekt. Und daher habe ich dagegen auch nichts unternommen. Meine Freunde im Lager haben mich später alle so genannt.

Feldpost

In der ersten Woche in Bosnien habe ich an Tino nur hin und wieder gedacht, weil die Eindrücke, die auf mich einstürzten, alles Vergangene überlagerten. Irgendwann wurde mir klar, dass ich was tun musste, um den Kontakt zu ihm nicht abreißen zu lassen. Meine Verliebtheit war in Gefahr zu verblassen – einfach durch Erschöpfung. Wir stellten bald fest, dass Telefonieren nur nach langwierigen Verabredungen möglich war. Aber es gab ja noch die Feldpost. Und so landeten jede Menge Briefe in Kabul, adressiert an

Fw Tino Käßner
FjgEinKp
ISAF AFG
D-64298 Darmstadt

Ich habe ihm in den letzten Wochen meines Auslandseinsatzes dann fast jeden Tag geschrieben, mit Absender

SU Rudolph, Antje
GECONSFOR(I) (BOH)
SanEinsVbd/Klinik-KP
Feldlager Rajlovac
– Feldpost –
64298 Darmstadt

Tino hat meine Briefe alle aufbewahrt und mir bei der Hochzeit zurückgegeben. Feldpostbriefe sind für uns Soldaten die wichtigste Brücke in die Heimat, zu den Menschen, die wir lieben. Hier können wir geschützt durch das Briefgeheimnis unseren Liebsten auch sehr intime Gedanken mitteilen, die man beim Telefonieren besser nicht äußert, weil andauernd Leute um einen herumstehen, die auf den nächsten frei werdenden Apparat warten. Das Telefon ist nur da, um die Stimme des geliebten Menschen zu hören – oder für dringende Notfälle, die keinen Aufschub dulden. Der Feldpostbrief aber ist für die Liebe und die geheimen Sehnsüchte, Träume und Wünsche, die Menschen teilen wollen.
Deswegen gab es auch einen Aufschrei der Empörung, der von

Tinos zweiter Auslandseinsatz: Patrouille bei Kundus, November 2004

Schlaflos in Bosnien – Antje
Feldlager Rajlovac, Herbst 2003

Hauptfeldwebel Stefan Deuschl, schwerbewaffnet im Personenschutz, Kabul 2005

Route Violet, Kabul: der zerstörte »Wolf« von Tino und Stefan, 14.11. 2005

Minuten nach dem Anschlag: die Retter kämpfen um das Leben von Stefan Deuschl

Verliebt kurz vor dem Auslandseinsatz, am Eibsee, Sommer 2001

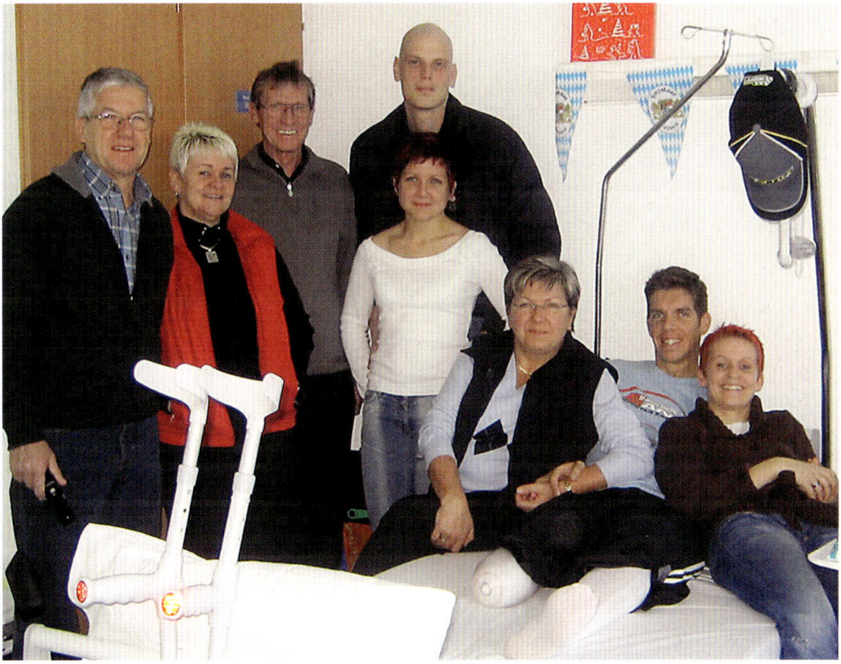

Besuch im Krankenhaus (von links): Tinos Vater, Antjes Eltern, Heike und ihr Freund, Tinos Mutter und wir

Tinos Rennen gegen sich selbst: Ankunft und Triumph, Lago di Garda, 8. Juni 2009

Tinos Rennen für seinen Vater: »Transschwarzwald«, Sommer 2010

Ohne Wehmut mit Blick nach vorn: Tino vor seiner alten Kaserne in Murnau

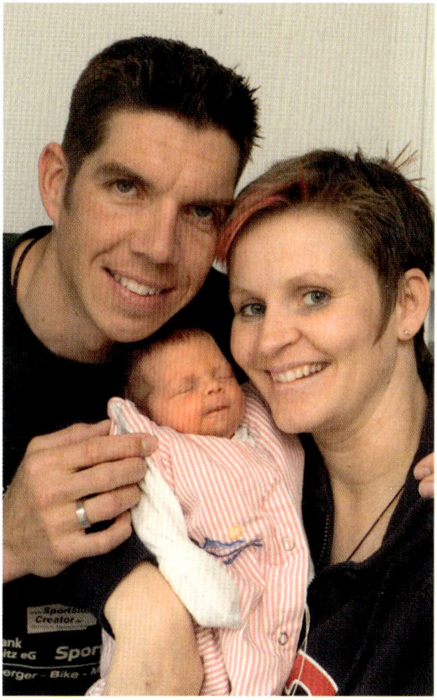

Wofür wir kämpfen: unsere Tochter Hanna ist da, geboren am 24. Juli 2007

Wir sind Familie: unser Sonnenschein Hanna ein Jahr später

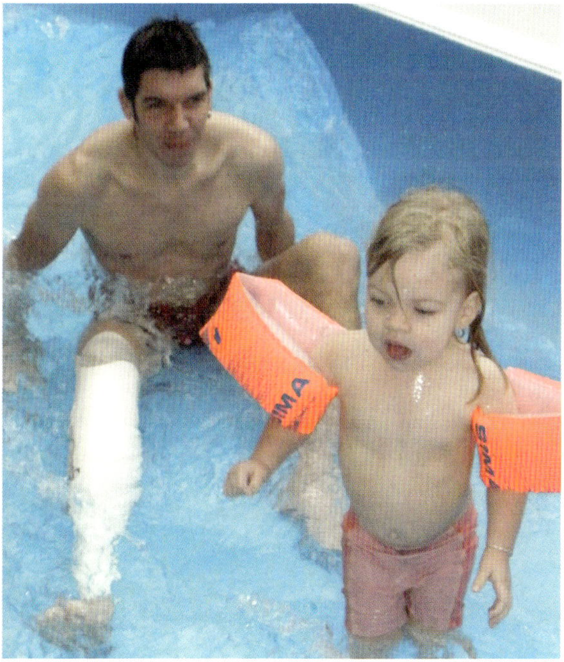

Lass doch die Leute reden – glücklich mit einem Bein: Tino mit Hanna im Schwimmbad

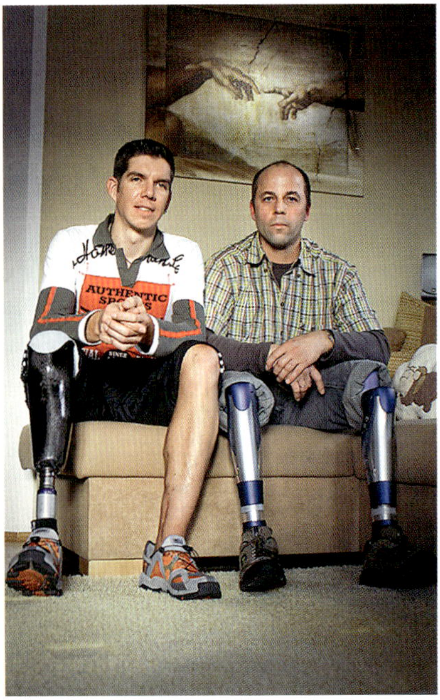

Leben mit der Prothese –
Tino und Stefan, Winter 2007

Unser neuer Garten – heimwerken gegen die Erinnerung

Tino bei der Bahn-Weltmeisterschaft 2011

Afghanistan durch die ganze Bundeswehr bis in den Bundestag hallte, als im Januar 2011 der Skandal um geöffnete Feldpostbriefe in Mazar-i-Sharif bekannt wurde. Das Öffnen war illegal, ein Verstoß gegen das Briefgeheimnis – und nebenbei eine große Schweinerei. Später stellte sich zwar heraus, dass es nur 30 bis 40 Schreiben gewesen waren – aber da war jeder Brief einer zu viel.

In allen Armeen weiß man, wie wichtig der Kontakt der Soldaten zu seinen Angehörigen oder zur Freundin ist. Liebeskummer kann einen wahnsinnig machen. In der Bundeswehr sind es fast eine Million Briefe und mehrere Hunderttausend Päckchen, die jährlich weltweit in die Einsatzgebiete und zurück in die Heimat versendet werden. Für mich waren die Briefe damals die Rettung, ein Stück Papier, das um die halbe Welt reiste, um mich mit dem Menschen zu verbinden, den ich liebte. Wenn ich heute meine ersten Briefe aus dem August 2003 lese, dann wirken sie auf mich seltsam oberflächlich, belanglos, nach dem Motto: »Wetter gut. Essen gut. Unterkunft okay.« Wenn ich heute vergleiche, was ich damals an Tino geschrieben habe und wie intensiv ich damals an ihn gedacht habe, geben diese Briefe nicht annähernd das wieder, was ich gefühlt habe und was ich eigentlich erreichen wollte: Dass Tino sich an mich genauso intensiv erinnert. Andererseits konnte ich noch nicht über meinen Schatten springen und zu viel Gas geben, weil bei mir dann alle Dämme gebrochen wären. Und so stand ich emotional auf der Bremse. Ich wusste: Diesmal wollte ich sehr vorsichtig vorgehen. Keine Verpflichtungen. Keine Verletzungen. Ich kannte Tino ja noch nicht so genau und wollte ihm auch nicht unnötig auf die Nerven gehen, sondern herausfinden, ob er sich meldet, wenn von mir nichts kommt. Ich habe versucht, Kontakt zu halten, was gar nicht so leicht war wegen der Zeitverschiebung von mehreren Stunden, wenn wir telefonieren wollten. Bald hatte ich he-

rausgefunden, dass Tino eher mit dem Mountainbike die Zugspitze hochfährt, bevor er einen Brief schreibt. Das ist heute noch so. Er dreht und windet sich, es bereitet ihm Pein, wenn er vor einem leeren Blatt sitzt und etwas schreiben soll – vor allem, wenn es um Gefühle geht. Dabei ist er eigentlich einer der emotionalsten Männer, die ich je kennengelernt habe.
Ich werde jetzt mal das Briefgeheimnis freiwillig lüften und einen Einblick in das einsame Herz eines Soldaten geben, der an Schlafmangel und Liebeskummer leidet und vielen Unsicherheiten im Auslandseinsatz ausgesetzt ist, die ihm alles abverlangen. In einem meiner Briefe habe ich Tino etwas geschrieben, das meinen inneren Zustand damals sehr gut umreißt.

Mein Prinz,
mir ging es die erste Zeit genauso wie Dir. Ich habe auch oft gedacht: Warum jetzt, warum vor dem Einsatz? Kann das überhaupt halten? Kann man so lange Zeit überstehen, nach nur so kurzer Kennenlernphase? Und dann waren da so viele, die der Meinung sind, dass das nicht gut gehen kann – aber gerade deshalb weiß ich, dass das klappt. Ich war schon immer anderer Meinung als andere. Und Du bist, glaube ich, etwas ganz Besonderes. Ich hoffe das, denn ich muss ganz ehrlich zugeben, dass ich noch oft das Sprichwort ›Ein gebranntes Kind scheut das Feuer‹ im Kopf habe, aber diesen Gedanken verdränge ich jetzt, weil es Dir ja ähnlich geht und ich einfach will, dass es funktioniert. Und es hat bis hierher geklappt, und es wird eine wunderschöne, aufregende Zeit kommen. Darauf freue ich mich schon. Der Anfang wird ein schönes gemeinsames Weihnachtsfest werden. Denk dran: Ich bin Dein Engel und immer ganz nahe bei Dir! So, jetzt muss ich schlafen, wir haben wieder Alarmierung wegen Minengefahr durch Hochwasser, und ich bin seit 40 Stunden auf den Beinen.
Tausend liebevolle, zarte Küsse für Dich, Deine Antje

Schlafmangel – das kommt fast in jedem meiner Briefe zur Sprache. Auch den gefürchteten Minenalarm gab es häufiger. Vor allem nach starkem Regen im Sommer. Dann lag einem dieser staubige, metallische Geruch in der Nase. Eine Mischung aus Öl und Fäkalien. Ekelhaft. Den hast du nicht aus der Uniform bekommen. Dieser Regen brachte keine Abkühlung, war keine Reinigung. Zu dem Gestank kam die Lebensgefahr. Das gesamte Lagerareal war im Krieg heftig umkämpft und vermint gewesen. Trotz intensiver Suche der Minenräumer kam es immer wieder vor, dass nach Regenfällen wieder so eine gemeine Todesmaschine aus Plastik ausgeschwemmt wurde. Minen, die selbst nach Jahrzehnten noch Beine und Arme abreißen und töten können. Dann wurden die Freiflächen im Lager gesperrt und wir durften uns nur noch auf den geteerten Straßen bewegen. Unsere Welt wurde damit noch kleiner. So viel zum Regen, der in Bosnien Gestank und Gefahr für mich bedeutete. Ich saß dann in meinem Container auf der Feldpritsche und hörte Musik, schaute eine DVD – oder schrieb einen Brief an Tino.

Dogtags – meine Verlobungsringe für Tino

Tino ist ein extrem hübscher Mann in meinen Augen – und wenn ich Tino hübsch finde, dann fanden ihn sicher auch andere Frauen attraktiv. Wenn Tino mir dann auch noch mailte, dass ich mir keine Sorgen zu machen brauchte, weil die einzigen Frauen im Lager von Kabul Ärztinnen und Sanitäterinnen waren, dann brachte mich das erst recht aus der Ruhe. Denn ich war im Sanitätsdienst und sah, was alles möglich war in so einem Feldlager. Dieser Gedanke verfolgte mich. Ich konnte nicht sicher einschätzen, ob ich mich wirklich auf Tino verlassen konnte, und wollte nicht, dass es mir genauso erging wie meiner Kameradin, für die ich ja eingesprungen war, weil

sie aus Liebeskummer nach Hause musste, um ihr Privatleben wieder ins Gleichgewicht zu bekommen. Aber ich hatte mir geschworen, nicht vor Ablauf der Dienstzeit nach Hause zu fahren – zumal Tino auch noch einen Monat länger in Kabul bleiben würde als ich in Bosnien.
Ich wollte Tino etwas schenken, das ihn stets an mich erinnern sollte, etwas, das er gerne bei sich tragen würde. So ließ ich auf einem Markt in Bosnien »Dogtags« machen – das sind diese viereckigen »Hundemarken« der Soldaten mit Namen, Personenkennziffer und Blutgruppe. Dogtags sind Erkennungsmarken nachempfunden, wie sie in einigen Armeen Verwendung finden. Wenn ein Soldat im Gefecht fällt, wird der untere Teil der Erkennungsmarke abgeknickt und den Angehörigen geschickt. Der Rest bleibt bei der Leiche für die spätere Identifizierung. Ich habe Tino die Hundemarke mit meinem Namen geschickt, seine habe ich behalten – so sehen die »Verlobungsringe« unter Soldaten aus.

Meine Lehren aus dem Lager

In meinem Auslandseinsatz habe ich gelernt, die ganz einfachen Dinge schätzen zu lernen. Dinge, die für die Menschen in Deutschland selbstverständlich sind. Ein eigenes Badezimmer zum Beispiel, in einem geheizten Raum ohne jede Eile zu duschen – oder gar zu baden! Oder die eigene Toilette. Überhaupt ein eigenes Zimmer. Ein großes, breites Bett statt einer lausigen Feldpritsche. Der Luxus, morgens zum Bäcker zu gehen und warme Semmeln zu kaufen. In Bosnien zählte schon der Besitz einer eigenen Kaffeetasse viel. Du wirst dankbarer, und der ganze unbegreiflich große Reichtum, der einen hier in Deutschland wie selbstverständlich umgibt, wird dir fremd. Ich staune heute immer wieder, über welche Belanglosigkeiten Menschen hier in Deutschland klagen. Diese ewige Unzufriedenheit. Wenn man zu lange warten muss an der Wursttheke oder an der Kasse. Wenn von den hundert verschiedenen Wurstsorten genau die eine nicht da ist. Ihr habt Probleme, denke ich manchmal. Eine Woche Bundeswehrlager würde diese kleinlichen Sichtweisen sehr schnell wieder ändern.

Keine Ausbildung kann auf so ein Kriegsgebiet wie Bosnien vorbereiten. Tino ist es in Kabul nicht anders ergangen. In der Ausbildung sagen sie dir, dass du in Länder mit großer Armut kommst. Klar, das weiß man in der Theorie. Aber diese Armut liegt jenseits der eigenen Erfahrungswelt und Vorstellungskraft. Was kann man tun, wenn man auf einer Patrouille Kinder sieht, die trotz Minustemperaturen kaum Klamotten am Leib haben und halb verhungert im Müll herumwühlen? Ich hatte damals noch kein eigenes Kind, aber wir hatten einen Kameraden im Auto, der hatte zwei Söhne zu Hause im selben Alter – den hat das total mitgenommen. Diese Erlebnisse waren für mich prägend: zu wissen, wie sicher wir hier leben, was Geborgenheit in der Familie bedeutet. Die Möglichkeit, mit einer Pizza im Bett Fernsehen zu schauen oder mit einem heißen Tee ein Buch zu lesen. Wundervoll! Ganz banale Sachen, über die ich früher nie nachgedacht habe. Viele klagen immer, wie wenig sie haben, anstatt sich zu freuen, wie viel es ist. Früher dachte ich: 400 Euro sind wenig – in Bosnien habe ich erlebt, dass man mit 400 Euro reich ist. 400 Euro bedeuten Holz und Ziegel für das zerstörte Dach, Ersatz für die zerstörten Fenster, die verbrannten Möbel. 400 Euro bedeuten Zukunft.

Mein Verhältnis zum Geld hat sich während meines Auslandseinsatzes komplett geändert. Ich habe aufgehört, irgendetwas in meinem Leben als selbstverständlich anzusehen. Alles hat seinen Wert. Einen Wert, der sich nicht allein in Euro messen lässt.

Frieden ist ein so wundervolles Geschenk. Wenn ich am Sonntagmorgen alleine durch Murnau laufe und sich die Landschaft vor mir ausbreitet, ist das eine einzige Einladung, zufrieden zu sein mit sich und dem Leben. Das sind die Gefühle, die mich immer wieder stark gemacht haben, wenn ich nach dem Anschlag nicht mehr wusste, wie es weitergeht.

Leben auf Abruf – Tinos Einsätze in Afghanistan

Nachdem ich einiges über meine Zeit im Lager in Rajlovac berichtet habe, soll Tino selbst über seine Einsätze in Afghanistan erzählen: »Drei Einsätze hatte ich in Afghanistan. 2003, 2004 und 2005. Es hat sich viel verändert in dem Land während dieser Zeit – zum Guten wie zum Schlechten. Beim ersten Einsatz in Kabul hat mich meine Einheit noch in einem ungepanzerten VW-Bus vom Flughafen abgeholt – beim dritten Einsatz in einem Fuchs-Panzerwagen mit Schießscharten, geschützt durch zwei Zentimeter gehärteten Stahl – und zurück kam ich schwer verletzt mit einem Lazarett-Airbus der Bundeswehr.
Das erste, was ich durch das Fenster einer Transall, die uns vom Luftwaffentransportstützpunkt der Bundeswehr im usbekischen Termez nach Kabul geflogen hat, von Afghanistan sah, war eine riesige Landschaft aus Staub, ockerfarben, sandfarben, grau in grau – aber nirgendwo Grün. Dazu endlose, von der Sonne ausgeblichene Hügelketten, die sich nach Osten zu schneebedeckten Gebirgen auftürmten – der Hindukusch mit Gipfeln von über 7000 Metern Höhe, doppelt so hoch wie die Zugspitze. Dann sackte die Transall durch und landete auf dem holperigen Rollfeld auf dem Kabul International Airport, meinem Arbeitsplatz für die nächsten Monate. Mit 3000 Flugbewegungen pro Jahr vergleichbar mit dem Flughafen von Hannover – für Afghanistan ist er das Tor zur Welt, und ich sollte es bewachen. Als sich die Ladeklappe der Transall geöffnet hatte, atmete ich sandige Luft, die nach verbrannten Kuhfladen stank und wie Rost schmeckte. Neben dem Flugfeld zerborstene Flugzeugwracks und zwei zerschossene Helikopter – die Hinterlassenschaft der sowjetischen Besatzer. Der Flugplatz war während der Machtübernahme durch die Taliban Schau-

platz erbitterter Kämpfe gewesen. Überall waren zerstörte Gebäude zu sehen und hinter Sandsackbarrikaden und Stacheldraht braungebrannte Wachsoldaten, meine Kameraden. Das war mein erster Eindruck von Afghanistan.

Als drei Monate zuvor mein damaliger Kompaniechef eines Morgens zu mir sagte: ›Feldwebel Käßner, Sie gehen nach Kabul!‹, kam mir das gerade recht. 2003 lief gerade mein Antrag für die Übernahme vom Z12-Zeitsoldaten zum Berufssoldaten. Ich war entschlossen, bei der Bundeswehr zu bleiben – da gehört der Auslandseinsatz mit dazu. Ich habe mich aktiv und mit voller Überzeugung für das Berufssoldatentum entschieden.

Mit einem olivfarbenen VW-Bus der Bundeswehr – zwei Millimeter dünnes Blech und große Panoramascheiben – ging es vom Flughafen ins Camp Warehouse, dem Deutschen ISAF-Hauptquartier. Auf dieser Fahrt erlebte ich zum ersten Mal den chaotischen Verkehr in Kabul, eine einzige Abfolge von Beinahe-Zusammenstößen, Brems- und Ausweichmanövern. Ich hatte beim Fahrtraining für den Personenschutz einiges erlebt, das aber überstieg meine Vorstellungskraft bei Weitem. Erst Tage später begriff ich, dass auch die Afghanen in diesem Chaos durchaus umsichtig fahren und jeden Crash vermeiden, weil sie ein großes Interesse daran haben, dass ihr Auto heil bleibt. Denn auch in Kabul sind Reparaturen teuer. Aber sie testen deinen Mut.

Noch viel unglaublicher als das permanente Verkehrschaos auf den Straßen der Stadt aber waren Staub und Gestank in Kabul. Vor dem Beginn des Krieges 1973 lebten in Kabul, den bis zu den jahrzehntelangen Kriegswirren einst blühenden ›Garten Afghanistans‹, nur 750 000 Menschen – dreißig Jahre später, 2003, waren es schon drei Millionen Einwohner, und fast eine Million Autos fuhren durch die Stadt. Der Hauptteil der Bevölkerung kochte auf offenen Feuerstellen mit allem, was

brennt, nicht selten mit Kuhfladen. Dazu kamen Tausende von Dieselgeneratoren, die Strom erzeugten, und schwefelhaltige Abgase aus Billigdiesel für Fahrzeuge. All das verpestete die Luft, die Stadt lag ständig unter einer Smogglocke.
Eine Kanalisation gab es 2003 nur im Nobelviertel Wazir Akbar Khan, überall sonst werden Fäkalien direkt vor der Haustür in die offenen Straßengräben entsorgt. Ebenso der Müll, die Schlachtabfälle der auf offener Straße geschächteten Tiere – alles, was so anfällt. Bei Temperaturen um 40 Grad verdunstet alles in die Luft, vermischt sich mit dem allgegenwärtigen Staub und wird vom Wind und den Tausenden Autos zu einer Dunstglocke aufgewirbelt, die alles unter sich zu ersticken droht.
Der Staub setzte sich überall ab – auf der Haut, auf den Autos und den Nahrungsmitteln, die überall auf den Märkten auslagen. Das Gemüse sah wunderbar frisch aus. Die Händler übergossen es immer wieder mit Wasser, um den Staub abzuwaschen. Weil es keine zentrale Wasserversorgung gab, holten sie das Wasser aus den offen liegenden Gräben, in die alles andere entsorgt wurde. Und so war auch das super frisch aussehende Gemüse voll mit Fäkalkeimen, Wurmlarven, Salmonellen – Erregern der Amöbenruhr. Wenn man schnell richtig schwer krank werden wollte, ging man am besten auf den Markt, kaufte sich Salat und machte ein Beefsteak Tartar dazu. Das konnte tödlich enden.
Man hatte immer feuchte, schmierige Hände. Nicht vor Angst, sondern weil alles klebte, was man anfasste. Man fing an, die eigenen Hände mit ganz anderen Augen zu sehen – es waren nicht mehr die Hände, mit denen man die eigenen Kinder streicheln würde, denn sie waren übersät mit Bakterien und Viren, die unser Immunsystem in Europa gar nicht kennt. Das einzige, was half, war häufiges Händewaschen und Desinfizieren. Deshalb hatte jeder Soldat immer ein Fläschchen Desinfekti-

onsmittel dabei. Und so kam es zu seltsamen Szenen, wenn einem ein Afghane auf der Straße mal die Hand geschüttelt hat. Entweder hat man die Handschuhe angelassen oder aber man drehte sich möglichst diskret um, holte das Desinfektionsmittel raus und besprühte damit die Hände. Manche haben das für übertrieben gehalten und die Zeche gezahlt: In den weniger schweren Fällen tagelanger Durchfall mit Brechreiz, der die Eingeweide nach außen kehrt, und an dessen Ende manchmal noch eine Wurmkur steht. Ich hatte das mal auf der Fahrt von Kunduz nach Faizabad. Als Anerkennung, dass ich durchgehalten habe, schenkten mir die Kameraden eine Gieskanne – ein Hinweis, wie diese Art von Durchfall bei den Soldaten genannt wird: Afghanengießkanne. Die Bundeswehrärzte hatten uns streng verboten, irgendetwas zu essen, das nicht schälbar war oder roh verzehrt werden musste. In Afghanistan wird von der Bundeswehr alles eingeflogen. Selbst das Trinkwasser. Es gab da eine Geschichte im Lager von einem Einsatzteam, das bei einer Patrouille in einem Dorf sah, dass Eis verkauft wurde. Leckeres Speiseeis. Es war an einem Feiertag, Trauben von Kindern standen um den Eismann und schleckten ihre Portion. Daneben Erwachsene, die ihren Kindern und sich selbst offensichtlich eine besondere Freude gemacht hatten. Es war Sommer, die Hitze flimmerte über dem Sand der Straße. Die Eisbehälter sahen sauber aus. Ein leckeres Eis bei über 40 Grad im Schatten kann auch für Soldaten eine große Versuchung sein. Die Männer wollten ein Zeichen der Entspannung setzen, ihr braucht keine Angst vor uns zu haben – wir sind hier, um euch zu beschützen. Soldaten, die Eis essen, schießen nicht. Also spendierte der Teamführer seinen Soldaten und den Kindern ringsherum ein Eis. Stunden später lagen die Soldaten auf der Intensivstation des Feldlazaretts und waren in Lebensgefahr. Für diese Soldaten war der Einsatz zu Ende.
Kabul war Staub und Gestank. Die Fäkalkeime waren in der

Luft, sie legten sich wie ein Schleier auf alles, was man anfasste. Tagsüber war es heiß und es staubte. Nachts war es saukalt und es staubte. Kaum Niederschlag, selbst im Winter. Aber immer Staub, brauner, fieser Staub. Wenn man morgens aufwachte, hatte man so etwas wie einen Wollteppich im Rachen – Staub hatte sich in der Nacht in jede Pore gezwängt, die Ohren ausgefüllt, die Nasenlöcher verschorft, bis man im Schlaf schließlich durch den offenen Mund atmete. Nase putzen. Ohren putzen. Alles schwarz im Taschentuch. Und es ekelte einen, weil man genau wusste, was man sich da über Nacht in den Körper gesaugt hatte. Man würgte Staubklumpen hoch. Im Lager röchelten, husteten und schnäuzten morgens alle erstmal – der verbreitete Kabul-Husten. Selbst die Afghanen halten das nicht dauerhaft aus. Die Menschen werden nicht sehr alt, und je älter sie sind, desto mehr chronische Erkrankungen haben sie. 70 Prozent aller Erkrankungen der afghanischen Bevölkerung, sagte mir ein Sanitätsoffizier, ist auf die mit Keinem gesättigte Luft zurückzuführen.
Dass ich bei diesen heilklimatisch ungünstigen Luftverhältnissen im November 2003 im Lager von Camp Warehouse das erste Mountainbikerennen in Afghanistan veranstaltet und gewonnen habe, lässt mich heute nur noch den Kopf schütteln. Aber das war schon einer der Höhepunkte bei diesem ersten Einsatz. Ich habe mir damals Kabul genau angesehen, mir das Straßennetz eingeprägt, neue Fahrtrouten ausgekundschaftet – Wissen, das ich als Personenschützer noch gut gebrauchen würde. Denn ich war mir damals schon sicher, dass es nicht bei diesem einen Einsatz bleiben würde.
Mein Dienst auf dem Flughafen war durch Routine geprägt und verlief ohne große Zwischenfälle. Eines Morgens jedoch landete eine Transall, die mich beschäftige. Aus dem Flugzeug strömten Passagiere aus Deutschland, schwarz gekleidet; wie in einem Trauerzug gingen sie langsam, mit gesenktem Kopf

und angespannt wirkenden Gesichtern an meinem Wachhäuschen vorbei. Es war ein Trauerzug mit den Angehörigen der bei dem Busanschlag, am 7. Juni 2003, getöteten und verwundeten Kameraden. Sie wollten am Ort des Geschehens einen Blumengruß niederlegen, ein Gebet sprechen, um sich von ihren toten Männern, Freunden und Söhnen zu verabschieden und anschließend an einem Gedenkgottesdienst im Lager teilnehmen. So sieht das aus, dachte ich damals noch, wenn es dich treffen würde – dann wären es deine Eltern, die hier vorbeimarschieren würden.«

Tino kehrt heim

Während Tino noch bis Weihnachten in Kabul bleiben würde, war ich im November 2003 bereits von Bosnien nach Deutschland zurückgekehrt. Mein Wiedersehen mit Tino konnte ich kaum erwarten. Wie es sein würde, hatte ich mir in meinen einsamen Stunden im Feldlager Rajlovac wieder und wieder ausgemalt und Tino nach Afghanistan geschrieben. Tino hat all diese Briefe aufbewahrt und so weiß ich, dass ich am 19. Oktober 2003 in meinem Wohncontainer im Feldlager Rajlovac eine Kerze angezündet hatte und auf meinem Laptop der Soundtrack von *Top Gun* lief, als ich Tino Folgendes schrieb:

Rajlovac, 19.10. 2003

Hallo, mein Prinz!
Ich vermiss Dich schrecklich und das wird von Tag zu Tag, von Brief zu Brief, von Telefonat zu Telefonat mehr. Ich stelle mir jeden Abend vor, wie der erste Abend nach fünf Monaten ablaufen könnte. Zum Beispiel stelle ich mir vor, wie wir uns am 20.12. am Flughafen in die Arme fallen und uns mit unendlich viel Gefühl und Liebe küssen und uns eigentlich nicht mehr loslassen wollen. Dann werden wir kurz von Deinen Kameraden unterbrochen, die

sich verabschieden wollen. Wir entschließen uns dann auch, diesen kalten Ort zu verlassen, und gehen Hand in Hand bzw. Arm in Arm zu meinem Auto. Immer wieder berühren sich unsere Lippen. Ich führe Dich in meine Wohnung, wo wir uns wieder ganz fest in die Arme nehmen und küssen. Wir genießen es, uns zu spüren. Man sieht, dass Du geschafft bist und ich lass Dir Badewasser ein. Dann befreie ich Dich von Deinen Klamotten ... So, mein Süßer, das war jetzt ein kleiner Ausschnitt meiner Gedanken. Ich hoffe, sie gefallen Dir. Aber bald wird alles und noch viel mehr wahr werden und ich bin wieder im siebten Himmel. Aber es ist jetzt schon spät und ich muss morgen früh raus. Ich werde diesen kleinen Ausschnitt meiner Gedanken mit in meinen Traum nehmen. Tausend Küsse und Berührungen,
Deine Antje

Ich werde hier natürlich nicht alles berichten, was ich damals aus Rajlovac nach Afghanistan an Tino geschrieben habe. Ich erzähle das nur deshalb, weil der Soldatenalltag manchmal eben anders aussieht, als durch den Schimmer einer Kerze und die Musik von *Top Gun* geträumt. Aber die Vorfreude war groß, mein Weihnachtsgeschenk auszupacken.
Kurz vor Weihnachten stand ich am Ziel meiner Sehnsüchte auf dem Militärflughafen Köln-Wahn. Dieser Flughafen ist ein echtes Erlebnis: Man steht unter grellem Neonlicht auf engstem Raum in Massen von Angehörigen, die auf ihre Männer und Söhne warten. Schreiende Kinder, telefonierende Frauen und sorgenvoll blickende Eltern. Eine Luft zum Schneiden, heiß und stickig, voll Spannung und Erwartung, alles in drangvoller Enge eines Raums, der kaum 20 Meter lang und gesteckt voll ist. Beim Bau des Flughafens hatte kein Mensch daran gedacht, dass hier einmal Hunderte Soldaten von Auslandseinsätzen der Bundeswehr einschweben würden. Damals habe ich noch geraucht. Ich bin in einer Tour nach draußen und habe

mir eine angesteckt. Ich war schon ganz tattrig. Ich wusste ja nicht: Sitzt er wirklich da drin? Ist irgendetwas im letzten Moment dazwischengekommen? Die Maschine hatte große Verspätung.

Es war dunkel, kalt, nass. Und es war 22 Uhr, als sich nach stundenlangem Warten endlich die Tür des abgeschirmten Bereichs öffnete und die ersten Soldaten herauskamen. Einer nach dem anderen kam durch die Tür. Nur Tino nicht – man guckt weiter und wartet und das Herz schlägt einem Löcher bis in die Magengrube. Um mich herum ein Meer der Freude und des Wiedersehens. Lange, wortlose Umarmungen. Tränen. Erleichterung nach wochenlanger Angst. Neben mir beugt sich ein Vater zu seinen Kindern hinunter und nimmt beide auf den Arm. Die Mutter etwas hilflos daneben, völlig aufgelöst – alle vier weinen. Neidisch schaue ich auf Paare, die sich küssen, als wären sie alleine. Wo ist Tino?

Dann kam er und sah noch besser aus als vor dem Einsatz. Braun gebrannt, völlig entspannt und erholt sah er aus, wie frisch aus dem Urlaub. Das einzig Irritierende war die sandfarbene Tarnuniform für den Wüsteneinsatz. Ich war total erleichtert, ihn so zu sehen – andererseits begann sofort wieder das Kneifen im Bauch, wie er auf mich reagieren würde.

Sekunden später hatte ich eine für mich sehr erleichternde Antwort. Wir haben uns lange geküsst und sind dann Hand in Hand bzw. Arm in Arm zum Parkplatz und haben uns noch mal geküsst, bevor wir ins Auto gestiegen sind. Wir sind sofort in meine Wohnung gefahren und noch war alles wie im Brief. Ich habe Tino noch ein paar Nudeln mit Tomatensoße gekocht, aber das Badewasser habe ich schon nicht mehr eingelassen. Er war groggy. Ich war groggy. Und so sind wir ganz schnell schlafen gegangen. Es war nichts von all dem, was ich ihm in den vergangenen Wochen in meinen Briefen nach Afghanistan geschrieben hatte. Es klingt langweilig – wenn es denn langweilig sein kann, mit einem Menschen, den man liebt, Arm in Arm einfach zu kuscheln und einzuschlafen. Mein letzter Blick an diesem Abend ging zu Kater Zwerg, meinem alten Freund. Doch der hatte es sich auch schon hoch oben in seinem Kratzbaum gemütlich gemacht und war in den Meditationsmodus übergegangen.

Morgens um sechs klingelte der Wecker und wir sind ohne Frühstück Richtung Bayern aufgebrochen. In Murnau haben wir nur sein Vollgepäck abgestellt, Tino hat seine Uniform ausgezogen und alles zusammengepackt, was er für das Weihnachtsfest bei seinen Eltern brauchen würde. Am frühen Abend ging es gleich weiter nach Chemnitz zu Tinos Eltern. Kurz vor dem Ziel kamen wir in einen Schneesturm, der Schnee fiel immer dichter und wurde tiefer und tiefer, weil die Räumfahrzeuge nicht mehr nachkamen. Der Verkehr ist in dieser Nacht zusammengebrochen und wir hätten die Nacht fast auf der Autobahn verbringen müssen. Nach stundenlanger Fahrt haben wir schließlich völlig erschöpft unser Ziel erreicht. Das war Teil zwei unseres Wiedersehens.

Auf der ganzen Glatteisfahrt von Bonn nach Murnau und von Murnau nach Chemnitz haben wir kaum miteinander gesprochen. Über seinen Einsatz hat Tino fast nichts erzählt. Es ist üblich bei Soldaten, das ihre Angehörigen zu Hause wenig erfahren, was sich bei den Einsätzen abspielt – denn je mehr sie wissen, desto mehr Sorgen machen sie sich. Ich erinnere mich, dass Weihnachten vor einem Jahr unser bester Freund in Afghanistan nur ganz knapp überlebt hat. Eine Panzerfaust ist in den Motorblock seines Fahrzeugs eingeschlagen. Zum Glück ist nur die Treibladung explodiert. Der gepanzerte Fahrgastraum mit den Soldaten hatte nichts abbekommen – aber wäre das Auto nur ein bisschen schneller gefahren, hätte die Panzerfaust die Mitte des Wagens mit den Soldaten getroffen und vermutlich alle getötet. Das hat er uns so nebenbei erst

Wochen später erzählt. Die Gefahr des Todes schwebt immer über den Familien. Und so versuchen die Heimkehrer auch zu Hause möglichst alles zu verdrängen.

Nachwehen des Einsatzes

Für viele Soldaten beginnt die Rückkehr aus dem Einsatz mit einer Art Einsatz-Jetlag – sie finden nur schwer zurück in ihren alten Lebensrhythmus. Oft leiden sie unter Schlafstörungen bei gleichzeitiger Müdigkeit, Antriebslosigkeit und verspüren eine innere Leere. Nach dem Adrenalin im Einsatzgebiet kommt der totale Entzug. Man ist wieder Teil der Masse, bedeutungslos, und fühlt sich einsam. Die Kameraden, die man monatelang jeden Tag gesehen hat, fehlen plötzlich und man ist allein mit seinen Erlebnissen, mit denen hier in Deutschland keiner was anfangen kann. Die Freunde zu Hause in Deutschland interessieren sich nicht für das, was man erlebt hat. Mir ging das ähnlich nach meiner Rückkehr in die ruhige Bonner Wohnung. Ich hatte richtig Heimweh nach den Kameraden in Bosnien. Das wurde mir schlagartig klar, als ich nach meinem Einsatz zum ersten Mal wieder allein in meiner ruhigen Landwohnung im Bett lag. Frisch duftende Bettwäsche, Licht aus und schöne Träume. Nichts da. Rechtsherum wälzen. Linksherum wälzen. Kopf ins Kissen. Licht anmachen, auf den Wecker schauen, wie spät es ist. Licht aus. Und dann wieder der Schlaflosgrill und eine Drehung nach der anderen.
Auslandseinsätze hinterlassen tiefe Spuren. Wer da keinen stabilen Freundeskreis hat, bekommt automatisch Probleme, hier in Deutschland wieder klarzukommen. Man geht mit diesen Problemen nur in den seltensten Fällen zum Vorgesetzten. Schließlich will man nicht als Weichei dastehen oder gar eine Beschränkung der Verwendungsfähigkeit in seine Personalakte bekommen. Psychische Probleme? Das macht der Soldat

schön mit sich alleine aus. Mancher Heimkehrer hat sich mit Alkohol betäubt. Es gibt nicht wenige Soldaten, die schnell zugesehen haben, dass sie in den nächsten Einsatz kommen. Bei Tino habe ich diese Probleme nie beobachtet.

Tino ist ein Phänomen, weil er schon immer komplett abschalten konnte, wenn er vom Dienst aus der Kaserne kam und seine Uniform ausgezogen hatte. Da blieb nichts haften, was er in seine Freizeit mitgenommen hätte. Er sagte immer, das sei seit seiner Schule so gewesen, dass er Probleme nie mit sich herumgeschleppt hat. Alles, was anderen Stress macht, scheint ihn nicht zu interessieren. Ich weiß bis heute nicht, wie er das macht – ich bin aber ganz sicher, dass ihm diese Eigenschaft nach dem Anschlag sein Leben gerettet hat, weil er nach vorne schauen konnte und ganz schnell entschlossen war, sich durch den Verlust seines Beins nicht aus der Bahn werfen zu lassen.

Auf der langen Autofahrt nach dem ersten Einsatz habe ich Tino nicht bedrängt und nach seinen Erlebnissen gefragt. Irgendwie, so schien es mir, war er auch noch nicht ganz angekommen.

Seine Mutter hatte ihm für Heiligabend sein Lieblingsgericht versprochen – Hase mit Rotkohl. Wir haben uns mit den Eltern Fotos angeschaut, die Tino in Afghanistan gemacht hatte, aber was er erzählte, ging nie in die Tiefe, so, als wäre er gar nicht selbst dort gewesen. Überhaupt schien er keinen Stress zu haben mit dem Nachhausekommen. Jedenfalls nichts Sichtbares – denn nach drei Monaten in Afghanistan bekam Tino ausgerechnet im hygienisch sauberen Deutschland einen heftigen Magen-Darm-Infekt, vielleicht eine Reaktion seines Körpers auf den vorangegangenen Stress und das üppige deutsche Essen. Tino ging es richtig schlecht. So verbrachte Tino das Weihnachtsfest im Bett mit Zwieback und Wärmflasche statt Hasenbraten, und ich saß ohne Tino traurig bei meinen Eltern in Dresden.

Eine kurze kurze Übernachtung in Bonn, eine Autonacht im Schneesturm und tausend Kilometer auf der Autobahn – das war mein Weihnachten 2003 mit Tino – unser Wiedersehen nach vier Monaten Auslandseinsatz.
Nach seinem ersten Einsatz ging das normale Leben weiter, für Tino in seiner Murnauer Feldjägerkaserne und für mich in Bonn. Wir haben eine Wochenendbeziehung geführt und uns nur alle 14 Tage gesehen. Dazu mussten wir unsere Dienstpläne aufeinander abstimmen. Wer die Bürokratie in der Bundeswehr kennt weiß, dass man da lange vorplanen muss. Es war eine Zeit des Umbruchs und ich hatte den Wunsch nach Veränderung. Mir war klar geworden, dass ich meine Zeit bei der Bundeswehr beenden musste, und so habe ich mich auf gut Glück in München für eine Ausbildung als Mediengestalter beworben. Ich dachte, wenn ich die Stelle bekäme, wäre das ein gutes Zeichen für einen Umzug nach Bayern. Ich bekam die Stelle auf Anhieb. Und so habe ich Ende September 2004 meinen aktiven Dienst als Zeitsoldat bei der Bundeswehr beendet und bin zu Tino nach Murnau gezogen. Die erste Zeit war hart, vor allem, weil Tino eine Woche später zu seinem zweiten Einsatz nach Afghanistan ging, diesmal nach Kunduz. Eigentlich sollten zwei Jahre zwischen zwei Einsätzen liegen – aber schon neun Monate nach dem ersten Einsatz ging es wieder los. Und ich lebte unverheiratet das einsame Leben einer Soldatenfrau.

Kunduz 2004

Auch Tino empfand unsere Trennung als hart: »Wenige Monate, nachdem Antje zu mir nach Murnau gezogen war, musste ich schon zu meinem zweiten Auslandseinsatz. Als Berufssoldat hatte ich mit der Einstellung eine entsprechende Mobilitätsverpflichtung abgegeben. Zudem trafen die Einsätze bestimmte Truppengattungen besonders häufig; Soldaten mit einem hohen Ausbildungsgrad und viel Erfahrung waren gefragt – und da gab es eben doch nicht so viele, dass man hätte groß auswählen können. Außerdem war ich unverheiratet, hatte keine Kinder und galt als belastbar.

So flog ich wieder von Köln über Termez ins Bundeswehrhauptquartier nach Kunduz. Das »Camp Kunduz« im Norden Afghanistans liegt heute auf einer Ebene wie ein Spiegelei in der Mitte einer Bratpfanne. Den Rand der Bratpfanne bilden hohe Sicherheitswälle gegen Beschuss. Als ich damals in Kunduz war, befand sich das Lager militärisch ungünstig gelegen noch mitten in der Stadt. Die Sicherheitslage zeigte sich 2004 deutlich verschlechtert als im Jahr zuvor, und so hatte ich mit einem gepanzerten Fuchs-Transportfahrzeug für die Abholung gerechnet. Aber vor dem Flughafen wartete nur ein kleiner Mungo, der Mehrzwecktransporter der Luftwaffe, von den Soldaten auch spöttisch Gelände-Gocart genannt. Wahrscheinlich waren die Panzer im Einsatz. Aber es kam noch besser.

Gerade hatte ich meinen Seesack auf dem Bett in meinem Wohncontainer abgelegt, als ich schon antreten musste. Der Kommandoführer vom Personenschutz drückte mir einen Schlüssel in die Hand und sagte, ich soll zum Flughafen fahren, ein Team warte dort auf Abholung. Ich schaute auf den Schlüssel und dachte noch: ›Ach, guck an, ein Toyata-Schlüssel‹ und ging zur Fahrbereitschaft, während ich rätselte, seit wann Toyota gepanzerte Fahrzeuge baut. Plötzlich stand ich vor – einem Toyota. Ein normaler Jeep, frisch gewaschen, in einer strahlend weißen Metalliclackierung, die sich kilometerweit von der ockerbraunen Landschaft absetzt. Mit seinem ISAF-Aufdruck war er eine rollende Einladungskarte für die Taliban. Sollte ich tatsächlich bei ungeklärter Sicherheitslage mit diesem Auto auf einer von den Taliban überwachten Route Soldaten vom Flughafen abholen?

Aus dem Fenster meines Wohncontainers konnte ich die Spuren des Raketenangriffs sehen, mit dem die Terroristen wenige Tage zuvor ein großes Loch in das Stabsgebäude geschossen hatten. Es hatte drei Verletzte gegeben. Das hatte ich beim Abflug schon in den Nachrichten gehört und war entsprechend beunruhigt, als ich jetzt von dem Sprengloch zu meinem weißen Toyota sah. Ich hätte die Fahrt schlecht ablehnen können. Gleich am ersten Tag Ärger machen? So fuhr ich los, und glücklicherweise passierte auf dieser Fahrt nichts.
Erst später bekam ich einen gepanzerter Wolf und habe mich sicher gefühlt. Mit diesem Wagen bin ich Tausende Kilometer durch Afghanistan gefahren. Von Kunduz über den legendären Salangpass nach Kabul – oder von Kunduz nach Faizabad. Normalerweise nimmt man für lange Strecken einen Helikopter wie die CH-53 oder die Transall. Aber wenn Sandsturm herrschte, wurde gefahren. Einmal wurde ich um drei Uhr morgens geweckt, weil der Kommandeur nach Faizabad musste. Auf deutschen Autobahnen nachts um drei kann man ohne Stau 270 Kilometer in zwei Stunden locker schaffen. In Afghanistan habe ich damals 14 Stunden für diese Entfernung gebraucht. Das war eine echte Herausforderung für den Fahrer wie auch für den Mitreisenden, eingeklemmt auf einem Notsitz, mit dem Rücken zur Fahrrichtung, jedem Schlagloch hilflos ausgeliefert. Eine Straße, wie wir sie kennen, gab es nicht. Es waren Pisten. Es gab stellenweise nicht mal Brücken, der Fluss wurde an seichten Stellen überquert. Immer noch schlummerten überall in der Erde die gefährlichen Hinterlassenschaften aus dem Krieg mit der Sowjetunion: Minen. Wie quert man solche Stellen, ohne in die Luft zu fliegen? Der Trick ist zu warten, bis ein Afghane mit seinem Wagen kommt – und dann fährt man peinlich genau in seiner Spur mit einigem Abstand hinterher. Den Tipp hatte ich übrigens von einem Afghanen bekommen.

Die Fahrten nach Faizabad waren immer 14 Stunden Abenteuer, eine Fahrt ins Ungewisse. So müssen sich die Entdecker des vorigen Jahrhunderts gefühlt haben. Oder Alexander der Große, der hier auf derselben Strecke mit seinem Heer durchgezogen ist, um Faizabad seinem hellenischen Königreich Baktrien einzuverleiben. Die Stadt zieht sich entlang einer Schleife des Flusses Kookcha. Pappeln prägen das Stadtbild: Eine grüne Oase mitten in einer monotonen Berglandschaft aus Felsen, Sand und Steinen. Ein enges Flusstal, 1200 Meter über dem Meeresspiegel. Die umliegenden Berge sind bis zu 2000 Meter hoch. 60000 Menschen leben hier in der Hauptstadt der Provinz Badachschan, einer der ärmsten Provinzen Afghanistans. Von März bis Oktober ist Faizabad Malariagebiet. Im Sommer wird es bis zu 40 Grad warm. Die durchschnittliche Lebenserwartung liegt bei 47 Jahren.
Die Straßen nach Faizabad waren 2004 noch mit primitivsten Mitteln in die Felsen gesprengt. Keine Leitplanken, mit jedem Frost und mit jedem Hochwasser nagten die Elemente an dieser Straße, bis wieder Dynamit da war, um sie erneut breiterzusprengen. Heute verbindet Kunduz und Faizabad eine ausgebaute Teerstraße mit Brücken und die Strecke ist in vier bis fünf Stunden gut zu bewältigen. 2004 aber war es noch eine Fahrt durch eine der faszinierendsten Landschaften, die ich je gesehen habe.«

2005: Personenschützer in Kabul

»Mein dritter Einsatz in Afghanistan begann neun Monate nach meinem zweiten im Oktober 2005. Es sollte mein letzter sein. Die Gefährdungslage hatte weiter zugenommen und in der Führung wollte man die VIPs nur noch absoluten Profis anvertrauen. Ich hatte weitere Zusatzkurse für die Ausbildung zum Personenschützer bei den Feldjägern erfolgreich bestanden. Mein Vorgesetzter Stefan Deuschl fragte mich, ob ich mit nach Kabul käme. Für mich war sofort klar, dass ich dabei bin. Stefan war ein Ausnahmesoldat. Er war eine Autorität, respekteinflößend und ein Ansporn, sich anzustrengen. Stefan war sportlich, durchtrainiert bis in die letzte Faser. Das hat er auch von seinen Untergebenen verlangt. Er hat mich gefördert und war in Murnau so etwas wie mein Ziehvater, ich bin mit ihm von Anfang an supergut klargekommen.

Das Team, das er für Kabul zusammenstellte, war perfekt. Alle kamen aus Murnau und waren gut aufeinander eingespielt. Jeder wusste, dass er was leisten kann und jeder wusste, was der Einsatz bedeutet. Ein Team arbeitet und funktioniert durch Vertrauen, dass man sich auch in Gefahr auf jeden Einzelnen verlassen kann. Es ist das alte Kettenproblem: Ein Team ist nur so stark und belastbar wie sein schwächstes Glied. Und all das hat bei Stefan immer gepasst. Ich selbst kannte Afghanistan, kannte Kabul, ich musste mich nicht neu einstellen auf die Verhältnisse, die dort auf einen zukommen – und solche Erfahrungen sind immer eine enorme Hilfe.

Jeder im Personenschutzteam hat andere Aufgaben. Ich war bei meinem dritten Einsatz 2005 Fahrer des sogenannten Pointerfahrzeugs. Wenn wir eine wichtige Person, eine VIP, zu befördern hatten, bestand unser Konvoi immer aus drei gepanzerten Wolf ohne Nummernschilder, die absolut identisch aussahen. Während der Fahrt wird die Reihenfolge durchgewechselt, um jede Identifikation des VIP-Fahrzeugs unmöglich zu machen. Der Pointer fährt an der Spitze der Kolonne und ist so eine Art Pfadfinder, der die Sicherheit der Wegroute klärt, versteckte Sprengfallen auslösen und mögliche Gegner bekämpfen soll. Als Kommandoführer, der den Einsatz leitet, fuhr Stefan Deuschl in der Mitte des Konvois das VIP-Fahrzeug mit dem VIP. Dieses Fahrzeug ist unter allen Umständen zu schützen. Für den Angriffsfall fährt hinten ein dritter Wagen, das soge-

nannte Evakuierungsfahrzeug. Im Evakuierungsfahrzeug sitzt der ›Stellvs‹, der stellvertretende Kommandoführer mit Fahrer, der die Führung übernimmt, falls der Kommandoführer ausfällt – ein Platz bleibt frei für den VIP. Falls er den Angriff auf das VIP-Fahrzeug überlebt hat, kann er evakuiert und gerettet werden. Einer im Team hatte zudem eine Sanitäterausbildung für die Versorgung möglicher Verletzter. Mit dem VIP und dem Stellvs-Fahrzeug hat man zudem stets zwei autarke Kommandoeinheiten, um das Team zu führen und den VIP bei einem Angriff in Sicherheit zu bringen.
Als Pointer hat man einen gefährlichen Job. Das Pointerfahrzeug ist das Fahrzeug, das zuerst Feindberührung hätte; wir waren daher auch am stärksten bewaffnet. Meine Langwaffe war mit einem Spanngurt am Fahrersitz festgemacht. Wir waren mit Waffen und Munition vollgepackt bis an die Halskrause. In der schusssicheren Weste steckten neben der P7-Pistole als Backupwaffe und Magazinen noch Funkgerät und Fotoapparat, Ersatzmagazine für die Pistole, Verbandspäckchen und Morphium für die Erstversorgung.
Unsere Autos waren sehr gut durchdacht auf alle Eventualitäten hin ausgerüstet. Wir waren Personenschützer und dafür ausgebildet, ohne Nachzudenken unser eigenes Leben für die Sicherheit der zu schützenden Person einzusetzen. Jeder Gedanke an das, was alles sein kann und passieren könnte, wurde ausgeblendet. Natürlich hatte jeder auch eine Verantwortung für das Team und für sich selbst. Aber der VIP hatte absolute Priorität, ihn galt es zuerst zu retten.
Sehr beliebt als Sprengfallen waren damals Gasflaschen, vor denen in jeder Morgenbesprechung in Camp Warehouse erneut gewarnt wurde. Kabul hatte keine zentrale Gasversorgung und jeder Haushalt betrieb seinen Herd mit Gasflaschen. Sie gehörten zum Straßenbild wie Coffee-To-Go-Becher morgens in der U-Bahn. Alle paar Meter stand eine Gasflasche an

der Straße, wurden Gasflaschen von Transportern be- und entladen. Und jede hätte eine tödliche Bombe sein können. Mit der Zeit bekam man als Personenschützer ein Auge dafür, was eine harmlose und was eine verdächtige Gasflasche war. Bei harmlosen Gasflaschen waren immer Afghanen in direkter Nähe, die sich unterhielten, die umluden, kurz: Betriebsamkeit. Bei verdächtigen Gasflaschen war niemand zu sehen. Entweder Zufall, oder die Einheimischen waren vor einer geplanten Explosion schon in Deckung gegangen. Solche Situationen musste der Pointer aufklären. Wir sind dann nicht etwa ausgestiegen und haben die Flasche untersucht. Unsere Funktion war eine andere: Eine mobile Mauer zu bilden und den VIP mit unserem Auto vor der Explosionswirkung abzuschirmen. Deshalb schob sich unser Pointerfahrzeug vor die Gasflasche, während das VIP-Fahrzeug neben uns die Gefahrenstelle passierte.

Im Pointerfahrzeug ging es darum, in rasendem Tempo selbst kleinste Details am Straßenrand aufzunehmen, auf mögliche Gefahren zu scannen, zu analysieren und darauf zu reagieren: Da parkte ein verdächtiges Auto. Da stand eine Kiste vor dem Haus – da, weitere Gasflaschen; ein Esel trabte aus der Seitengasse. Herrenlos, mit einem Sack auf dem Rücken, in dem auch eine Bombe hätte versteckt sein können. Autos bremsten plötzlich ohne ersichtlichen Grund und blockierten die Straße. Jeder Stau konnte eine Falle sein: Dann galt es, blitzschnell einen Umweg zu suchen. Dynamisches und taktisches Fahren war angesagt, das bedeutete zum einen immer in Bewegung bleiben, und zum anderen wegen der chaotischen Verkehrssituation ständiges Abbremsen und Beschleunigen. Die Fahrzeuge hatten zwar Blaulicht auf dem Dach – aber das schaltete man nicht an. Kabul ist umgeben von Bergen. Drei Autos mit Blaulicht, vor allem nachts, waren deutlich auszumachen, jeder wüsste sofort, was Sache wäre. So fuhr man bestimmt und dicht zum Vordermann auf mit viel Gehupe, ein bisschen Schieben mit der Stoßstange, dann merkten auch die harten Fälle, dass man es eilig hatte. Ansonsten versuchte man immer, unauffällig im Verkehr mitzuschwimmen.

Die Bundeswehr hatte es in den ersten Jahren gut verstanden, nicht als Besatzer, sondern kooperativ aufzutreten, Winken und Lächeln war die Vorgabe – das kam bei den Afghanen gut an. Unser Dolmetscher hat uns bei Gesprächen mit Einheimischen immer wieder bestätigt, das wir Deutschen ein sehr hohes Ansehen genießen.

Afghanistan war tägliches Überlebenstraining. Jeder war konzentriert. Es gab keine größere Motivation zum Lernen, Fehlervermeiden und zur sorgfältigen Planung als den Selbsterhaltungstrieb. Der chaotische Verkehr auf Kabuls Straßen war generell eine Gefahrenquelle. Und das bei Straßenverhältnissen, die in Deutschland jedem Motocrossrennen Ehre bereiten würden. Die grelle Sonne Kabuls, der Dreck auf der Scheibe und die permanent aufwirbelnden Staubwolken behinderten die Sicht und wie aus dem Nichts tauchten quer in der Fahrbahn stehende Eselskarren auf.

Zu diesem Chaos optischer Eindrücke kam noch der Lärmpegel der akustischen Reize. Das Gehupe, das Krachen, wenn der Gang geschaltet wurde, das Aufheulen des Motors, der das tonnenschwere Fahrzeug antrieb. Dazu der permanente Funkverkehr mit dem Kommandoführer über Kopfhörer. Das alles spülte viel Adrenalin ins Blut. Selbst bei durchtrainierten Sportlern stieg der Puls deutlich. Es war ein Rennen, Schieben und Pressen, ein Kampf um jeden Straßenmeter und um Sicherheit. Und egal, wie oft wir gefahren sind, egal, ob es nur für eine Stunde oder den ganzen Tag war: Jede Sekunde wurde intensiv erlebt und ist dreimal so lang wie im normalen Leben. So in etwa sah mein Tag in einem Pointerfahrzeug bei den Personenschützern in Kabul aus.

Bei einem Einsatz hatte ich Befehl, einen General vom Flughafen abzuholen. Er kannte sich noch nicht gut aus in Kabul und war anscheinend zum ersten Mal da. Seine Maschine hatte Verspätung gehabt. Es war Viertel vor zehn und um zehn hatte der Herr General einen Termin. Also zackte der General mich an: ›Feldwebel, ich komme ungern zu spät. Schaffen wir das bis 10 Uhr?‹ ›Herr General, wenn Sie das befehlen, werden wir es selbstverständlich schaffen!‹ General: ›Sie dürfen auch gerne sportlich fahren!‹ Okay. Wir haben uns nur angeschaut. Darauf hatte ich mal gewartet. Normal fahren wir immer sehr fahrgastfreundlich, passen auf, dass die Gäste beim steten Abbremsen und Gasgeben oder den vielen Schlaglöchern nicht mit dem Kopf rechts und links oder vorn gegen die Panzerscheibe prallen. Jetzt wurde uns regelrecht befohlen, endlich mal zu zeigen, was wir nach monatelangem Fahrtraining wirklich draufhatten. In Kabul sind sogenannte Speedbreaker in die Fahrbahn eingegraben – dicke Kanalrohre quer über die Straße, die Raser bei zu hohem Tempo brutal bremsen und durch die Decke katapultieren, wenn sie missachtet werden. Vor diesen Speedbreakern muss man das Auto stark runterbremsen, hopp, hopp drüber – und dann gleich wieder Vollgas geben, um wieder Tempo zu gewinnen und kein Ziel abzugeben.
Diesmal wollte ich nur Gas geben. Ich erinnere mich noch an meine Frage: ›Sind Sie angeschnallt, Herr General?‹ ›Jawoll!‹ Danach wurde es hinten ruhig. In fast jedem amerikanischen Actionfilm gibt es eine Verfolgungsjagd per Auto. Entgegenkommende Fahrzeuge, Hühner, kullernde Melonen, panische Passanten, Ausweichen in letzter Sekunde, Notbremsung mit Biss in Lenkrad und Kopfstütze – so in etwa muss man sich unsere Fahrt mit dem General vorstellen. In Kabul fährt jeder da, wo gerade Platz ist – auch auf er Gegenfahrbahn und zu fünft nebeneinander, wenn es passt. Kurz vor dem Camp kommt uns mit derselben hohen Geschwindigkeit ein Wagen

entgegen. Wie in den Krimis stellt sich die Frage: Wer gibt zuerst nach. Da ist ein Wagen mit vier Tonnen mit Panzerung wiederum ein gutes Argument. Der andere wich aus, aber so knapp, dass sich die Seitenspiegel berührten. Nur ein Klack war das. Da war dann aber so was von Ruhe hinten. Im Camp sind die anderen platt und bleich ausgestiegen. General: ›Müssen wir wieder so fahren?‹ ›Wenn Herr General das so befiehlt, müssen wir wieder so fahren, Herr General.‹ Der General hatte sich gut im Griff und sagte: ›Feldwebel, Respekt, Sie sind super gefahren …‹ und mit Blick auf die Uhr: ›… und wir sind pünktlich.‹ Zwei Minuten vor zehn hatten wir das Ziel erreicht.

Wenn man nach einer solchen Geisterbahnfahrt wieder in das Lager zurückgekommen ist und sich der Schlagbaum hinter einem gesenkt hatte, dann war das ein Ausatmen, als ob ein Ventil aus dem Fahrradreifen gezogen wird.

Meine Routine hat mir nach den Einsätzen immer wieder geholfen, mich auf den Ruhepuls runterzufahren. Klamotten runter, die taktischen Einsatzgeräte und Waffen reinigen, das Auto zum Waschen und in die Instandhaltung fahren, Luftfilter wechseln. Da schalte ich auf Autopilot, alles geht wie von selbst. Ich habe das heute noch nach meinen Fahrradrennen. Da kann ich mich zur ›Freude‹ von meiner Antje stundenlang im Fahrradkeller aufhalten, die Ketten reinigen, Sattel nachstellen, Schrauben nachziehen, ölen – wunderbar. Vielleicht ist das meine Art von Meditation. Auf jeden Fall funktioniert es, um mich wieder in den Normalzustand zu bringen. Ich trinke keinen Alkohol, ich rauche keine Zigaretten. Ich weiß nicht warum, aber ich bin so eingestellt, dass mich ein Einsatz innerlich nie berührt hat. Ich musste nie Kraft aufwenden, um nachhängende Gedankenwolken abzudrängen – ich hatte schlicht keine. Und es gab das kleine Glück, das für mich schon ausreichte: Auf dem Bett liegen. Den Brief von Antje lesen. Laptop auf, eine DVD schauen, ein bisschen dösen dabei – das reichte mir völlig aus.

Was mir dabei sehr geholfen hat und was ich immer wieder sagen muss: Ich habe meinen Job bei den Feldjägern einfach gerne gemacht, mehr noch – ich habe ihn geliebt. Auch heute noch bin ich trotz meiner Prothese voll überzeugt, dass alles sinnvoll war und sich die Erfüllung meiner Aufgaben gelohnt hat.

Wir waren gut. Wir waren bestens trainiert. Und mit der Zeit wurden wir immer besser. Die Straßen Kabuls waren ein harter Gegner – aber wir waren härter. So war unser Bewusstsein und unser Anspruch: Dass wir unsere Leute mit großer Professionalität immer heil ans Ziel bringen würden. Das haben wir auch immer geschafft.

Bis uns die Bombe des Attentäters am 14. November aus unserem bisherigen Leben gerissen hat.«

Die Amputation

Tinos dritter Einsatz in Afghanistan endete mit der Katastrophe, über deren Wahrscheinlichkeit kein Soldat lange nachzudenken wagt, von der jeder hofft verschont zu bleiben.

Die Nacht war kurz gewesen. Man schläft nicht entspannt, wenn man so aufgewühlt ist wie ich nach dem Besuch bei Tino auf der Intensivstation des Koblenzer Bundeswehrkrankenhauses. Man nickt weg, schreckt hoch und schaut immer wieder auf den Wecker. Ich war wie gerädert, als wir am nächsten Morgen um 8 Uhr ins Hotel fuhren, um mit den Kameraden, Tinos Familie, Vio und den Kindern zu frühstücken. Trotzdem war die tiefe Unruhe der vergangenen zwei Tage fort. Es hatte sich etwas Wichtiges geklärt. All die Spekulationen und Fragen hatten sich in Gewissheit aufgelöst, und jetzt würde es darum gehen, nach vorne zu schauen. Der Blick ging dabei noch nicht weit, ein, zwei Tage vielleicht in die Zukunft, weil man in so einer Situation aufhört, langfristig zu denken oder Pläne zu machen. Tino war noch nicht über dem Berg, aber er war bestens versorgt, das hatten wir gesehen. Jetzt hieß es abwarten.

Dass die Ärzte die beiden in ein künstliches Koma versetzt hatten, war eine zusätzliche Beruhigung. So würden sie nichts von den Schmerzen und den Kämpfen spüren, die in ihrem Körper tobten. Der Begriff Koma kommt aus dem Griechischen und bedeutet »tiefer Schlaf«. Eine schwere Verletzung, das wusste ich aus meiner Sanitätsausbildung, versetzt das Opfer in den totalen seelischen und körperlichen Ausnahmezustand. Es ist, als würden alle Alarmglocken gleichzeitig schrillen, und das Gehirn kann auf die plötzlich einsetzende Reizüberflutung nicht mehr richtig reagieren. Adrenalin wird in großen Mengen ausgeschüttet, der Fluchtreflex ausgelöst, obwohl das Opfer bei den erlittenen Wunden sofort ruhen müsste. Zudem wird das Schmerzempfinden abgeschaltet – dem Körper drohen tödliche Folgeschäden durch Schock und Herzstillstand. In medizinischen Handbüchern kann man immer wieder lesen, dass Soldaten in der Schlacht nach ihren abgerissenen Gliedmaßen suchten, ohne zu merken, dass sie am Verbluten waren. Auch Tino hat später erzählt, dass er nach der Explosion aufstehen und seinen Kameraden helfen wollte, obwohl sein Unterschenkel aufgerissen und der Knochen zersplittert war. Die körpereigenen Rettungssysteme brechen in diesem Dauerstress nach kurzer Zeit zusammen, der Körper zieht die Notbremse – es kommt zum Systemabsturz, und der Schwerstverletzte fällt in tiefe Bewusstlosigkeit. Es ist die letzte Schutzfunktion, um starke Schmerzen und Todesangst auszuschalten, bevor sie das Bewusstsein erreichen. Eine sehr gnädige Einrichtung der Natur – an der Schwelle des Todes. Auf der Intensivstation leiten die Ärzte diesen Zustand künstlich ein. Das künstliche Koma ist eine Langzeitnarkose und wird bei schwersten körperlichen Schädigungen angewendet – der Verletzte wird mit einem Mix aus Beruhigungs-, Schlaf- und stark morphiumhaltigen Narkosemitteln förmlich geflutet, bis er in einen tiefen Zustand der Bewusstlosigkeit fällt. Die Ärzte übernehmen die Kontrolle über den Körper, der ab jetzt künstlich beatmet und ernährt wird. Herz, Leber, Nieren und Darm arbeiten – wenn sie von den Verletzungen nicht betroffen sind – selbsttätig weiter, sämtliche Körperfunktionen sowie Herzfrequenz, Blutdruck und Körpertemperatur müssen kontinuierlich überwacht werden. Der Stoffwechsel wird verlangsamt, der Sauerstoffverbrauch gesenkt, die Adrenalinausschüttung zurückgefahren, um das Gehirn und den Körper beim Abbau der panischen Stressreize zu unterstützen. Angst, Schmerzempfinden, Stress, Bewegungsdrang und jede Form der Erinnerung sind damit abgeschaltet. Wenn es die Heilung erfordert, kann der Patient über Wochen im künstlichen Koma gehalten werden, aller-

dings steigt mit jedem Tag das Risiko, dass der Patient die Therapie nicht überlebt.
Tinos Fuß sollte durch die tiefe Betäubung ruhiggehalten werden, jede Bewegung hätte in dem zersplitterten und verwüsteten Bein weitere Schädigungen verursacht – vor allem machte den Ärzten die mangelnde Durchblutung des Fußes und eine sich ausbreitende Infektion Sorgen. Bei Stefan war durch die Nähe zur Explosion die Lunge schwer geschädigt und er musste künstlich beatmet werden, um die geplatzten Lungenbläschen abheilen zu lassen. Das alles würde Zeit brauchen, Tage, bei Stefan vielleicht Wochen. Die Ärzte waren zu diesem Zeitpunkt zu keiner Prognose bereit. Ihr vordringliches Ziel war, dass die beiden die nächsten 48 Stunden überstanden.

Das Unvermeidliche wird wahr

Den Vormittag verbrachten Vio und ich damit zu warten, bis wir unsere Männer wieder besuchen konnten. Am späten Vormittag kam der Anruf, dass wir ins Krankenhaus kommen sollten. Wir trafen auf einen besorgten Chefarzt, der mich gleich zur Seite nahm. »Es tut mir leid, Sie werden Ihren Tino heute nicht mehr sehen können. Wir bereiten ihn gerade für die OP vor. Wir können sein Bein nicht retten … Wir müssen amputieren … Wir haben alles versucht, aber die Wunde ist infiziert und sein Fuß stirbt langsam ab. Wenn wir jetzt nicht amputieren, droht das tote Gewebe seinen ganzen Körper zu vergiften, und das wird Tino nicht überleben.« Der Chefarzt versuchte uns zu beruhigen, dass man so wenig wie möglich und nur so viel wie nötig vom Bein amputieren würde.
Ich war einigermaßen gefasst, denn nach unserem Besuch in der Nacht und nach allem, was Tinos Schwester Heike aus den Krankenakten entnommen hatte, war eigentlich klar gewesen: Sie werden das Bein abnehmen müssen. Tinos Fuß war

ja schon ganz schwarz gewesen. Wir hatten das alles in der Nacht gemeinsam durchgesprochen. Unsere Grundstimmung war: Lieber Amputation und ein Ende mit Schrecken, als wenn Tino zwar die Explosion in Afghanistan überlebt hätte, aber hier in Deutschland wegen einer Blutvergiftung sterben würde. Am frühen Abend gingen wir dann noch einmal ins Krankenhaus, um Tino zu sehen. Mein zweiter Besuch, und noch immer schien alles unwirklich zu sein. Aber da lag er. Und sein Unterschenkel war weg. Das war ein Schock. Da fehlte einfach was. Deutlich sah man das linke Bein unter der Bettdecke – und daneben das rechte, wie es unterhalb des Knies abrupt endet.

Selbst wenn man auf so eine Amputation vorbereitet ist, selbst wenn man weiß, es geht nicht anders – gefühlsmäßig kann ich diesen Moment nur mit einer tiefen Erschütterung beschreiben. Erinnerungen kamen an unsere langen Wanderungen zum Eibsee und in die Murnauer Berge, die Skiurlaube – alles zog an mir vorbei. Tino am Strand von Rügen, braungebrannt und kraftstrotzend, sein austrainierter Körper, seine langen Beine. Wie er sich ins Meer wirft und davonkrault. Leichte, unbeschwerte Sommertage. Und dann fehlt da was. Es schnürt einem die Luft ab.

Meine eigenen Ängste vor der Zukunft spielten in diesem Moment gar keine Rolle, die kamen erst später. Mein Hauptproblem war: Wie würde Tino das verkraften? Damit würde er nicht klarkommen. Weil genau das eingetroffen war, wovor er damals am Strand von Rügen so große Angst hatte: Amputation. Der Verlust eines Beins. Invalidität. Sich nie wieder frei bewegen zu können. Kein Sport mehr. Ich setzte mich dicht zu ihm aufs Bett und flüsterte ihm ins Ohr: »Wir schaffen das. Wir schaffen das zusammen.«

Tinos nun amputierter Unterschenkel hatte ihn 31 Jahre auf allen Wegen begleitet – er wurde nicht beerdigt, sondern als

Sondermüll entsorgt, der mit den übrigen OP-Abfällen, Mullbinden, Kompressen und Tüchern der großen Koblenzer Klinik irgendwo in einer spezialisierten Müllverbrennungsanlage verbrannt wurde.

Als ich Tino am Abend besuchte, waren die Schwestern dabei, seine Verbände am amputierten Bein zu wechseln. Der Anblick der weißen Mullbinden erinnerte mich sofort an die Sanitätsübung in Rothenburg an der Fulda, als ich Tino genau das Bein verbunden hatte, das jetzt weg war. Ich sah Tino vor mir, wie er mich damals mit seinem fragenden Lächeln angeschaut hatte.

Es war ein unglaublicher Schnitt ins Herz in dieser Sekunde. Ich glaube nicht an Übersinnliches, aber es kam mir schon seltsam vor. Meine Mutter hat mal gesagt, es sei, als ob sich zwei Menschen bei dieser Sanitätsübung damals in Rothenburg verbündet hätten, um sich später zu helfen. Tino als Verletzter und ich als seine Samariterin. Wenn das nur ein Einzelfall gewesen wäre, würde ich heute nicht darüber nachdenken. Aber nach Rügen war es das zweite Ereignis, bei dem man sich hinterher fragen kann, ob es mehr war als nur ein Zufall – oder schon so etwas wie ein Wetterleuchten nachts am Horizont.

Noch heute, wenn ich diese Zeilen schreibe, steigen mir Tränen in die Augen und mir wird immer wieder klar, wie wenig ich das selbst bis heute verarbeitet habe. Damals wollte ich stark sein, und ich musste stark sein, um Tino zu helfen. Trauer und Schwäche habe ich damals nicht zugelassen. Wir mussten das offensiv angehen, nach Möglichkeiten und Auswegen suchen. Trauer und Weinen schienen mir in der Situation damals völlig unangebracht. Ich war schließlich nicht verletzt, und Vio hätte noch mehr Gründe gehabt, verzweifelt zu sein. Da wollte ich mich nicht gehen lassen. Stefan ging es ja noch schlechter.

Zu diesem Zeitpunkt schwebte Tino noch in Lebensgefahr. Da ist man dann Realist und sagt sich: Lieber Amputation als Tod.

Bein gegen Leben. So platt und einfach war das. Das war der Deal. Und wenn ich Tino heute so sehe, muss ich sagen, es war ein guter Deal. Wir haben uns auch alle immer wieder gesagt: »Tino ist wieder zu Hause, egal wie, er ist wieder da.« Wir haben nicht den Menschen verloren.

Während wir am Mittwochabend mit uns selbst und dem Schicksal unserer Männer beschäftigt sind, landet ein zweites Flugzeug mit einer Fracht aus Kabul an Bord auf dem Flughafen Köln-Wahn. Ein ganzes Flugzeug für eine einzige Fracht. Einen Sarg.

Soldat Armin Franz

Oberstleutnant Armin Franz hatte keine Chance. Während Tino und Stefan noch im Schutz der Panzertüren standen, war er gerade hinten rechts aus dem Wolf gestiegen und schaute in Richtung des Attentäters. Nichts konnte ihn mehr schützen. Die gepanzerte Beifahrertür war weit offen – Franz stand davor ohne jede Deckung. Auch kein Sprung hätte ihn retten können. Wohin auch? Franz hätte jetzt entweder hinten um den Wagen herum zu Tino spurten müssen oder nach vorn um die Beifahrertür herum zu Stefan Deuschl. Zurück ins Wageninnere springen? Auch dort hätte die Druckwelle ihn zermalmt. Alles kostete wertvolle Sekunden, die er nicht mehr hatte, als er merkte, dass der Attentäter mit Vollgas auf ihn zufuhr, um ihn in die Luft zu sprengen. Franz muss in seinen letzten Panikgedanken begriffen haben, dass er gleich sterben wird.

Nach der Explosion war sein Körper kaum identifizierbar. Zerrissen, verbrannt, atomisiert wie sein Mörder. Er war der erste deutsche Reservist, der in diesem nicht erklärten Krieg fällt – der 64. Tote bei Auslandseinsätzen der Bundeswehr. Und der 18. deutsche Soldat, der in Afghanistan gewaltsam starb – so die Statistiken im Jahr 2005. Es würden noch mehr werden.

Nur 100 Kilometer zwischen Koblenz und Köln-Wahn trennten an diesem Abend die Überlebenden und den Toten. Die Hoffenden von den Trauernden.

Es war ein kalter, regnerischer Novemberabend, als am 16. November gegen 20 Uhr die Transall aus Afghanistan mit dem Leichnam von Armin Franz auf dem militärischen Teil des Flughafens Köln-Wahn landete. Einen Tag, nachdem Tino und Stefan ins Bundeswehrkrankenhaus Koblenz eingeliefert

worden sind, ist auch Armin Franz zurück nach Deutschland zurückgekehrt. In einem Sarg aus Eichenholz.
Nur eine Stunde nach der Landung begann die Trauerzeremonie für den Getöteten. Im Fernsehen sahen wir abends den großen Aufzug zu Ehren des tot heimgekehrten Soldaten – mit Ehrenbataillon, Politprominenz und Trommelwirbel. Soldaten trugen seinen Sarg. Es hätte auch Tinos Sarg sein können. Oder Stefans. Im Hangar warteten die Trauergäste, darunter Bundesverteidigungsminister Peter Struck, der Generalinspekteur der Bundeswehr Wolfgang Schneiderhan, der SPD-Wehrbeauftragte Reinhold Robbe und der Generalkonsul Afghanistans. Menschen weinten, als der Sarg durch ein 70 Mann starkes Spalier einer Ehrenformation in den Hangar getragen wurde. Es schien unmenschlich, in dieser riesigen, kalten Halle wirklich Abschied nehmen und trauern zu müssen. Im Hintergrund starteten Flugzeuge. Man hörte die Triebwerke aufheulen, während der Militärgeistliche ein Gebet sprach. In seiner Trauerrede sprach er von einem heimtückischen Anschlag und einem erzwungenen Opfer, das als Aufgabe und Verpflichtung für jeden Einzelnen anzusehen ist. Zum Abschluss der halbstündigen Trauerfeier intonierte ein Trompeter das Lied »Ich hatte einen Kameraden«. Der Leichnam von Armin Franz verschwand in einem Leichenwagen. Er sollte in seinem Heimatort Redwitz beerdigt werden.

Das erste Opfer eines Auslandseinsatzes

Die Geschichten der Opfer gleichen sich: Sprengfallen, Munitionsunfälle, Hinterhalte, Schusswechsel mit Einheimischen – manchmal aus nichtigem Grund, so wie bei Alexander Arndt, der nach dem Zweiten Weltkrieg als erster aktiver Soldat am 14. Oktober 1993 beim ersten Auslandseinsatz der Bundeswehr in Kambodscha getötet wurde. Es ist eine dieser Geschichten, die von der deutschen Öffentlichkeit schnell wieder vergessen wurden.

Alexander Arndt stammte aus dem Dorf Ottbergen bei Hildesheim und machte nach seiner mittleren Reife eine Lehre als Kunstschmied. Sechs Söhne hatte die Familie. Die vier älteren Brüder von Alexander waren als Zeitsoldaten in den Dienst der Bundeswehr getreten. Alexander war der zweitjüngste Sohn der Familie. Als er alt genug war, nahm er sich seine älteren Brüder zum Vorbild und verpflichtete sich als Zeitsoldat im Sanitätsdienst der Bundeswehr. Der fünfte und jüngste Bruder würde diese Kette nicht mehr fortsetzen und sich die älteren Brüder zum Vorbild nehmen, er würde keinen Dienst mehr in der Bundeswehr tun – denn sein Bruder Alexander wurde mit nicht einmal 26 Jahren erschossen. In Phnom Penh, Kambodscha – 9300 Kilometer von Ottbergen und Hildesheim in Niedersachsen entfernt.

Alexander hatte sich freiwillig gemeldet, um im Rahmen der UN-Friedensmission im Bundeswehrkrankenhaus der Hauptstadt Phnom Penh zu helfen. Anfang Mai 1993 war er nach Asien aufgebrochen, eine Reise um die ganze Welt. »Ein rein humanitärer Einsatz«, beruhigte er noch seine Mutter. Sie kamen, um zu helfen. Der Vietnamkrieg war mit dem Rückzug der Amerikaner beendet worden. Alexander Arndt versorgte nicht nur kranke UN-Einsatzkräfte, sondern vor allem die vielen Einheimischen, die nach Hilfe suchten und dem Krankenhaus bald den Namen »Haus der Engel« gaben. Die deutschen Sanitätssoldaten waren geachtet und beliebt. Nichts deutete auf einen plötzlichen Ausbruch von Gewalt hin.

Als Arndt am Abend des 14. Oktobers nach einem Abendessen in einem Restaurant zusammen mit zwei Kameraden zurück ins Quartier wollte, passierte ihnen ein banales, aber tödliches Missgeschick. Beim Durchfahren einer Pfütze bespritzte ihr Jeep drei Männer neben einem Motorrad. Die Kambodschaner nahmen wütend die Verfolgung auf und schossen in den Jeep der Deutschen. Arndt wurde mehrfach getroffen und starb wenig später – sechs Wochen vor seinem Heimflug, nach sechs Monaten Dienst im fernen Kambodscha. Die Täter wurden später festgenommen. Arndts Mörder war ausgerechnet ein Leutnant der kambodschanischen Polizei. Ein Mann, der sie eigentlich vor Unrecht schützen sollte. Der damalige Verteidigungsminister Volker Rühe von der CDU sagte in seiner Trauerrede, Alexander Arndt habe mit seinem selbstlosen Einsatz »gelebt, was die Maxime unseres Staates ist – Verantwortung wahrzunehmen, wo Schwächere auf unsere Hilfe angewiesen sind«.

Der sinnlose Tod des als »gutmütig wie ein Bär« beschriebenen Alexander Arndt löste 1993 in der Bundesrepublik heftige Debatten über den Einsatz von Bundeswehrsoldaten im Ausland aus. Mit einem Eilantrag vor dem Bundesverfassungsgericht versuchte die SPD den anstehenden Einsatz der Bundeswehr in Somalia zu kippen – und scheiterte. Der damalige Generalinspekteur der Bundeswehr, Klaus Naumann, bereitete in prophetischer Klarheit die deutsche Öffentlichkeit auf neue Opfer vor und sagte, es werde weitere tote Soldaten geben. Im gleichen Atemzug bekräftigt er die Notwendigkeit von internationalen Einsätzen der Bundeswehr als »die wohl unvermeidliche und richtige Konsequenz aus der Entwicklung unserer unruhigen Welt«. Eine Begründung, die man immer öfter hören würde. Sie gehört inzwischen zum Standardrepertoire deutscher Politiker, wenn es um Kritik an den Auslandseinsätzen der Bundeswehr geht. Auch in Afghanistan.

Wie viele Leben darf der Frieden am Hindukusch kosten? Am 22. Dezember 2001 erteilte der Deutsche Bundestag erstmals ein Mandat für den Einsatz der Bundeswehr in Afghanistan. Es war auf sechs Monate und 1200 Soldaten begrenzt. Dieser Einsatz mit seinen Opfern, von denen die deutsche Öffentlichkeit

nur eingeschränkt Notiz nimmt, dauert jetzt schon zehn Jahre an und damit länger als die sowjetische Invasion in Afghanistan oder der Vietnamkrieg. Für die Verlängerung des Mandats bis Januar 2012 stimmten am 28. Januar 2011 in namentlicher Abstimmung 420 Abgeordnete, 116 stimmten dagegen, 43 enthielten sich. Nach Auskunft des Bundesverteidigungsministeriums sind heute über 1005 geschützte Landfahrzeuge, 185 ungeschützte Landfahrzeuge und 96 Luftfahrzeuge der Bundeswehr und 5700 deutsche Soldaten in Afghanistan stationiert. Laut offizieller Berechnungen der Bundesregierung kostet der Einsatz in Afghanistan den Steuerzahler über 1,2 Milliarden Euro jährlich. Forscher am renommierten Institut für Wirtschaftsforschung kommen auf das Dreifache pro Jahr und damit auf 36 Milliarden Euro Ausgaben seit Beginn der Einsätze. Die Kosten für den Tod eines einzelnen deutschen Soldaten für die Gesellschaft berechnen die Forscher mit 2,3 Millionen Euro. Eine reine Kosten-Nutzen-Rechnung.
Unsere Alliierten in der ISAF trauerten an diesem 14. November 2005 um bereits 486 tote Soldaten der ISAF – Tausende Soldaten kehrten wie Tino schwer verletzt und für immer gezeichnet in ihre Heimat zurück.
2010 war das bisher blutigste Jahr in der Geschichte dieses Kriegs. Eine Bilanz des afghanischen Innenministeriums nennt die Zahl von 10 000 Opfern, darunter 2500 Zivilisten, die bei Attentaten der Rebellen oder bei Militäreinsätzen getötet wurden. Die ISAF beklagte allein 2010 insgesamt 711 getötete Soldaten, darunter neun deutsche Kameraden.

Letzter Abschied

1600 Soldaten der Internationalen Schutztruppe ISAF im Camp Warehouse verabschiedeten den Sarg mit Armin Franz, ihr Kommandeur Hans-Christoph Ammon sagte in der Trauerrede: »Die ISAF steht für Hoffnung und Zuversicht für dieses geschundene Land. Wir werden den Attentätern, Mördern und Hasspredigern nicht weichen. Wir bieten den hasserfüllten Eiferern trotzig die Stirn und lassen sie wissen: Jetzt erst recht!«

Am 21. November 2005, fünf Tage nach dem Anschlag, wurde Armin Franz in seinem fränkischen Heimatort Redwitz an der Rodach mit militärischen Ehren beigesetzt. Stefan Deuschl und Tino lagen noch immer im künstlichen Koma.

Abends in den Nachrichten kam eine kurze, lapidare Nachricht mit ein paar Bildern. Ansonsten blieb es seltsam ruhig in der Öffentlichkeit, es herrschte eine fast gleichgültig scheinende Stimmung. Das war es also mit dem Menschen Armin Franz. Hatte man sich schon an die Schrecken gewöhnt? Wollte man nichts mehr wissen von den Trauerfeiern für getötete deutsche Soldaten?

Was wissen wir über Armin Franz, der mit Tino im Auto saß, als die Bombe hochging? Franz hinterließ keine Familie – er war nicht verheiratet und kinderlos. Seine Eltern sind früh verstorben. Der ideale Soldat. Keine Familie. Keine weinende Ehefrau. Keine Kinder, die ohne Vater aufwachsen müssen. Keine Anträge für Hinterbliebenenversorgung. Die Öffentlichkeit hat Armin Franz schnell vergessen und geht zum Tagesgeschäft über. Und so bleiben oft nur die Trauerreden der Militärgeistlichen, die langsam in den Archiven vergilben werden, bis sich vielleicht nach Jahren oder sogar Jahrzehnten mal wieder jemand dafür interessiert, wer Oberstleutnant Armin Franz war.

Armin Franz war 44 Jahre alt, als er von der Bombe eines Attentäters zerrissen wurde, nicht »im Kampf gefallen« – eine Formulierung, die erst Verteidigungsminister zu Guttenberg einführte –, sondern »einsatzbedingt verstorben«, wie es in der Sprache der Bundeswehr damals noch hieß. Nach einem Ge-

setz, das der Bundeswehrverband erstritten hat, erhalten die Hinterbliebenen seit 2002 eine Entschädigung von 60 000 Euro pro Opfer, ohne sich langen bürokratischen Prozeduren unterziehen zu müssen. 60 000 Euro für das Leben eines Soldaten.
Sieben Jahre vor dem Anschlag hatte auch Armin Franz wie wir alle sein Testament gemacht. Und es wirft ein besonderes Licht auf diesen Menschen, wen er als seinen Erben eingesetzt hatte. Es ist nur ein kurzer Nachruf auf Seite 6 im Jahresrundbrief 2007 der Umweltstiftung Greenpeace. Dort steht: »Fast sieben Jahre zuvor hatte Armin Franz einen Notar in Kronach beauftragt, sein Testament aufzusetzen. Als Alleinerben benannte der unverheiratete und kinderlose Angestellte die Umweltstiftung Greenpeace. Er verfügte, dass das hinterlassene Vermögen in Höhe von rund 230 000 Euro dazu dienen soll, umweltschonende Techniken zu fördern.«
Die Zuwendung eines Soldaten, so heißt es weiter im Rundbrief mit deutlichem Erstaunen, habe sie, so die Vorsitzende der Greenpeace-Umweltstiftung Melanie Stöhr, »überrascht und berührt. Es freut mich, dass ein Soldat eine gewaltfreie und für den Frieden arbeitende Organisation bedenkt.«
Ich finde dieses Detail deshalb so interessant, weil sich hier zeigt, welchen Status die Soldaten immer noch in unserer Gesellschaft haben. Warum ist man »überrascht und berührt«, wenn sich Berufssoldaten für den Schutz von Natur und Umwelt engagieren? Weil Soldaten etwa nur töten und zerstören? Warum soll ein Soldat nicht auch Sympathien für eine gewaltfreie Organisation wie Greenpeace hegen? Frieden und Soldaten schließen sich doch nicht aus!
Armin Franz war Ingenieur und soll ein »Umweltfreak« gewesen sein, so sein Testamentsvollstrecker Gerhard Happ. Viel mehr weiß auch er nicht über den Verstorbenen zu berichten, denn Franz sei ein sehr stiller, aber guter Mensch gewesen, an den man nur sehr schwer herangekommen sei.

Armin Franz' Wunsch gemäß arbeitete die Umweltstiftung von Greenpeace 2005 an einem Konzept, um einen von Franz vorgeschlagenen Innovationspreis für Umwelttechnik auszuloben. Diesen Umweltpreis gibt es bis heute nicht. Zu aufwändig, so Greenpeace, wäre das Auswahlverfahren geworden. Und so gerät auch bei Greenpeace der Name des Soldaten Armin Franz in Vergessenheit.
In seiner Heimatstadt Redwitz gibt es bis heute keine Gedenktafel, die an den Einsatz von Armin Franz für sein Vaterland erinnert. Nach dem Attentat, so heißt es aus der Gemeindeverwaltung, habe von Seiten des Verteidigungsministeriums Auskunftssperre geherrscht, und zu viel Aufsehen sei unerwünscht gewesen. Die Toten sollten zum Schutz vor den Medienvertretern und zu viel Öffentlichkeit möglichst ohne Identität bleiben.
Auch später wurde das nicht korrigiert: Auf der Erinnerungstafel am Kriegerdenkmal für die Gefallenen der beiden Weltkriege in Redwitz wurde bis heute kein Nachtrag vorgenommen. Im Jahr 2005, so hieß es aus der Redwitzer Stadtverwaltung, sei Afghanistan schließlich offiziell kein Kriegsgebiet gewesen, und zudem sei Armin Franz ja nur ein Oberstleutnant der Reserve gewesen und somit gar nicht im aktiven Dienst gestorben. Ferner habe man auch Einwände des Denkmalschutzes berücksichtigen müssen. Für das kommende Jahr aber plane man, nach der Renovierung des Kirchplatzes über eine solche Gedenktafel zu sprechen.
Der Soldat Armin Franz hat kaum Spuren hinterlassen, in seinem Leben nicht und auch nicht in der Erinnerung seiner Mitbürger. Er war der ideale Soldat. Kaum einer hat etwas bemerkt von seinem Sterben für Deutschland. Und kaum einer wird sich daran erinnern. 44 Jahre Leben, das von einer Bombe im fernen Afghanistan ausgelöscht wurde und bald völlig vergessen sein wird.

Franz ist bestattet in einem schlichten Urnengrab auf dem Friedhof von Redwitz. Darauf nur sein Name, sein Geburts- und sein Sterbedatum und das Kreuz für gefallene Soldaten. Kein Wort, dass er am Hindukusch starb, um dort die Sicherheit und Freiheit der Deutschen zu verteidigen.

Tathintergründe und der Attentäter

Wohl ebenso schnell vergessen wie Armin Franz wird sein Mörder sein. Man kennt weder seinen Namen noch seine Nationalität. Der Einzige, der wirklich sagen kann, wie der Täter aussah, ist Tino, der ihm Sekunden vor Zündung der Bombe in die Augen gesehen hat. Den Blick des Unbekannten hat er bis heute nicht vergessen können.
Der Anschlag auf die Personenschützer aus Murnau am 14. November 2005 ist nur der Beginn einer ganzen Serie von Attentaten. 90 Minuten nach der ersten Explosion explodiert sechseinhalb Kilometer westlich von Camp Warehouse eine zweite Bombe. Während die Rettungsmannschaften aus dem amerikanischen Camp noch die Verwundeten des ersten Anschlags bergen und das Gelände nach weiteren Fallen absuchen, fährt ein Konvoi des griechischen ISAF-Kontingents nur 500 Meter vom Anschlagsort entfernt in eine Sprengfalle. Zwei griechische Soldaten und sieben afghanische Zivilisten sterben, darunter ein kleines Kind – es gibt Dutzende Verletzte. Die Route Violet ist blockiert. Nach Meinung der Sicherheitsexperten sollte die zweite Bombe die für den ersten Anschlag alarmierten Rettungswagen zerstören, die Bergung von Verletzten verhindern und für weiteres Chaos sorgen. Durch diese Verzögerungen bei der Bergung der Verletzten, so das Kalkül des Attentäters und seiner Hintermänner, würde die Zahl der Opfer noch steigen. Tatsächlich wären dann auch Tino und Stefan gestorben. Der Plan ist nur deshalb nicht aufgegangen, weil der Anschlag auf ihren Wagen praktisch direkt vor dem Haupteingang des amerikanischen Camps erfolgte und die Rettungseinheiten nur wenige Meter zu den Verletzten zurückzulegen hatten. Offenbar hatten die Terroristen das Ziel,

Kabuls wichtigste Verbindungsstrecke lahmzulegen und damit allen zu zeigen, dass sie selbst im Zentrum der Macht unter den Augen der ISAF-Kräfte ungehindert Schaden anrichten können.

Die ISAF-Kräfte waren entsprechend nervös, weil weitere Anschläge zu befürchten waren. Als ein Wagen mit einem jungen Afghanen am Steuer die Haltebefehle der Soldaten ignorierte und trotz Warnschüssen mit unvermindertem Tempo auf die Absperrungen am Anschlagsort zufuhr, eröffnen die Soldaten das Feuer. Der Fahrer starb im Kugelhagel. Der Bereich um das Auto mit der Leiche wurde weiträumig abgesperrt, weil die Soldaten die Fernzündung einer Autobombe nicht ausschließen konnten. Ein beliebter Trick, der im Irak schon Tausende das Leben gekostet hat: Die herbeiströmenden Neugierigen und Sicherheitskräfte werden in die Luft gesprengt, wenn sie nahe genug am Auto sind. Erst später stellte sich heraus, dass der Fahrer nur Haschisch geraucht und im Rausch die Warnsignale vermutlich nicht wahrgenommen hatte – er war gerade 18 Jahre alt.

Wenig später ging die Meldung über den Anschlag, der Armin Franz das Leben gekostet hat, beim Generalbundesanwalt in Karlsruhe ein. Immer, wenn deutsche Staatsbürger Opfer von Anschlägen im In- und Ausland werden und die innere oder äußere Sicherheit der Bundesrepublik Deutschland bedroht scheint, übernimmt der Generalbundesanwalt die Ermittlungen. Die Bundesanwaltschaft ist auf dem Gebiet des Staatsschutzes die oberste Strafverfolgungsbehörde. Sie residiert in einem hermetisch abgeschirmten Verwaltungskomplex in Karlsruhe, der von schwer bewaffnetem Personal bewacht wird. Der Generalbundesanwalt, seine Bundesanwälte, Oberstaatsanwälte und Staatsanwälte sind Beamte auf Lebenszeit. Viele Täter bringen sie zur Strecke durch etwas, was andere nicht haben: Zeit und Geduld. Ihre Waffen gegen die Bomben der Taliban sind Fahndung, Vernehmung, Hausdurchsuchung, Vorladung und meterweise Aktenschränke – ihre Armeen sind die Ermittler des Bundeskriminalamts und der Landeskriminalämter, die ausschwärmen, wenn es die Bundesanwaltschaft für notwendig hält. Das Bundeskriminalamt – kurz BKA – ist nach den Finanzämtern eine der mächtigsten Behörden Deutschlands.

Die Ermittlungen sind gesetzlich vorgeschrieben bei Attentaten von Terroristen auf deutsche Staatsbürger. In der Bundesanwaltschaft wird derzeit in 100 offenen Fällen ermittelt – allein im vergangenen Jahr kamen 80 neue Fälle dazu. Und das betrifft nur Afghanistan. In keinem einzigen dieser Verfahren wurde bisher ein Täter vor ein deutsches Gericht gestellt.

Das Attentat auf Tinos Wagen im November 2005 war ein Ausnahmefall. Bei Sprengfallen in den ländlichen Teilen Afghanistans ergeben sich fast nie Ermittlungsansätze. Meist kommen und verschwinden die Täter unbemerkt in der Nacht und es gibt keine Zeugen. Dieser Anschlag aber geschah mitten im angeblich gesicherten Stadtzentrum Kabuls, an seiner wichtigsten Verbindungsachse, an der viele internationale Organisationen und ISAF-Truppen ihre Hauptquartiere haben. Hunderte Menschen hatten den Anschlag gesehen. Vielleicht würde man eine Spur zu den Hintermännern aufnehmen können.

Zur Untersuchung der Hintergründe traf schon am Mittwoch nach dem Anschlag ein Team von Terrorismusexperten und Tatortermittlern des Bundeskriminalamts in Kabul ein. War der Anschlag nur eine Einzelaktion oder der Beginn einer neuen Taliban-Offensive gegen deutsche Einrichtungen und Soldaten? War der Wagen der VIP-Personenschützer vielleicht ganz gezielt ausgewählt worden? Wollten die Terroristen eine bedeutende deutsche Führungskraft, einen General oder Politiker, töten? Galt der Anschlag möglicherweise dem damaligen Generalbundesanwalt Kay Nehm, dessen Besuch für das

darauffolgende Wochenende angekündigt war, oder gar dem deutschen Kommandeur der ISAF-Schutztruppe, Hans-Christoph Ammon, wie im Lager bald kolportiert wurde?
Es ging auch um die Frage, was schiefgelaufen war. Gab es Sicherheitslücken im Personenschutz? Nach unbestätigten Gerüchten hatte die deutsche Botschaft in Kabul am Morgen des Attentats eine Anschlagswarnung herausgegeben, die, wie aus Kreisen der Bundeswehr verlautete, nicht an die ISAF-Kommandoebene und den deutschen Kommandeur im Camp Warehouse weitergegeben worden war. Die dortigen Sicherheitsbeamten des BKA dagegen seien vor einem drohenden Anschlag auf den deutschen Botschafter gewarnt worden. Selbst ohne diese täglichen Warnungen waren die Feldjäger mit ihrem gepanzerten Spezialfahrzeug ein auffälliges Ziel. Den ganzen Tag über waren Tino und Stefan mit VIP-Schutzpersonen durch Kabul gefahren, am Morgen zur Amani-Schule bei der deutschen Botschaft und danach zur Abholung des Kommodores von Termez vom Kabul International Airport. Das deutsche Lager im Camp Warehouse stand unter ständiger Beobachtung der Taliban-Spitzel. Die Autos der Feldjäger mussten bekannt sein – auch, dass sie meist wichtige Persönlichkeiten transportierten.

Der Zwischenfall

Am Freitag, zwei Tage vor dem Anschlag, hatte es einen Zwischenfall gegeben, der die Männer des Personenschutzkommandos in höchste Alarmbereitschaft versetzt hatte. Lange nach dem Erwachen aus dem Koma erinnerte sich Tino an die Ereignisse, und er fragt sich noch heute, ob sein Team nicht damals schon dem Attentäter begegnet war: »Am Freitagabend waren wir nach einem Besuchstermin mit drei Wolf auf der Rückfahrt ins Lager. Unser VIP war ein hochgestellter deutscher General, den wir seit dem Nachmittag zu seinen Terminen in Kabul und beim US-Headquarter gefahren hatten. Es war schon spätabends und wir waren in schneller Fahrt Richtung Lager unterwegs, als plötzlich ein anthrazitfarbener Toyota-Geländewagen aus einer Seitenstraße kam und sich ans Ende unserer Kolonne setzte. Er versuchte, mit aggressivem Hupen und dichtem Auffahren zu überholen und sich in die Mitte unserer Kolonne zu setzen. In solchen Fällen schert ein Sicherungsfahrzeug nach links aus und wir fahren versetzt, um das Überholmanöver zu blockieren. Meist verstehen die Einheimischen diese Warnung und drehen ab. Doch dieser Fahrer dachte nicht daran. Da links kein Durchkommen war, brach er nach rechts aus und versuchte über den Randstreifen zu überholen. Ein Toyota ohne Kennzeichen, der in eine geschlossene Militärkolonne drängt, das ist eine klassische Gefährdungssituation. In den nächsten Minuten entwickelte sich eine wilde Verfolgungsjagd, der Toyota rechts im Feld und wir auf der Straße. Es sprach viel dafür, dass von diesem Fahrzeug eine ernste Gefahr ausging, weil der Fahrer trotz deutlicher Zeichen sein Überholmanöver nicht abbrach. Er versuchte weiter, sich in die Kolonne hineinzudrängen – genau dort, wo die Zündung eines Sprengsatzes den größten Schaden angerichtet hätte. Wir standen unter großer Anspannung. Die Scheiben herunterkurbeln und mit der Waffe drohen oder gar schießen ging nicht – wegen seiner Panzerscheiben kann man im Wolf nur die Türen öffnen. Schießscharten, wie von den Soldaten in Afghanistan immer wieder gefordert, hatte der Wolf keine. Stefan hätte den beiden anderen Begleitfahrzeugen den Befehl geben können, den Fahrer mit Waffengewalt zu stellen. Eine solche Festnahme wäre ebenfalls lebensgefährlich gewesen, weil sich ein Attentäter bei Annäherung an sein Fahrzeug in die Luft hätte sprengen können. Zudem hätte Stefan mit dem General ohne Begleitschutz allein ins Lager zurückfahren

müssen – und keiner wusste, ob das gerade die Falle war und an der nächsten Ecke ein Hinterhalt auf uns gewartet hätte. Das sind alles die Szenarien, die man bei solchen unerwarteten Ereignissen in Sekundenschnelle durchgeht, um Entscheidungen zu treffen und Befehle zu geben, die über Leben und Tod entscheiden können. Das geht so schnell und man ist so mit Fahren, der Lageeinschätzung und dem Funkverkehr mit dem Team beschäftigt, dass wir noch nicht einmal Zeit hatten, Unterstützung anzufordern. Die Befehle, die über Funk von Stefan kamen, waren kurz und präzise. ›Tino, block ihn ab! Werner, er kommt, mach hinten zu!‹ Es gilt ständig, alle Eindrücke aufzunehmen, permanent die sich verändernde Lage einzuschätzen, den Überblick zu behalten – andererseits aber auch in Sekunden den Einsatz koordinieren. Wir haben uns auf nichts eingelassen und sind mit Vollgas ins Lager gefahren. In solchen Momenten greift die Vorschrift, dass der zu schützende VIP die höchste Priorität hat und jedem Konflikt zunächst durch erhöhte Fahrgeschwindigkeit aus dem Weg zu gehen ist. Der Toyota hat uns weiter verfolgt und ist erst abgedreht, als wir in den gesicherten Torbereich gekommen sind. Dass wir einen General als VIP im Auto hatten, gab natürlich Anlass zu Spekulationen.
Am Samstag saßen wir dann beim Kommandeur im Büro und sind alles noch mal durchgegangen. Stefan hat dem Kommandeur gesagt, dass ihm die Sache nicht gefalle. Der nächtliche Vorfall habe den Eindruck erweckt, als habe der Fahrer uns austesten wollen, unsere Strategie, solche Bedrohungen zu neutralisieren, unsere Reaktionsfähigkeit, unser fahrerisches Können. Hatten wir alles richtig gemacht? Unsere Kernaufgabe war, unseren VIP sicher aus einer Gefahrensituation zu bringen. Der General war gut im Lager angelangt und hatte sich, wie er sagte, in jeder Minute sicher gefühlt bei uns, was ein großes Lob war. Wir hatten umsichtig reagiert, waren keine

unnötigen Risiken eingegangen, und damit war der Auftrag erfolgreich erledigt. Wir dachten an diesem Abend noch lange über weitere Konsequenzen zur Sicherung vor solchen Zwischenfällen nach. Das Hinzuziehen weiterer Fahrzeuge bei VIP-Fahrten schien uns geboten. Zukünftig wollten wir weitere Backupfahrzeuge abseits der Kolonne in Bereitschaft halten, die bei solchen Zwischenfällen verdächtige Fahrzeuge abfangen, stellen und den Fahrer gegebenenfalls kampfunfähig machen sollten.

Wir gaben einen Bericht ab, und das Ganze geriet in Vergessenheit – es standen die nächsten Termine an. So beunruhigend alles auch gewesen war, es trat in den Hintergrund. Man verdrängt es, beschwichtigt, vielleicht war es wirklich nur ein Verrückter gewesen, ein Fahrer unter Drogeneinfluss, was häufiger vorkam. Vielleicht war es auch nur der angekratzte Stolz eines Stammeskriegers, der sich in seiner Ehre verletzt gefühlt hatte, weil er nicht an uns vorbeifahren durfte. Auch wenn uns der Zwischenfall beunruhigt hatte, war es doch etwas, womit man zu rechnen hatte. Natürlich gaben wir eine Beschreibung des Fahrers durch: dunkle Augen, Bart, schwarze Kopfbedeckung – das ist die Standardbeschreibung für alle Taliban und trifft auch auf ungefähr 99 Prozent der friedlich lebenden männlichen Bevölkerung Afghanistans zu. Es war genau das Täterbild, das ich drei Tage später mit dem Selbstmordattentäter vor mir hatte, kurz bevor er die Bombe zündete.«

Am Montag, als der Termin des Fußballturniers in der Amani-Schule anstand, hatte sich schon wieder alles beruhigt und keiner der Feldjäger dachte mehr an den Zwischenfall. Als der Anschlag kam, waren Tino, Stefan und Armin Franz allein unterwegs in einem Fahrzeug ohne Begleitschutz.

Kurz nach dem Anschlag traf ein gemailtes und ein schriftliches Bekennerschreiben vom Sprecher der Taliban bei verschiedenen Medien ein. Die Quelle ließ sich nicht ermitteln.

Spurensuche in Kabul

Wer also war der Attentäter? War es der Mann, der bereits am Freitagabend versucht hatte, die Formation von Tinos Feldjägerkonvoi aufzubrechen? War der deutsche ISAF-Kommandant sein Ziel? Das Team der Spurensicherung des Bundeskriminalamts in Wiesbaden übernahm die Tatortarbeit, die Zeugenbefragung, die kriminaltechnische Untersuchung – und die Leichenteile wurden im Zuge der Todesermittlungen obduziert, weil man versuchte, Rückschlüsse über die Wirkung des – wie es heißt – Tötungsmittels zu ziehen.

Der Mörder hat den Ermittlern, die schon am Mittwoch den Tatort untersuchten, nur wenige Spuren hinterlassen. Sein Körper wurde bei der Explosion völlig zerrissen, von seinem Gesicht und vom Schädel fanden sich am Tatort nur noch Fragmente – keine verwertbaren Körperkonturen, wie das in der Sprache der Ermittler genannt wird.

Die einzige nachverfolgbare Spur war das von der Explosion völlig zertrümmerte Auto. Anhand der Fahrzeugnummer im Motorblock wurde festgestellt, dass der Wagen ein dunkler Toyota Corolla war, der 1992 in Japan ausgeliefert und dort zugelassen wurde. Zwei Jahre später meldete der Halter ihn wieder ab. Das Auto wurde von Japan in die Arabischen Emirate exportiert und soll dort an einen pakistanischen Autohändler im afghanisch-pakistanischen Grenzgebiet verkauft worden sein. Wie die Fahnder vermuteten, haben Zwischenhändler den Toyota dann in seine Einzelteile zerlegt und durch den Iran über die unwegsame Grenzregion mit Eseln nach Afghanistan geschmuggelt. Daher gab es auch keine Zollbescheinigungen, die man hätte zurückverfolgen können. Ab diesem Zeitpunkt, irgendwann in Jahr 1995, verliert sich die Spur des Autos. Am Morgen des 14. November 2005 taucht es wieder in Kabul auf – voll beladen mit Sprengstoff. Im Täterfahrzeug waren zwei Sprengsätze untergebracht. Der eine war im Fußraum des Beifahrers mit einer Sprengstoffmenge von zehn Kilo TNT-Äquivalent deponiert. Der zweite Sprengsatz im Kofferraum des Autos kam nicht zur Zündung, weil er beim ersten Rammversuch gegen den Wagen der Personenschützer auf die Straße geschleudert wurde und nahezu unversehrt erhalten blieb.

Wie Sprengstoffexperten dokumentierten, bestanden beide Sprengsätze nach landesüblicher Bauart aus einem Schnellkochtopf, der mit einer Plastiktüte mit weißem Composition-B-Sprengstoff gefüllt war – eine militärische Sprengstoffart, hergestellt aus einem Hexogen- und TNT-Gemisch, ein hochbrisanter, giftiger Militärsprengstoff, der seit dem Zweiten Weltkrieg in großen Mengen hergestellt wird. Die Bombe wurde mit einem einfachen elektrischen Kontaktzünder vom Fahrer selbst zur Explosion gebracht. Einfache Bauteile, nichts Aufwändiges, sehr billig herzustellen. Keine Spuren. Die Detonationskraft war derart stark gewesen, dass am Explosionsort in der harten Straßendecke ein Krater zurückblieb, der etwa einen Meter lang, 70 Zentimeter breit und über zehn Zentimeter tief war. Die Wirkung des Sprengstoffs hatte das Täterfahrzeug vollständig zerstört und schwere Schäden am Bundeswehrfahrzeug hinterlassen.

Der Wagen des Attentäters war ein Rechtslenkerfahrzeug, wie er unter anderem im britischen Linksverkehr üblich ist. Daher wurde Tinos Auto auch an der rechten hinteren Beifahrerseite am stärksten beschädigt.

An persönlichen Gegenständen wurde in dem Trümmerfeld rund um den zerstörten Wagen nichts gefunden, was die Ermittler auf eine neue Spur geführt hätte, keine Personalpapiere, Fotos oder Ähnliches. Am Tatort fanden sie jedoch einen abgerissenen Unterschenkel, dessen Fuß noch in einem Schuh steckte und zweifelsfrei dem Attentäter gehört hatte. Das Bein steckte in einer Prothese. Nach dem Gutachten deutscher Orthopädieexperten entsprach sie von der Fertigungsqualität her durchaus westeuropäischen Standards. Eine Maßanfertigung für den Fuß des Attentäters war durchgeführt worden, und daher war die Prothese eine vielversprechende Spur. Würde man die Orthopädiewerkstatt finden, hätten die Ermittler Zugriff auf Fertigungsunterlagen und schnell den Namen des Attentäters herausgefunden sowie Zugang zu seinem Umfeld erhalten. Die Fahnder waren sicher, so an die Identität des Attentäters kommen zu können. Es war die einzige wirklich heiße Spur. Doch sie mussten bald feststellen, dass es weder in Afghanistan noch in Pakistan Orthopädiewerkstätten gab, die derart hochwertige Prothesen herstellen konnten. Weil sich keine weiteren Anhaltspunkte ergaben, verliefen die Ermittlungen im Sand. Das Skurrile an der Geschichte: Nach den Ergebnissen der Obduktion muss der Attentäter selbst in frühen Jahren Opfer einer Minenexplosion gewesen sein. Damals wurde ihm ein Teil des Beins amputiert – es war der rechte Fuß, wie bei Tino.

Das Bild vom Täter

Und so hat der Täter keine Spuren hinterlassen. Menschen, die Tino und mich nicht näher kennen, fragen uns manchmal: »Was denkt ihr über den Täter? Ihr müsst den doch hassen für das, was er euch angetan hat? Fragst du dich nicht manchmal, was einen Menschen antreibt, sich selbst in die Luft zu sprengen, um andere zu töten?«

Diese Menschen glauben uns nicht, wenn wir beide, ganz unabhängig voneinander, antworten, dass der Attentäter in unseren Gedanken gar nicht vorkommt. Wir räumen ihm einfach keinen Platz ein, denn jede Beschäftigung mit seiner Welt würde bedeuten, dass er erreicht hat, was er wollte: unsere Gedanken, unser Leben mit seinen wirren Ideen zu besetzen.

Wenige Tage nach Tinos Erwachen aus dem Koma kam im Auftrag des Bundeskriminalamts ein Zeichner an sein Krankenbett, um nach Tinos Angaben ein Phantombild des Täters anzufertigen. Er war der Einzige, der das Gesicht des Täters beschreiben konnte – Armin Franz war tot, und bei Stefan hatten der Schock und der hohe Blutverlust die Erinnerungen aus dem Kurzzeitgedächtnis gelöscht. Das Aussehen des Attentäters hatte sich tief in Tinos Gedächtnis eingebrannt. Seine Beschreibungen müssen sehr treffend und vom Zeichner perfekt umgesetzt worden sein. Mit dem Phantombild wurden Zeugen in Kabul vernommen, denen das Gesicht bekannt vorkam. Der Täter wird auf circa 40 Jahre geschätzt, dunkle Hautfarbe, dunkler Bart. Ein Zeuge behauptete, aufgrund der sehr dunklen Hautfarbe sei es eher ein Pakistani gewesen – aber das ist Spekulation. Es ergaben sich keine Hinweise.
Bisher hatte das Böse kein Gesicht. Aber als ich das fertige Bild zum ersten Mal sah, hatte es plötzlich Gestalt angenommen und sich auf diesem weißen Stück Papier materialisiert. Damals kam dieser kurze wütende Flash: Warum hast du uns das angetan? Aber das sind Fragen, die in die Leere führen und erschöpfen, weil es keine Antworten gibt. Und so haben wir es gelassen. Das Einzige, was manchmal kommt, ist das Gefühl, nicht verstanden worden zu sein. Denn wir sind mit der Überzeugung da runter – ich nach Sarajevo und Tino nach Afghanistan –, den Menschen wieder Frieden zu bringen, das Land aufzubauen, damit die Menschen dort eine Zukunft sehen. Wir wollten helfen.
Zum Glück hatten wir damals keine Zeit, uns in diesen sinnlosen Grübeleien zu verlieren. Damals hatten wir genug mit uns selbst zu tun. Es ging um Tinos Leben – die ganze Situation war so übermächtig besetzt von unserer Gegenwart, dass ein Nachdenken über die Motive und die Person des Täters ganz weit hinten stand. Außerdem gab es kein Zurück. Selbst wenn

man stundenlang über das Motiv des Attentäters nachdenkt, wenn man sich fragt, warum es ausgerechnet einen selbst getroffen hat, man kann nichts mehr an der Situation ändern – und wir brauchten unsere ganze Kraft für unsere Zukunft. Der Täter ist bis heute kein Thema zwischen mir und Tino. Wir geben dem keinen Platz, weil es uns schwächen würde, die Gegenwart und unser neues Leben zu lieben.

Die Kopie des Phantombilds haben wir damals wieder zerrissen, weil Erinnern bedeutet, dass der Täter in uns weiterlebt. Diesen Gefallen werden wir ihm nicht tun.

Die Befragungen durch das BKA waren sehr gut für Tino. Natürlich konnte er keine Angaben machen, was nach der Explosion auf der anderen Seite des Wagens passiert war – aber die Ermittler konnten aufgrund ihrer Nachforschungen bestätigen, was Tino geschildert hatte. Das war später besonders wichtig für Stefan, der an den Anschlag bis heute keine Erinnerungen mehr hat. Die Ermittler konnten Stefan und Tino bestätigen, dass sie aus professioneller Sicht als Personenschützer keinen Fehler gemacht hatten. Eine Verwundung durch Nachlässigkeit oder Schlamperei, das hätte einen so superkorrekten Soldaten wie Stefan mit seiner hohen Dienstauffassung schwer getroffen – selbst schuld zu sein, ein abwendbares Attentat nicht verhindert zu haben. Sie hatten nach Meinung der Experten alles richtig gemacht.

Die Ermittlungen zu diesem Anschlag sind am 11. März 2010 auf Veranlassung des Generalbundesanwalts eingestellt worden. Der Täter ist nachweislich tot. Über die Hintermänner liegen keine Erkenntnisse vor. Die als geheim eingestufte Akte mit den Ergebnissen soll angeblich acht Leitzordner mit je rund 500 Blatt umfassen und wurde im Bundesarchiv in Koblenz eingelagert. Die Aufbewahrungsfrist beträgt zehn Jahre ab Einstellung des Verfahrens. Am 11. März 2020 wird dieses Kapitel endgültig geschlossen und die Akte vernichtet, sollten die Archivare bis dahin zu dem Schluss kommen, dass der Tod des Oberleutnants Armin Franz und die schweren Verletzungen von Stefan Deuschl und Tino Käßner als »historisch nicht wertvoll« einzustufen sind. Und so entscheiden am Ende Archivare, wie wir unsere Toten ehren und wie historisch wertvoll es für unsere Gesellschaft war – das Leben und Sterben unserer Soldaten in Afghanistan.

Die Druckwelle erreicht Murnau

In der Heimatkaserne unserer Männer in Murnau hatten die Ereignisse tiefe Betroffenheit ausgelöst. Spieß Markus Eng machte sich zunächst Sorgen um die Moral der Truppe, entdeckte dann aber, dass das Leid, das auch mich und Tino näher zueinander brachte, die Einheit zusammenschweißt. Für uns war es später ein ganz besonderer Trost, als er über seine Erfahrungen berichtete: »Ich war insgesamt drei Tage in Koblenz. Als ich nach all dem Bangen und Hoffen Stefan und Tino auf der Intensivstation sehen konnte, hat mich das am stärksten berührt. Man hatte ja alle möglichen Befürchtungen, was da auf einen zukommt, wie schlimm sie zugerichtet sind. Einerseits war ich erleichtert, dass die beiden lebten und in Sicherheit waren. Andererseits habe ich zum ersten Mal unmittelbar erfahren, was es bedeutet, das ›heiße Ende‹ eines nicht gerade gewöhnlichen Berufs zu erreichen: Verletzung, Invalidität – und Tod. Bis heute erinnere ich mich an das erste Telefonat, das ich nach dem Besuch auf der Intensivstation in Koblenz am Abend des 15. 11. 2005 mit meiner Frau Daniela in Murnau führte, nachdem wir die grausame Wahrheit über die Verletzungen der beiden erfahren hatten. Es waren fast zwei Stunden des Weinens, der Hoffnung sowie des Mitgefühls für die beiden, in denen ich mit meiner Frau versucht habe, diese Flut von Gefühlen, meine Wut und meine Trauer zu bewältigen. Und nicht nur wir waren tief berührt. Als ich am nächsten Tag mit meinem Stellvertreter in der Werdenfelser Kaserne in Murnau telefonierte, klang der besorgt: ›Du, die gehen gar nicht mehr heim – die sitzen den ganzen Tag bis spät in die Nacht zusammen, reden, liegen sich in den Armen und weinen. Der Aufenthaltsraum ist gesteckt voll, keiner will weg und irgendeine Nachricht verpassen, wie es in Koblenz um die verletzten

Kameraden steht.‹ Alle waren aufgewühlt von den Ereignissen. Die fünfte Kompanie war im Bataillon schon immer als ein sehr eingeschworener Haufen bekannt gewesen mit einem sehr guten Zusammenhalt. Dass da zwei Kollegen und Freunde um ihr Leben kämpfen, musste natürlich eine tiefe Wirkung zeigen in unserem Team, aber das hatte es so noch nicht gegeben. Als Soldat und Vorgesetzter muss man natürlich auch auf die Moral der Truppe schauen. Da macht man sich als Spieß der Kompanie dann doch Gedanken: Was passiert da? Bröckelt da etwa die Moral? Werden wir erleben, dass viele den Dienst quittieren?

Durch das Telefonat mit meiner Frau hatte ich selbst erfahren, wie wichtig es jetzt sein würde, Trauer einfach mal zuzulassen, zuzuhören, aufzufangen, was mir anfangs innerhalb einer solchen militärischen ›Spezialtruppe‹ wie den Feldjägern mit ihren Personenschützern, Diensthundeführern und Ermittlern nicht einfach erschien. In der Vorstellung der meisten Menschen sind Soldaten nur harte Kerle. Aber so war es nicht. Bei jedem spürte man eine so tiefe Betroffenheit, eine Nachdenklichkeit, wie ich sie vorher nie erlebt hatte. Unser Aufenthaltsraum wurde zu einer Art Krisencenter, in dem die neuesten Nachrichten aus Koblenz ankamen und besprochen wurden. Aus der ganzen Bundesrepublik kamen Anfragen der anderen Feldjägerstandorte, Hilfsangebote und Grüße. Wir entdeckten, dass die Bundeswehr eine große Familie sein kann, die hilft, wenn einer von uns in Not ist. Das war ein starker Trost. Die Gespräche fanden immer innerhalb der Kaserne in unserem Kompaniegebäude statt und wurden nicht nach draußen getragen. Das war eine stille Abmachung. Die Kameraden saßen hier bis spät in die Nacht zusammen und führten Gespräche, sie haben Plakate und Genesungskarten angefertigt und auch ein Poster mit der Zugspitze, die wir im Krankenzimmer der beiden aufstellen würden. Ich denke, dass die ersten Tage nach dem Anschlag für alle Beteiligten, Kameraden, die Tino und Stefan kannten, die schwierigste Zeit war. In dieser Phase haben viele Soldaten unserer Einheit nach intensiven Gesprächen bis an die Grenze der Erschöpfung und der Hilflosigkeit miteinander erfahren, was es heißt und wie gut es tut, einfach mal zu weinen oder den Kameraden in den Arm zu nehmen, was unter Männern in Uniform ja eigentlich ein Tabu ist. Ja, wir haben geweint – manchmal habe ich sogar angefangen, was es den anderen auch erleichtert hat, diese tiefe, schmerzende Erfahrung über den Verlust eines Kameraden und die schweren Verwundungen von Tino und Stefan auch mal mit einer Umarmung oder Tränen zu bewältigen. Das war sehr wichtig für uns alle und auch eine menschlich sehr wertvolle Erfahrung: Die Fähigkeit, zu trauern und Mitgefühl zeigen zu können. Ich glaube, aus dem Alter ist man raus, dass man sich als Mann für seine Tränen schämen muss. Im Gegenteil verleiht es einem neue Stärke, wenn man das zulassen kann. Es erleichtert und gibt einem Kraft, immer wieder auf die Betroffenen zuzugehen. Nach diesen Erfahrungen kann ich zu der alten Frage ›Dürfen Soldaten weinen?‹ nur die Aussage treffen: Sie dürfen nicht nur weinen, sondern sie *sollen* es sogar! Weil es hilft.

Die intensiven Gespräche setzten sich auch in den Familien fort. Viele Ehepartner hatten Fragen und Ängste. Es war eine Zeit, in der sich mein eh schon sehr zeit- und arbeitsintensiver Beruf als Spieß der Kompanie auch in meinem eigenen Familienleben so sehr breitmachte, wie ich es zuvor noch nie erlebt hatte. Meine vier Kinder waren damals vierzehn, dreizehn, sieben und sechs Jahre alt und gingen mit den Kindern von Stefan Deuschl in die Schule oder zum Fußballspielen. Auch für sie gab es nur ein Thema: Tino und Stefan. Wie geht es ihnen? Wie sehen die Verletzten aus? Brauchen sie jetzt einen Rollstuhl? Genesungsbilder für Tino und Stefan wurden gemalt, und in manchen ›schlaflosen‹ Nächten mussten selbst meine Kinder getröstet werden. Ich hatte zum Glück meine Frau an meiner Seite, mit der ich sehr intensiv über alles sprechen konnte. Ich kenne meine Frau seit 25 Jahren – 20 Jahre davon sind wir verheiratet, und bei uns ist die Liebe noch so stark wie am ersten Tag. Wir erzählen und hören uns stundenlang zu und führen eine super Ehe. Ich habe ihr sehr viel erzählt, sie war eine echte Stütze und tageweise in der Kaserne mit unseren Soldatinnen zusammen. Ich hatte damals sieben Soldatinnen in meiner Kompanie und dachte, dass es für sie bestimmt leichter wäre, bei einer Frau ihr Herz ausschütten und weinen zu können als bei einem Mann, der dann doch irgendwie der Vorgesetzte bleibt.

Im Nachhinein hat sich bewiesen, dass die Sorge um die Moral unserer Kompanie gegenstandslos war. Die Soldaten hatten im Gegenteil gemerkt, dass sie wirklich zu einer Einheit gehören – nicht nur militärisch, sondern auch menschlich. Ich habe das erste Mal in aller Tiefe erlebt, was Kameradschaft bedeuten und auslösen kann. Und ich habe die Erfahrung gemacht, dass das einzig Richtige in dieser Situation ist, für alle Gespräche ganz offen zu sein und vor allem alle möglichst umfassend und offen zu informieren. Ich glaube, dass jeder hier noch einmal sehr intensiv auf die Frage zurückgeworfen wurde, warum er seinen Dienst in der Bundeswehr leistet. Viele sind durch die Ereignisse an einen Punkt gekommen, an dem sie noch einmal prüfen konnten, ob sie ihren Dienst aus Überzeugung leisten. Diese Frage konnten die allermeisten mit Ja beantworten. Im Nachhinein hat keiner der Soldaten den Dienst quittiert, und auch jetzt sind wieder einige Kameraden in Afghanistan im Einsatz. Der Attentäter, der mit seiner Bombe töten, zerstören und Unruhe in Deutschland auslösen wollte, hatte bei uns in der Kompanie sein Ziel verfehlt. Wir waren damals bereit, alles zu tun, dass Tino und Stefan das später auch von sich sagen könnten.

Was hat sich für mein eigenes Leben geändert? Wenn ich heute immer häufiger Nachrichten von verletzten oder sterbenden Soldaten höre, dann geht mir das ganz schön unter die Haut. Blitzartig ist das Gefühl wieder da und eine Art Beklemmung steigt in mir auf, wenn es schlimme Gewissheit wird, dass wie bei uns damals Kameraden, Angehörige sowie Verwandte trauern und für ihren Sohn, Bruder, Enkel, Tochter oder Mann oder Frau im Einsatz beten. Ich merke, dass ich die Ereignisse von damals noch nicht vollständig verarbeitet habe. Während der ganzen Zeit von der Nachricht über den Anschlag bis zur Entlassung der beiden aus dem Krankenhaus war ich sehr intensiv mit allem beschäftigt. Gespräche mit Angehörigen, Anträge an die Bundeswehrverwaltung – ganz besonders intensiv aber mit den Reaktionen der anderen Kameraden. Man hat ja stundenlang zugehört; ich wollte das rausziehen aus den Männern, damit sie wieder den Kopf frei bekommen. Da hatte ich mir selbst ein bisschen die Funktion eines Müllschluckers zugedacht, der alle Probleme aufnimmt – ohne aber selbst die Möglichkeit zu haben, das irgendwo wieder zu entsorgen und abzustreifen. Ich bin noch heute nicht fertig damit und voll mit diesen Ereignissen.

2005 hat noch keiner vom einem ›Krieg in Afghanistan‹ geredet. In dieser Zeit der großen Anteilnahme für zwei Kameraden, die schwerstverletzt im Krankenhaus lagen, weil sie – geschickt von unseren Politikern – für unser Land ihren Dienst geleistet haben, gab es in den deutschen Medien nur zwei Themen, die tagelang Schlagzeilen machten: Das erste war der Wechsel von Michael Ballack, der seine Karriere 1988 vor der Wende beim FC-Karl-Marxstadt in Tinos Heimatstadt Chemnitz begonnen hatte, für ein jährliches Einkommen von 6,75 Millionen Euro zum FC-Chelsea nach England. Und das zweite Thema war Dieter Bohlen und die neueste Staffel von *Deutschland sucht den Superstar*. Im Gegensatz dazu fanden

der tote Bundeswehrsoldat Armin Franz sowie meine verletzten Jungs in der deutschen Öffentlichkeit kaum Aufmerksamkeit. Irgendwie hätte ich mir, genau wie meine Kameraden, in dieser Zeit von der Öffentlichkeit mehr Zuspruch und Hilfe erwartet. Vielleicht liegt das fehlende Interesse an der Arbeit der Bundeswehr daran, dass ein kleiner Junge in Deutschland lieber Fußballstar oder Popstar bei *DSDS* wird und Feldwebel bei der Bundeswehr anscheinend nicht zu den Traumberufen zählt.
Ich denke, dass ich für alle spreche, wenn ich sage: Kein Bundeswehrsoldat, der sich im Moment im Auslandseinsatz befindet – wie auch Tino und Stefan damals –, erwartet Dankbarkeit von Seiten der Gesellschaft. Was wir aber alle wünschen und was allen in der Bundeswehr und unserer Gesellschaft guttun würde, ist Anerkennung und Aufmerksamkeit für den Dienst, den wir für unser Land im Auftrag des deutschen Parlaments im Ausland leisten. Wir Soldaten haben deshalb nicht verstanden, warum es Diskussionen gab, ob die Frau des Verteidigungsministers mit nach Afghanistan fliegt und ob man von dort eine Talkshow sendet – wir fanden das sehr mutig und für uns war es ein Zeichen, dass wir vielleicht mehr Öffentlichkeit bekommen, die wir für unseren Job benötigen. Denn wir Soldaten sind nicht zum Spaß in Auslandseinsätzen unterwegs, sondern mit einem Auftrag. Wir wurden vom deutschen Volk dorthin befohlen. Jeder von uns könnte prima an seinem Standort in Deutschland gemütlich Dienst tun, ganz ohne Gefahr für Leib und Leben.«

Tino erwacht aus dem Koma

Während die Kameraden von Tino und Stefan in Murnau mit uns um Armin Franz trauerten, hofften und weinten und die Spezialisten des Bundeskriminalamts in Kabul erste Nachforschungen über das Attentat anstellten, mussten wir uns der unabänderlichen Wahrheit stellen: Tinos Unterschenkel war ab. Die Ärzte wollten Tino noch bis zum Wochenende im Koma lassen und am Samstag langsam ins Bewusstsein zurückholen. So vergingen Donnerstag und Freitag wieder mit Warten. Warten in der Cafeteria des Krankenhauses. Sinnlose Spaziergänge durch Koblenz. Warten im Hotelzimmer. Abends Telefonate mit meiner Mutter.

Am zweiten Tag nach unserer Ankunft kamen unsere Betreuer, zwei Pfarrer. Einer evangelisch, der andere katholisch. Während die evangelische Pfarrerin wohltuend zurückhaltend war, kamen wir mit dem katholischen Pfarrer überhaupt nicht zurecht. Der wollte uns Vorschriften machen, wann wer zu Tino ins Zimmer darf. Unser bester Freund aus Tinos Kompanie, Mario, sollte überhaupt nicht hinein dürfen. Dem ist dann der Kragen geplatzt, und er hat dem Pfarrer deutlich gesagt, dass er das wohl am allerwenigsten bestimmen dürfe, wer zu Tino darf; das stehe nur den Ärzten zu oder den Familienangehörigen. Der Pfarrer berief sich auf seine Vorschriften – so hatten wir uns den himmlischen Beistand nicht vorgestellt. Ich erzähle das, weil dieser Pfarrer ein paar Tage danach am Bett von Stefan stand, als der aus dem Koma erwachte. Aber dazu später.

Eine Begegnung der anderen Art hatten wir kurz darauf. Das Krankenhaus meinte es gut und wollte uns ein Psychologenteam an die Seite stellen, vor allem zur Betreuung unserer Männer wegen der Amputation. Kein Mensch konnte vorher-

sehen, in welchem mentalen Zustand die beiden aus dem Koma aufwachen würden. Wie würden sie die Nachricht der Amputation verkraften? Viele Patienten – vor allem Männer – sind nach einer Amputation selbstmordgefährdet. Sie fühlen sich minderwertig, verunstaltet und finden sich nur schwer mit ihrer Behinderung ab. Tino und Stefan waren nach allen psychologischen Erfahrungen allein schon wegen ihrer Sportbegeisterung extrem gefährdet. Nicht nur zum Schutz vor der Presse hatten die Mediziner sie in den 4. Stock auf die Station für Brandverletzte verlegt. Diese Abteilung hatte keine Fenster, die man öffnen konnte. Hier würde sich niemand aus einer Kurzschlusshandlung heraus aus dem Fenster stürzen können. Um diese kritische Phase meistern zu können – der Normalbürger ist ja nicht geschult, er steht solchen Krisen hilflos gegenüber und kann sich nur auf seinen gesunden Menschenverstand verlassen –, stellt die Bundeswehr den Betroffenen psychologische Berater an die Seite.
Am Mittwoch stand also das erste Gespräch mit diesen zwei Beratern an. Ich ging mit Stefans Frau Vio zu dem Termin. Das Koblenzer Krankenhaus hat lange, dunkle Tunnelgänge, und hier kamen uns die beiden Psychologen, die Tino und Stefan später betreuen sollten, entgegen. Sie öffneten uns die Tür ins Besprechungszimmer, und als wir in den hellen Raum traten, glaubten wir erst nicht, was wir sahen. Ich schaute Vio an. Vio schaute mich an. Einer der Psychologen hatte schwarze Lockenhaare, buschige Augenbrauen und einen mächtigen schwarzen Bart. Unter seinen schwarz glitzernden Augen ragte eine markante Nase aus seinem dunkelbraunen Gesicht. Freundlich und in perfektem Deutsch sagte er: »Ich bin jetzt Ihr Psychologe.«
Uns beiden, Vio und mir, kam das wie ein schlechter Scherz vor: Das also war das Gesicht, in das Tino und Stefan schauen sollten, wenn sie aus dem Koma aufwachen würden? Ein Ge-

sicht, bei dem sie wahrscheinlich impulsiv annahmen, dass sie noch in Afghanistan seien, ein Gesicht, das sie wahrscheinlich als bedrohlich, als das Gesicht eines feindlichen Taliban identifizierten. Zu diesem Menschen – egal wie kompetent er fachlich war – würden die beiden niemals Vertrauen fassen können. Nicht nach dem, was sie erlebt hatten. Wir waren sicher, das würde nicht klappen, wenn es schon bei uns Frauen einen derartigen Ruck gegeben hatte. Wir waren beide völlig entgeistert und ich flüsterte: »Vio, das kann doch nicht wahr sein!« Vio flüsterte zurück: »Wir müssen sofort was sagen, das geht gar nicht!«

Es stellte sich heraus, dass der afghanisch aussehende Psychologe Grieche war. Er und sein Kollege waren zunächst irritiert, als ich sagte, dass Tino und Stefan Schwierigkeiten haben würden, mit ihm vertrauensvoll zusammenzuarbeiten und wir unseren Männern einen möglichen Schock nicht zumuten wollten. Das läge rein am Äußeren und an der besonderen Situation, die die beiden durchlebt hatten, und habe nichts mit seiner ärztlichen und psychologischen Qualifikation zu tun. Die Ärzte wirkten betroffen und gaben zu, diese Schwierigkeit nicht bedacht zu haben. An Stelle des griechischen Psychologen, der ein ausgesprochen freundlicher Mensch war, wurde uns daraufhin ein weißhaariger, älterer, sehr europäisch wirkender Kollege zugeteilt.

Was muss nicht alles bedacht werden nach solchen Anschlägen! Es ist ja nicht nur der Körper schwer verletzt, auch die Seele hat ihre Wunden abbekommen. Damit nicht genug: Die Sprengsätze der Attentäter zielten ja auch auf die Familie im Heimatland, die Partnerschaft, das Vertrauen und alle gewohnten Lebensweisen des Opfers. So eine Explosion, denke ich heute oft, wirft alles durcheinander – und man muss die Trümmer all dessen, an das man gewohnt war und was sicher schien, langsam wieder zusammensuchen, ordnen und neu zusammenbauen. Denn für das, was da passiert, gibt es keine Gebrauchsanleitung, keinen Bauplan. Dieser Prozess braucht unendlich viel Zeit, Fürsorge, Liebe und Vertrauen, damit das Leben auch nach so einer tiefen Krise wieder möglich wird. Dieses neue Leben hat große und gute Chancen, wenn man nicht alleine ist, auch das haben Tino und ich erfahren. Der Partner und die Familie sind wichtig. Ein intaktes soziales Umfeld, Freunde, Vereinsleben, Hobbys und bei Tino natürlich seine Kameraden. Und von allen würden Tino und Stefan sehr viel Zuwendung brauchen und erfahren.

Die ganze Zeit über waren vier Feldjäger zu unserer Betreuung abgestellt, die uns in allem unterstützten und uns viel von der Last abnahmen, Formulare auszufüllen, Behördengänge zu erledigen. Abends sind wir alle zusammen essen gegangen – einfach, damit man ein bisschen aufgefangen war. Es war für uns ungemein wichtig, diese stille, helfende Unterstützung zu bekommen. Dafür sind wir unglaublich dankbar. Durch die Hilfe der Kameraden fühlten wir uns aufgehoben, und wir waren froh, dass man uns ganz normal behandelte.
Immer wieder musste ich nämlich erleben, dass Menschen in einen regelrechten Schockzustand gerieten, wenn ich sagte, dass ein Selbstmordattentäter in Kabul meinen Freund schwer verletzt hat. So wie damals bei meinen Kollegen in der Werbeagentur, als die Feldjäger mich abgeholt hatten. Das nächste Erlebnis dieser Art hatte ich, als ich eine Bekannte aus meiner Bonner Zeit im Sanitätsdienst auf dem Krankenhausgang wiedertraf. Zunächst mal ein freudiges: »Hey, was machst denn du hier, lange nicht gesehen, wie geht's denn so?« Ich dachte kurz nach, was sage ich jetzt? Und antwortete kurz: »Mein Freund liegt hier.« »Wieso, was hat er denn?« »Der war bei dem Anschlag in Kabul dabei letzten Montag.« Und dann fiel bei meiner Bekannten mit einem »Ummmpf« erst mal

die Kinnlade runter. Thema ganz schnell gegessen, und weiter ging's eilig zu wichtigen Terminen. Damit konnte sie nicht umgehen, denn der Tod in Afghanistan war kein Unfall, kein Unglück – sondern etwas Fremdes, das nicht in das eigene Lebensumfeld passte. Man hörte zwar immer mal von entfernten Bekannten, die jemanden über drei Ecken kannten, der in Afghanistan getötet oder verwundet worden war. Aber direkt kam man mit solchen Schicksalsschlägen selbst in der Bundeswehr kaum in Berührung. Genauso war es für viele Kameraden ein Tabuthema; schon aus Selbstschutz wurde über Todesgefahren auch in der Familie wenig gesprochen, weil man seine Angehörigen nicht unnötig beunruhigen wollte. Auch in den Medien war darüber fast nichts zu lesen. Das Sterben und Leiden der Opfer, die langwierige Behandlung der Verletzten und Traumatisierten – das fand unter Ausschluss der Öffentlichkeit statt, auch weil die Bundeswehr über tragische Ereignisse umgehend eine Nachrichtensperre verhängte. Vermutlich aus Rücksicht auf die Bevölkerung und vor allem wegen der Akzeptanz des Afghanistaneinsatzes hielt auch die Bundesregierung eine zu offene Medienberichterstattung für nicht angebracht. Offiziell lief das Engagement in Afghanistan noch immer als »humanitärer Einsatz«. 2010 hat der Deutsche Bundestag die Rekordsumme von 1,1 Milliarden Euro für die deutsche Beteiligung der inzwischen 5350 Soldaten am ISAF-Einsatz bewilligt – die direkten Kosten des Militäreinsatzes der Bundeswehr werden damit in nur einem Jahr voraussichtlich so viel Geld verschlingen wie die gesamte zivile Wiederaufbauhilfe Deutschlands für Afghanistan von 2001 bis 2010, wie eine Anfrage aus dem Plenum des Bundestags ans Licht bringt. Schleichend war aus dem einst geplanten humanitären Einsatz ein Militäreinsatz geworden.

Auch Tino und Stefan wurden von der Öffentlichkeit abgeschirmt. Über die beiden Patienten ganz oben im 4. Stock hatte das Verteidigungsministerium eine Nachrichtensperre verhängt. Es gab nur eine kurze Presseerklärung des Krankenhauses. Einmal standen Presseleute an der Pforte des Krankenhauses – sie wurden jedoch weggeschickt. Uns hat auch nicht interessiert, was in den Zeitungen steht. Wir hatten genug mit uns selbst zu tun. Im Fernsehen nahmen wir Ende der Woche mehr nebenbei einen kurzen Bericht über die Beerdigung von Oberstleutnant Armin Franz in seiner Heimatstadt wahr, überrascht, wie schnell man stirbt und unter die Erde kommt. Wir aber hatten keine Kraft, uns weiter darum zu kümmern oder zu trauern. Wir waren leer, erschöpft und mit dem Rest unserer Kraft völlig bei Tino und der Frage, wie er, wie wir aus dieser Krise heil herauskommen würden.

Rückkehr aus dem Koma

Freitagabend habe ich erste Veränderungen in Tinos Zustand bemerkt. Als wenn durch all seine Drähte, Kabel und Schläuche langsam wieder Leben in ihn zurückfließen würde. Die ersten Tage war Tino wie ein Toter aufgebahrt in seinem Bett gelegen, jetzt aber sah ich leichte Bewegungen in seinen Körper, ein Zucken der Muskeln. Tinos Augäpfel flackerten unruhig hinter den geschlossenen Lidern hin und her, als würde er schwere Träume erleben. Der Arzt sagte, man würde ihm für die Nacht nochmals Narkosemittel geben, damit er im Koma bleiben und erst am Samstagmorgen langsam wach werden könnte. Er sollte wieder in seinen natürlichen Tag-Nacht-Rhythmus zurückfinden und ins Leben zurückkommen, wenn es draußen hell war. Am Samstagmorgen also würde Tino auch mich wiedersehen.

Es war für mich eine sehr unruhige Nacht, denn ich wusste ja nicht, ob er wirklich alles heil überstanden hatte. Viele Fragen geisterten durch meinen Kopf: Erkennt er mich? Was weiß er noch von dem Anschlag? Hat er durch den Schock oder während des Komas seine Erinnerungen verloren? Ich spürte Panik in mir aufsteigen. Wie würde Tino auf den Verlust seines Beins reagieren? Wie sollten wir ihm das beibringen, ohne ihm den Lebensmut zu nehmen?

Das Aufwachen aus dem Koma ist ein sehr heikler Moment. Ein Stück Wiedergeburt, bei dem selbst die Ärzte nicht genau sagen können, wann sich der Patient in sein Bewusstsein zurückgekämpft hat. Alles hängt davon ab, wie schnell der Körper die Reste der Narkosemittel abbaut. Die Ärzte legen heute immer großen Wert darauf, dass die Angehörigen in der Phase des Aufwachens beim Patienten sind. Vertraute Gesichter helfen ihm, sich schneller zurechtzufinden und Erinnerungslücken zu schließen.

Nur langsam lichtete sich der dichte Nebel, der Tino die vergangenen sechs Tage gefangengehalten hatte. Zuerst hat er, wie die Ärzte mir sagten, vermutlich nur das Alarmfiepen der Überwachungsgeräte gehört, Stimmengewirr, hat den Druck des Beatmungsschlauchs gespürt, gegen den sein eigener erwachender Atemrhythmus ankämpfte. Immer wieder fiel er aus diesem Dämmerzustand zurück in neuen Schlaf. Als er wieder aufwachte, hörte er Stimmen, die seinen Namen riefen. Er verspürte Durst, sein Mund war trocken, und eine warme Welle neuer Schmerzmittel, die den Würgereiz gegen den Beatmungsschlauch unterdrücken sollten, bis er wieder selbst die Kontrolle über die Atmung übernehmen konnte.

Beim Erwachen aus dem Koma reicht die Kraft für die eigene Atmung anfangs oft nicht aus. Ohne künstliche Beatmung würde die Lunge kollabieren und der Patient beim Einschlafen ersticken. Sich bewegen, nach Hilfe rufen, den Tod abwenden könnte er nicht, Arme und Beine sind bleischwer, ohne jede Kraft vor Müdigkeit und den Nachwirkungen der Narkose. Der Beatmungsschlauch wird deshalb erst entfernt, wenn die

Selbstatmung des Patienten stark genug ist. Der Dämmerschlaf wechselt mit kurzen Wachphasen. Die eigene Körperwahrnehmung wird wieder intensiver. Jetzt können erste Wundschmerzen dem Patienten zu schaffen machen, die rasch durch Schmerzmittel unterdrückt werden. Der Patient wird von Stunde zu Stunde wacher. Das Leben kommt zurück. Es ist wie eine neue Geburt in ein von Grund auf verändertes Leben. Während sich Tinos Körper in diesem Ausnahmezustand des Wiedererwachens befand, war permanent eine Pflegekraft bei ihm. Am Samstagmorgen um 8 Uhr 30 goss ich gerade heißen Kaffee in unsere Tassen, als die Stationsschwester anrief, dass Tino am Aufwachen sei. Wir sollten schnell kommen und standen 15 Minuten später an seinem Bett.

Ich wusste nicht, was mich erwarten würde. Mit dem Anschlag und Tinos Verletzung waren die Karten auch für mich wieder völlig neu gemischt. Was würde aus unseren Plänen werden, würde das alles noch Bestand haben, wovon wir geträumt hatten? Wir wollten heiraten, eine Familie gründen und ein Haus bauen. Als Frau träumt man von einer unbeschwerten Partnerschaft, einer schönen Zeit, die man gemeinsam erlebt – da passen Krankheit und Invalidität absolut nicht rein. Das ist die völlig andere Abteilung: ein Albtraum. Seit der Nachricht vom Anschlag hatte ich nur einen Gedanken: Hoffentlich hat er nichts am Kopf, ist entstellt oder geistig behindert. Ich bin wirklich kein Held, nur grundehrlich, wenn ich ganz offen sage: Wäre das so gewesen, denke ich, dass ich es nicht geschafft hätte. Eine geistige Behinderung und Pflegebedürftigkeit des Partners hätte bedeutet, mein eigenes Leben völlig aufzugeben. Wir waren nicht verheiratet. Ich war noch jung, mein Leben lag noch vor mir. Wäre ich verpflichtet, auf mein eigenes Leben zu verzichten für einen Menschen, der mich gar nicht mehr erkennt? Wäre es Verrat gewesen, wenn ich Tino verlassen hätte, um mir eine neue Existenz aufzubauen? Das war der Gedanke, der mich stark belastete: Was ist, wenn Tino geistig behindert ist? Wie würde ihn der Verlust des Beins verändern? Viele Amputierte stürzen in eine lebenslange Depression. Wenn uns vor seinem Erwachen aus dem Koma jemand gefragt hätte, ob er das packt, wir hätten alle – seine Mutter, seine Schwester und ich, jeder, der ihn gut kannte – unisono gesagt, dass er damit nicht fertig werden würde. Tino ohne Sport – das war undenkbar. Wir dachten alle an den Sommer in Rügen. Und befürchteten eine Katastrophe. Wir hätten mit allem gerechnet, nur nicht mit dem, was dann kam, als wir die Intensivstation betraten.

Ich werde Tinos Schwester Heike nie vergessen, wie sie beim Hineingehen fröhlich in Richtung Tinos Bett losposaunte: »Guten Morgen, Schlafmütze, aufwachen!« Typisch Krankenschwester, dachte ich noch, immer positiv drauf. Tino dämmerte vor sich hin, die Augen geschlossen. Ich setzte mich neben ihn aufs Bett und begann, ihm die Wangen zu streicheln. Was würde er als Erstes sagen? Würde er überhaupt sprechen können? Würde er wach werden oder lethargisch und leer vor sich hinstarren und uns alle gar nicht wahrnehmen? Alles war möglich.

Tino öffnete langsam die Augen und es dauerte einen Augenblick, bis er seine Umgebung erfasste. Er sah uns völlig fassungslos an, dachte wohl zunächst, er sei noch in Kabul, sah dann aber plötzlich seine ganze Familie, Mutter, Schwester, Vater, starrte mich an und sagte den Satz, den keiner in so einer Situation erwarten würden: »Häää? Was macht ihr denn hier?«

Tino ist wieder ganz da

Tinos letzte Erinnerung vor dem Filmriss war die Hand des deutschen Bundeswehrarztes auf seiner Schulter im Feldlazarett der Amerikaner gewesen. Im Moment des Aufwachens schloss seine Erinnerung genau an diesem Punkt an. Daher konnte er sich keinen Reim darauf machen, wie wir so schnell aus Deutschland nach Kabul gekommen waren, wie er zunächst dachte. Er sah so verdutzt aus, dass wir kurz lachen mussten. Aus Erleichterung. Okay, er war wieder im Spiel. Er hatte uns erkannt. Das war es, was zählte. Mit seinem »Häää, was macht ihr denn hier?« hatte er gezeigt, dass er seine Umwelt klar erfasste und alles normal zu arbeiten schien. Das war alles, was ich von diesem Moment verlangt hatte. Jetzt käme die Sache mit dem Bein!

Ich war schon dabei, Luft zu holen und anzufangen, als uns Tinos nächster Satz förmlich umhaute. Ohne auch nur mit einem Blick sein Bein zu würdigen, sagte Tino nur: »Dieser scheiß Phantomschmerz!« Ich habe in diesem Moment wirklich die Luft mit einem »Puuuh« ausgestoßen und dachte: Er weiß, dass sein Bein ab ist.

Und da ging bei uns der Blick rum. Von mir zu Heike, von Heike zu Tinos Eltern, von Tinos Vater zu Tino. Wir dachten alles dasselbe: Woher wusste Tino, dass man seinen Unterschenkel amputiert hatte? Er war im Koma gewesen. Das Wort Phantomschmerz verwendet jemand ja nur, wenn er weiß, dass was weg ist. Woher also? Vielleicht hatte er kurz nach der Explosion schon erfasst, dass sein Bein nicht zu retten war, als er versucht hatte aufzustehen und der Fuß ihm schon nicht mehr gehorchte. Vielleicht hatte er auf dem Transport ins Feldlazarett aus den Reaktionen der Sanitäter und Ärzte schließen können, wie schwer er verletzt war. Vielleicht bekommt ein Mensch im Koma auch mehr mit, als wir wissen. Ärzte sagen, dass sie deshalb mit Komapatienten so sprechen, als wären diese wach. Wir wissen es bis heute nicht. Tino selbst hat keine Erklärung dafür. Für uns alle, die wir im Zimmer standen, war es jedenfalls eine unglaubliche Erleichterung, dass wir es ihm nicht mehr sagen mussten.

Für Tinos Eltern war es ein neuer Schock, ihren beinamputierten Sohn zu sehen. Seine Mutter kniete am Bett und streichelte seine Wangen. In Tränen aufgelöst. Der Vater stand wie erstarrt am Bettende, unfähig, etwas zu sagen, etwas zu tun. Ich selbst war damit beschäftigt, mich von der Situation nicht völlig überwältigen zu lassen. Ich dachte nur, ich kann mich jetzt nicht meinen Gefühlen hingeben, das wäre für Tino sicher furchtbar gewesen. Und so habe ich versucht, Stärke zu zeigen und Tino Mut zu machen. Ich weiß nicht mehr wirklich, was ich alles geredet habe. Aber sicher habe ich auch gesagt: Es wird alles wieder gut.

Bei Tino begann jetzt das langsame Ertasten und Einsortieren seines Erinnerungspuzzles, wie morgens nach einem Albtraum. Ich lebe noch. Wo bin ich? Wie lange war ich bewusstlos? Was genau ist geschehen? Ich sagte zu Tino, dass wir schon die ganze Woche bei ihm im Krankenhaus gewesen seien. »Wie, die ganze Zeit?« Wir erzählten ihm, was in den vergangenen fünf Tagen geschehen war und wie wir in Deutschland den Anschlag erlebt hatten. Er konnte das alles zunächst gar nicht fassen. Seine Erinnerungen an den Anschlag aber waren gut. Seine nächste Frage betraf gleich das Schicksal von Stefan und Armin Franz. Stück für Stück haben wir ihm alles beigebracht.

Nun darf man sich das Ganze nicht wie eine einfühlsame, sensibel geführte Unterhaltung mit einem Kranken vorstellen. Wir haben uns angebrüllt. Aus einem ganz einfachen Grund: Seine durch die Explosion zerrissenen Trommelfelle waren trotz der Operationen noch nicht verheilt – er hatte einen Großteil seiner Hörfähigkeit eingebüßt. Wir mussten schreien, damit er uns versteht. Vor allem hohe Töne kann Tino bis heute nicht gut hören, etwa den Klingelton seines Handys, weshalb immer wieder Anrufe verpasst werden.

Beginn einer neuen Zeit

Bei Tino setzte in den folgenden Tagen eine Krise ein. Er war sehr müde und schlief immer wieder ein. Die Ärzte machten sich Sorgen, dass er in eine handfeste Depression abzurutschen drohte. Der Verlust seines Beins schien ihn schwer mitzunehmen. Tino war völlig verschlossen. Er wollte sich nicht mal von seiner Schwester waschen lassen. Ich musste erst ein Machtwort sprechen: »Tino, du stinkst zum Himmel!« »Nee, ich stinke nicht.« »Doch, du stinkst noch nach Afghanistan. Das wird jetzt abgewaschen. Sonst kommen wir morgen nicht wieder.«

Es war, als brauchte er mehr Zeit, um sich einzunorden, anzukommen und zu erfassen, was mit ihm geschehen war. Als müsste er erst das Fünftageloch des künstlichen Komas wieder zuschieben und eine Verbindung herstellen von seinem jetzigen Zustand in sein vorheriges Leben. Die Ärzte hatten uns gesagt, dass Tino an Bord des MedEvac seinen sportlichen Ehrgeiz in Lebenswillen umgewandelt hatte. Genau wie Stefan. Sie hatten gekämpft. Sie wollten nicht sterben. Tino hat später erzählt, dass er in dem Augenblick, als ihm klar wurde, wie schwer er verletzt war, voller Wut dachte: »Lasst mich in diesem Land nicht verrecken. Nicht so.«

Ich kann nicht mehr genau sagen, an welchem Tag nach dem Koma er angefangen hat zu erzählen, wie das Attentat abgelaufen ist. Jede Minute hat er beschrieben, jedes Detail. Immer wieder. Das war für uns alles neu – keiner wusste bis dahin, was sich im Wagen in den letzten Minuten vor der Explosion abgespielt hatte. Armin Franz war tot und Stefan Deuschl lag noch immer im Koma.

Tino hat viel geweint in diesen Tagen – weil er so überwältigt war. Die 13 deutschen Feldjäger des ISAF-Kontingents in Kabul hatten dem Piloten des MedEvac eine von allen Soldaten und Kommandeuren unterschriebene Bayernfahne mitgegeben, die die Feldjäger in Koblenz zusammen mit einem Poster des Zugspitzmassivs an die Wand in seinem Zimmer getackert hatten. Dazu die vielen Grußkarten seiner Einheit in Murnau und von den anderen Garnisonen in Deutschland. Die Hundeführer hatten Fotos geschickt mit Genesungswünschen und Pfotenabdrücken von ihren jungen Schutzhunden. Das Zimmer war eigentlich gar kein Krankenzimmer mehr, sondern sah aus wie ein Souvenirladen.

Die Feldjäger sind eine kleine, eingeschworene Einheit und pflegen einen unglaublichen Zusammenhalt. Da kennt jeder jeden, von Ausbildungen, Manövern oder eben Auslandseinsätzen. Völlig unabhängig, mit welcher Kompanie du zu tun hast: In erster Linie bist du Feldjäger und findest überall eine ungeheure Hilfsbereitschaft und Anteilnahme. Die Feldjäger pflegen eine Kameradschaft, wie man sie nicht besser erleben kann. Das war menschlich unglaublich ergreifend und schön. Diese Kameradschaft unter den Soldaten hat auch die Ärzte sehr beeindruckt, so wie Oberfeldarzt Dr. Stefan Schaefer, der Tino und Stefan mit dem MedEvac heil nach Deutschland gebracht hatte: »Bei keinem meiner vielen MedEvac-Einsätze habe ich dieses Maß an Kameradschaft erlebt, wie den beiden zuteil wurde. Was die Kameraden aus Murnau und Mittenwald da geleistet haben, überhaupt die Feldjäger aus dem ganzen Bundesgebiet, wie die sich um die Familie und die Angehörigen gekümmert haben, hat mich menschlich tief bewegt. Das ist nicht immer so und spricht auch für die beiden Verletzten. Es war eine Wertschätzung aller Menschen, die an dieser Rettungsaktion beteiligt waren, und ich muss sagen, das hat mich beeindruckt. Ich hatte die ganze Zeit, während sie im Krankenhaus lagen, Kontakt gehalten und verfolgt, welche Fortschritte sie gemacht haben. Es ist eben nicht so, dass es einem Arzt nach Ende des Einsatzes egal ist, was aus seinen Patienten wird, man bleibt da einfach dran. Auch unser Ärzteteam vom MedEvac hatte die Kameraden nicht vergessen. Als Tino und Stefan ins Krankenhaus nach Murnau verlegt wurden, kamen die Feldjäger vorbei und brachten uns zum Dank, dass wir ihre Jungs sicher zurückgebracht hatten, eine Flasche ihres selbst gebrauten Biers. Als besondere Auszeichnung trug die Flasche eine Armmanschette mit dem Kürzel ›MP‹ – Militärpolizei – zum Zeichen, dass die Feldjäger uns als Kameraden in ihre Gemeinschaft aufgenommen hatten. Diese Flasche steht bis heute auf unserer Station, und wir halten sie in hohen Ehren. Und sei der Durst noch so groß – da geht keiner dran!«

Am Anfang durften immer nur zwei Personen pro Patient in das Zimmer. Tino war noch ein bisschen »dubbelig« drauf und ist immer wieder eingeschlafen. Bei Stefan, der im Bett neben Tino lag, war nur Violetta da, denn Kinder durften nicht auf die Intensivstation. Am Tag, als Tino aus dem Koma erwachte, war Stefan noch ganz weit weg. Aufgrund der Schwere seiner Verletzungen war sein Koma auf unbestimmte Zeit verlängert worden. Wir haben uns jeden Tag auch um Stefan gekümmert. Für uns war immer klar: Wir gehen jetzt zu unseren Jungs. Zu Tino und zu Stefan.

Den Kampf um sein Leben hatte Tino gewonnen. Aber er würde noch mal sehr viel Kraft brauchen, um sein Leben auch leben zu wollen. Alleine würde er es nicht schaffen, vor allem, wenn ich ihn in seiner schwersten Lebenskrise verlassen würde. Ich sah, dass er mich brauchte. Das war für mich auch der Auslöser zu sagen: Ich muss jetzt stark für ihn sein. Ich renne jetzt nicht davon. Wir stehen das gemeinsam durch. Egal wie. In diesem Moment habe ich für mich beschlossen: Ich bin jetzt für dich da! Zusammen würde uns nichts aus der Bahn werfen. Meine Entscheidung stand felsenfest.

In unser Hochzeitsbuch habe ich später geschrieben: »Fünf

Tage nach dem Anschlag, am 19. November 2005, bist Du aus dem Koma erwacht wie Dornröschen aus einem 100-jährigen Schlaf. Ich war da und für mich war klar: Ich will immer für Dich da sein. Wir wollen zusammen kämpfen.«
Zum ersten Mal seit Tagen spürte ich, dass so etwas wie Glück wieder möglich sein könnte.

Erste Schritte ins Leben

Wie Tino die erste Zeit nach dem Aufwachen aus dem Koma erlebt hat? Am besten, ich lasse ihn mal direkt zu Wort kommen: »Rührei mit Spinat und Kartoffeln – in der ersten Nacht, als ich wieder bei Bewusstsein war, habe ich einen solchen Heißhunger bekommen, dass mir die Stationsschwestern nachts um drei noch was gekocht haben. Rührei mit Spinat und Kartoffeln. Nie wieder hat das so köstlich geschmeckt wie in jener Nacht. Ich habe nicht viel essen können, aber das Gefühl, wieder richtige Nahrung im Mund zu haben, selbst zu kauen und vor allem zu schmecken – das war ein Stück Rückeroberung meines Lebens. Die Ärzte sahen das genauso: Ich durfte essen und trinken, was ich wollte. Das ganze Geschmacksempfinden ist nach so einer Tortur sehr viel intensiver – es ist, als müsse sich das Gedächtnis alle Erinnerungen an Geschmack zurückerobern. Einmal hatte ich Lust auf eine Cola. Mein Kamerad Mario ist dann runter in die Cafeteria und hat mir sofort eine gebracht. Man kann sich nicht vorstellen, wie gut so etwas wie eine zuckersüße Cola schmecken kann – sie hat auch nie wieder so gut geschmeckt wie damals das erste Mal nach dem Koma.

Die folgenden vier Tage vergingen zwischen Schlafen, Essen, Ärztevisite, Glückwunschkarten und immer wieder Antje. Ich spürte Wärme und Sicherheit. Wenn ich nach rechts schaute, sah ich an der Wand die Bayernfahne mit den vielen Unterschriften meiner Kompanie in Kabul. Eigentlich jeder, den ich kenne, hatte einen Gruß geschickt. Sie denken also an mich, ich bin nicht vergessen. Immer wieder schießen mir vor Rührung Tränen in die Augen.

In den ersten Tagen bin ich nach kurzen Wachphasen immer wieder weggedämmert. Ich habe mir viel Ärger eingehandelt,

weil ich mir immer wieder den Beatmungsschlauch herausgezogen habe – aber ich wollte selbst atmen und konnte es nicht erwarten, schnell genug von der Intensiv- auf die normale Station zu kommen. Aber ich war noch viel zu schwach.
Ein paar Tage später kam die nächste Überraschung, als nach dem Aufwachen Vio, die Frau von Stefan, neben mir stand. Ich konnte mich schlecht bewegen, wegen der Schläuche und weil alles wehtat, ich fuhr mein Bett langsam hoch – und dann sah ich im Bett neben mir meinen Kameraden Stefan zum ersten Mal wieder nach der Explosion in Kabul. ›Mensch, Stefan!‹ Aber er konnte mich nicht hören, weil er noch im Koma war. Ab diesem Zeitpunkt hatte ich keine ruhige Minute mehr, vor allem nachts, wenn ich alleine war und die Apparate das Piepen angefangen haben, hatte ich Angst um ihn. Stefan! Da stimmt was nicht. Schwestern rufen. Stefan muss auch durchkommen, jetzt, wo wir zurück in Deutschland sind, zurück in Sicherheit – jetzt darf ihm nichts mehr passieren auf den letzten Metern. Immer wieder habe ich nachts mit ihm geredet, ihm Mut gemacht. Ich wollte nicht, dass er neben mir stirbt. Ich hatte beschlossen, auf ihn aufzupassen, ihn mitzunehmen in sein neues Leben. Wegen Vio, seinen beiden Söhnen – aber auch wegen mir. Der Attentäter sollte nicht am Ende doch noch den Kampf um ein zweites Leben gewonnen haben. Es hat eine Weile gedauert, bis ich wusste, was normal ist an dem Geräuschpegel auf einer Intensivstation, soweit da irgendetwas normal sein kann.
Irgendwann bin ich nachts mal aufgewacht. Es muss 23 Uhr gewesen sein. Ärzte standen um das Bett von Stefan und mich durchschoss ein kalter Gedanke. Ich rief zu den Ärzten hinüber, wie es ausschaut bei Stefan. Sie drehten sich langsam um und begriffen. Der Oberarzt sagte: ›Es wird alles gut, Herr Käßner. Ihr Kamerad Stefan ist erst mal über dem Berg – er wird leben! In den nächsten Tagen werden wir ihn aufwecken

und sehen, wie gut er alles überstanden hat.‹ Das war eine so große Erleichterung. Erst ab diesem Moment konnte ich wieder beruhigt schlafen – danach hat mich das Hupen und Piepen der Apparate nicht mehr so in Panik versetzt. Heute bin ich den Ärzten sehr dankbar für die Geduld, die sie mit mir hatten.«

Dieser Weg wird kein leichter sein …

Tino machte große Fortschritte. Ich war jeden Tag auf der Intensivstation. Zwei Wochen nach dem Anschlag war mein durchtrainierter Tino nur noch Haut und Knochen. Sein Gesicht ganz schmal, seine Muskeln, die ich immer so geliebt hatte, waren alle weg. Ein Spargeltarzan lag da vor mir im Krankenbett, mit Armen wie dürre Ästchen und knochigen Oberschenkeln. Auf den Fotos, die wir im Krankenhaus gemacht haben, kann man heute noch sehen, was die Tage im künstlichen Koma seinem Körper alles abverlangt hatten; wir sehen alle sehr elend aus, mit tiefen Spuren der Anstrengung in unseren Gesichtern.

Wir haben bald angefangen, jeden Tag Übungen zu machen, um Tinos Muskeln wieder aufzubauen. Erst Armtraining. Dann Aufrichten am Bettgalgen, die Bauchmuskeln stimulieren. Jeden Tag ein bisschen mehr. Nach weiteren Tagen ging es raus aus dem Bett. Die ersten Gehversuche mit Krücken. Trotz der Schmerzen. Es war so anstrengend, dass Tino schnell wieder ins Bett musste und sehr viel geschlafen hat. Zunächst war es wirklich zum Verzweifeln. Nichts ging voran. Aber irgendwann kam es dann. Ganz plötzlich, als ob man einen Schalter umgelegt hätte. Sein Körper begann sich an die neue Situation zu gewöhnen. Tinos Gleichgewichtssinn kehrte langsam zurück.

Irgendwann kam Tino dann runter von der Intensivsation in ein normales Krankenzimmer. Ich war fast den ganzen Tag

bei ihm, habe ihm beim Duschen geholfen, auch unser Gehtraining haben wir Tag für Tag gesteigert. Zuerst im Zimmer, dann raus auf den Gang. Gang rauf. Gang runter. Und irgendwann war er wieder da, sein Ehrgeiz, und er sagte: »Wir schaffen das, ich will das.« Von Woche zu Woche konnten wir uns über mehr Fortschritte freuen.
Für die Psychologen der Klinik war Tino ein Rätsel. Keiner wusste, woher er die Motivation nahm, so schnell nach der Amputation wieder laufen zu lernen. Unser weißhaariger Psychologe sagte. »Ich weiß nicht, was ich mit Tino machen soll, der braucht mich nicht. Das ist so völlig atypisch – ich kann mir nicht erklären, wie er diesen Schock so schnell wegsteckt – das steht in keinem Lehrbuch. Es soll Menschen geben«, fuhr er fort, »die über die unglaubliche Gabe der Resilienz verfügen. Sie sind psychologisch sozusagen unkaputtbar und stecken mental größte Tragödien weg, an denen andere Menschen zerbrechen würden, ohne selbst Schaden zu nehmen.« Nach dem Zweiten Weltkrieg hatten Psychologen Fälle solcher sprichwörtlichen »Stehaufmännchen« bei Soldaten und KZ-Opfern gefunden, erstmals wissenschaftlich beschrieben und erforscht. »Entweder seine Krise kommt noch – oder aber Tino ist so ein Phänomen!«

Zum Glück ist die Krise bis heute nicht eingetreten. Erst Tage nach dem Gespräch mit dem Psychologen hatte ich verstanden, was Tinos Antrieb war. Tino ist nämlich wirklich ein Phänomen, was seine Selbstmotivation anbelangt. Er hatte beim ersten Besuch seiner Eltern mitansehen müssen, wie verzweifelt seine Mutter und sein Vater über seinen Zustand waren. Da hatte er sich fest vorgenommen, seinen Eltern beim nächsten Besuch eine Woche später aufrecht entgegenzugehen. Seinen Eltern hatte er zum Abschied gesagt: »Mama, ich verspreche dir, wenn du das nächste Mal wiederkommst, komme ich

dir entgegengelaufen!« Von dieser Idee war er völlig besessen. Irgendwie hatte ich das Gefühl, Tino wollte seiner Mutter das Gefühl nehmen, dass er irgendwie »beschädigt« sei. Er wollte für sie ein Zeichen setzen, dass bald alles wieder so wie früher sein würde. Wenn ich etwas gelernt habe in dieser Zeit, dann das: Man muss sich Ziele setzen und fest daran glauben, dass man sie erreichen kann – auch wenn dieser Weg kein leichter ist.
Ein Lied mit genau dieser Textzeile lief damals rauf und runter, egal wann man das Radio anmachte. »Dieser Weg« von Xavier Naidoo wurde unser Lied, das Tino auch immer wieder über seinen Walkman hörte und laut mitsang, wenn er den leisesten Hauch eines Durchhängers oder ein Stimmungstief verspürte.

»Dieser Weg wird kein leichter sein, dieser Weg wird steinig und schwer, nicht mit vielem wirst du dir einig sein, doch dieses Leben bietet so viel mehr. Also ging ich diese Straße lang, und die Straße führte zu mir.«

Unser Spieß Markus Eng, der bald mitbekommen hatte, wie wichtig dieses Lied für uns geworden war, schrieb einen rührenden Brief an die Plattenfirma von Xavier Naidoo und schilderte, wie Tino jeden Tag zu diesem Lied seine Übungen machte. Er fragte den Star, ob er nicht zu einem Besuch ins Krankenhaus kommen könnte, um Tino und Stefan zu motivieren. Völlig verrückt, aber es hätte fast geklappt. Wir rannten offene Türen ein, denn eigentlich wollte Xavier Naidoo schon 2005 vor Bundeswehrsoldaten ein Konzert in Kabul geben – und hatte genau wegen des Selbstmordanschlags auf Tino absagen müssen, weil die Lage zu gefährlich erschien. Naidoo hatte in meinem damaligen Feldlager Rajlovac 2004, ein Jahr nach meinem Einsatz in Bosnien, ein Konzert gegeben und, obwohl er ein erklärter Kriegsgegner war und Zivildienst geleistet hatte, auf Konzerten immer wieder seine Lieder den Soldaten im Auslandseinsatz gewidmet.

Erst im Juni 2010 kam dieses geplante Konzert in Afghanistan zustande, und Xavier Naidoo hat in Kunduz und Mazar-i Scharif vor den deutschen ISAF-Kräften gesungen. Bei seiner Rückkehr erzählte Naidoo von seinen vielen Gesprächen mit den Soldaten und Soldatinnen, von für ihn sehr interessanten Begegnungen, bei denen ihm selbst immer klarer geworden sei, in was für einem Paradies wir in Deutschland leben und dass es lohnt, sich dafür einzusetzen: »Es war eine sehr intensive Zeit, und ich würde es immer wieder machen. Ich würde jedem Künstler in Deutschland empfehlen, die Truppen zu unterstützen, auch wenn man gegen den Krieg ist. Die Soldaten haben sich diesen Kriegsschauplatz nicht ausgesucht, die machen das, weil wir ihnen sagen, die sollen dahin. Von der Disziplin, mit der die jungen Menschen da unten auf engstem Raum ihren Dienst tun, können wir uns noch eine Scheibe abschneiden.«

Zum Schluss sagte er noch, die Deutschen sollten aufrichtiger sein, viele Menschen hätten lange nicht wahrhaben wollen, dass es sich um einen blutigen Einsatz handelt. Das hat uns damals sehr gefallen.

So fühlten wir uns mit diesem Sänger und seinem Lied sehr stark verbunden. Die handsignierte CD, die er uns geschickt hat, halten wir in Ehren. »Dieser Weg wird kein leichter sein«, dieses Lied war damals Tinos Treibstoff, mit unglaublicher Zähigkeit wieder und wieder laufen zu üben, und es geht uns heute noch sehr nahe. Wann immer wir es hören, sind wir sofort wieder in der Situation von damals mit allen Höhen und Tiefen, Hoffnungen und Rückschlägen, ich höre wieder die Geräusche der Beatmungsgeräte, das Fiepen, habe den Geruch von Medizin, Äther und Medikamenten in der Nase. Damals war es ein absoluter Pusher zum Mutmachen, dass wir es packen – heute tut mir der Song weh, weil er die Gefühle von damals wieder aufreißt und mich in die Zeit zurückwirft, als sich das Leben für uns alle so tiefgreifend verändert hat.

Der Lohn der Anstrengung

Als eine Woche später seine Eltern kamen, war Tino ziemlich aufgeregt. Ich habe sie am Aufzug abgefangen und gebeten, noch einen Moment zu warten: »Wir haben eine Überraschung für euch!« Tino hatte damals einen Wagen, bei dem er sich unter den Achseln einhängen und stehen konnte. So gesichert kam er aus dem Zimmer und konnte seinen Eltern tatsächlich ohne fremde Hilfe entgegengehen – nur sieben Tage, nachdem er aus dem Koma erwacht war.

Als Tino dann um die Ecke kam, dachte ich einen Moment, seine Mutter würde vor Rührung zusammenbrechen. Sie hat aufgeschrien, die Hände über dem Kopf zusammengeschlagen und ist in Tränen ausgebrochen. Dass ihr Sohn wenige Tage nach der Amputation wieder vor ihr stehen würde, das hatte sie nicht geglaubt: »Er hatte mir zwar versprochen, wenn ich euch das nächste Mal sehe, werde ich euch auf Krücken entgegenkommen. Geglaubt habe ich das natürlich nicht. Als er jung war, war er eigentlich eher ein Träumerle. Er war ein eher schüchternes, ruhiges Kind und auch klein und ein bisschen wehleidig, aber ich habe ihm immer Mut gemacht. Als er dann tatsächlich so um die Ecke kam, bin ich ihm um den Hals gefallen und habe geheult. Er hatte es tatsächlich geschafft. Ich weiß bis heute nicht, woher er die Kraft nimmt. Dass er das so gut wegsteckt, dafür bewundere ich ihn.«

Nie zuvor hatte ich gesehen, dass Tinos Vater große Emotionen zeigen konnte, aber von dem Moment an, als er seinen Sohn wieder stehen sah, war er wie ausgewechselt und hat sich für seine Tränen nie wieder geschämt.

Tino wollte mit dieser unglaublichen Anstrengung zeigen, dass er derselbe ist wie vor dem Anschlag, und ihnen somit den Schmerz nehmen. Er wollte gewissermaßen alles ungeschehen machen – oder zumindest so tun, als ob alles normal wäre. Es ging nicht so sehr um ihn oder um mich – er wollte seinen Eltern zeigen, dass er den Ehrgeiz hat, gesund zu werden, und dass sie sich um ihn keine Sorgen zu machen brauchen.
Ein neues Leben lag zum Greifen nahe vor uns. Wir wussten, dieser Weg wird noch ein weiter sein – aber wir hatten angefangen, ihn gemeinsam zu gehen. Es kamen auch wieder schwere Rückschläge, die unseren Mut immer wieder auf die Probe gestellt haben. Doch das änderte nichts an der Bedeutung dieses Tages: zu erleben, dass es möglich sein würde, dass Tino selbstbestimmt leben und gehen kann, ohne auf Hilfe angewiesen zu sein. Das war der Wendepunkt. Und ab hier ging es trotz aller Widrigkeiten nur noch bergauf.

Tino wollte nicht nur für seine Eltern wieder stehen können. Es ging auch um uns. Unsere Liebe war plötzlich Prüfungen ausgesetzt, weil mir Bekannte wohlmeinende Ratschläge geben wollten: »Willst du das wirklich auf dich nehmen? Glaubst du tatsächlich, dass du das schaffen wirst? Jetzt könntest du doch noch was Neues suchen! Mir wäre das zu viel!« Diese Fragen und Ratschläge kamen meist von Freunden oder entfernten Verwandten, die uns nicht zusammen erlebt hatten und nicht wussten, wie das läuft mit Tino und mir. Und natürlich drehte es sich immer wieder um das Thema Geld: »Wie soll Tino denn eine Familie ernähren? Er kann doch in seinem Beruf nicht weiterarbeiten?« Ich fühlte mich damals sehr verletzt, weil jemand meine Gefühle, meine Treue zu Tino und meine Lebensgrundsätze infrage gestellt hat. Geld und Versorgung hatten in all meinen Überlegungen, wie unsere Zukunft aussehen könnte, niemals eine Rolle gespielt.

Kaum jemand kann sich vorstellen, wie das ist, wenn der Mensch, den man liebt, von einem Tag zum anderen eine so schwere Verletzung hat. Viele sagen vielleicht, sie würden das nicht packen – aber ich kann sagen, dass es bei uns beiden genau andersherum war. Uns hat das Ereignis fester zusammengeschweißt. Wenn man solche Prüfungen bestehen will, muss man ehrlich zu sich selbst sein und sich offen fragen: Was will ich, wie viel halte ich aus und was soll mein zukünftiges Leben ausmachen? Wie kann mein Leben mit einem behinderten Mann aussehen? Will ich das wirklich? Oder sollte ich ihn jetzt besser verlassen? Bleibe ich nur aus Mitleid oder aus Liebe zu diesem Mann? Wenn man sich jede dieser Fragen ehrlich beantwortet und zu einem positiven Ergebnis für die Beziehung kommt, ohne Zweifel zu haben, dann wird man später alle Hürden überwinden. Vielleicht fällt man zunächst in ein tiefes Loch und weiß nicht, wie es weitergehen soll. Aber es geht weiter. Irgendwie geht es immer weiter.

Ich finde es nicht verwerflich, wenn jemand sagt, ich komme damit nicht klar. Es ist die Lebensentscheidung jedes Einzelnen. Es sollte sich keiner ein Urteil erlauben und über andere richten, wer diese Situation nicht selbst durchgemacht hat. Ich habe diese Lebenskrise hinter mir, und ich wünsche keinem, dass er gezwungen wird, solche schweren Entscheidungen treffen zu müssen.

Über all diese Gedanken damals habe ich mit Tino bis heute nie wirklich geredet. Ich weiß umgekehrt nicht, was in ihm vorgegangen ist – ob er etwa Angst hatte, mich zu verlieren? Er selbst hat es nie erwähnt. Ich glaube, ich habe es ihm sehr leicht gemacht – an meiner Liebe brauchte er zu keinem Zeitpunkt zu zweifeln. Und wenn das jemals eine Frage für ihn war, dann war das ganz schnell klar zwischen uns: Wir bleiben zusammen. Es war ein stilles Versprechen – und dadurch, dass wir bis heute nicht darüber reden mussten, ist es sehr stark geblieben.

Was uns auch geholfen hat war, dass Tino und ich uns immer gesagt haben, bei allen Schwierigkeiten, die kommen werden, wir sind kreative Köpfe, uns wird schon was einfallen. Das hat sich als wahr erwiesen: Wir sind Stück für Stück immer ein bisschen weitergekommen und haben Auswege gefunden, wo es keine Auswege zu geben schien. Wenn der eine Weg nicht ging, dann haben wir den zweiten oder dritten versucht – bis es weiterging. Dieser Weg wird kein leichter sein. Aber uns war damals schnell klar, dass wir ihn zusammen gehen werden.

Ein Soldat braucht auch Mut zum Leben

Stefan hat viel länger kämpfen müssen, um sich wiederzufinden. Er war maximal drei Meter vom Explosionszentrum entfernt, als es passierte, und deutlich schwerer verletzt als Tino. Sein Gesicht war aufgequollen durch den Explosionsschock und die vielen Medikamente. Sein früher durchtrainierter Körper schien all seine Kraft verloren zu haben. Nach zwei Wochen im künstlichen Koma war er bis auf die Knochen abgemagert, viel stärker noch als Tino. Er sah aus, als hätte er die vergangenen Monate in einem Straflager verbracht. Ausgemergelt. Schmal. Zerbrechlich.

Und für alle, die ihn zum ersten Mal wiedersahen, war es ein Schock, weil man durch die Bettdecke deutlich sehen konnte, dass beide Beine fehlten.

Ich bin jeden Tag mit Vio in die Intensivstation gegangen. Mit Tino konnte ich reden – Vio saß bei Stefan und hat ihm vorgelesen, in der Hoffnung, dass er im Koma vielleicht doch ihre Stimme hört und merkt, dass da jemand ist, der nach ihm ruft. Aber ich lass Vio mal erzählen, wie sie das selbst alles erlebt hat: »Stefans Gesicht hatte Abschürfungen und im seltsamen Kontrast zu seiner Sonnenbräune kleine Brandverletzungen. Um sein Kinn spross ein Dreitagebart. Als ich an sein Bett kam, war deutlich zu spüren und auch an den Monitoren für die Herzfrequenz zu sehen, dass er ruhiger wurde. Ich habe ihm fortlaufend gesagt: ›Stefan, es ist alles in Ordnung. Du bist in Deutschland. Du bist in Sicherheit. Deine Jungs sind da. Uns geht's allen gut. Das wird wieder.‹ Jetzt, da ich ihn endlich sah, hatte ich auch meine Ruhe wiedergefunden. Die Stille im Zimmer, das rhythmische Pumpen und Blinken der Apparate versicherten mir, Stefan ist gut versorgt – wenn er an irgendeinem Ort der Welt eine Chance zum Überleben hätte, dann hier. Ich hatte plötzlich die Zuversicht, dass er es schaffen würde. Ich habe ihm einfach viel erzählt, was so los war in Garmisch, wer sich alles gemeldet hatte und gute Besserung wünschen ließ oder ich habe ihm einfach nur vorgelesen, wenn ich müde wurde. Er war ruhig und entspannt – es war fast so, wie wenn die Kinder eindösen, wenn sie eine Geschichte vorgelesen bekommen. Ich wollte, dass er meine Stimme hört, in der Hoffnung, dass ich ihn irgendwo in seinem Dämmerschlaf erreiche und er sich an mich und an seine Kinder erinnert, dass er weiß, dass er hier noch gebraucht wird. Und irgendwie hatte ich das Gefühl, dass er all das in sich aufnahm, dass sich tief im Inneren wieder ein Bild zusammenfügte, eine Erinnerung an das, was vor dem Unglück unser Leben war. Ich habe ihm vom Eishockeyverein Riessersee berichtet, vom Training seiner Söhne und den Sportteil vom Garmisch-Partenkirchener Tagblatt vorgelesen. Es hatte ihn vor dem Anschlag immer brennend interessiert, wie sich die Kinder beim Eishockey machen. Ich habe ihm erzählt, wie es in meiner Arbeit läuft, wer nach ihm gefragt hat. Die ganzen Genesungskarten habe ich ihm vorgelesen. Ich war sicher, dass Menschen im Koma viel mitbekommen und dass ihm die Nachrichten, die ich ihm übermittelte, ein Stück Leben zurückgeben würden. Ich glaube nach den langen Tagen, die ich so mit ihm verbracht habe, sehr an diese Dinge – ich bin sicher, dass er mich gespürt hat, wenn ich ihn angefasst habe. Immer hatte ich meine Hand auf seiner Hand, damit er mich fühlt, wenn ich ihm vorlese, dass unsere Verbindung wieder da ist. Wir sind früher immer so eingeschlafen. Stefan hat mir aus Afghanistan immer wieder geschrieben, wie sehr ihm das fehlte.

Als ich einmal beim Aufstehen etwas aus dem Gleichgewicht kam und mich aus Reflex in Höhe von Stefans Beinen auf dem Bett abstützte, ging der Griff ins Leere. Da war nichts mehr.

Man streicht ungläubig über die Decke. Leer. Wie würde er damit fertig werden?
Das Aufwachen aus dem Koma war für Stefan ein Schockerlebnis, wie es tiefer nicht sein kann. Wie sich später herausstellte, endeten seine Erinnerungen in dem Moment, als er mit Tino und Armin Franz in Kabul zum Mittagessen ging. Die Fahrt, den ersten Rammversuch des Attentäters, den Anschlag und alles Weitere hat die Explosion für immer aus seinem Gedächtnis gelöscht. Und nun wachte er 14 Tage später und 6000 Kilometer von seiner letzten Erinnerung entfernt in einer völlig unerwarteten Umgebung auf. Das ist ein bisschen so, wie wenn man abends friedlich in seinem Bett einschläft – und auf dem Elfmeterpunkt im Olympiastadion hochschreckt, während Franck Ribéry unter dem Jubel von 70 000 Zuschauern gerade anläuft, um mit deinem Kopf ein Tor zu schießen.«

Tiefe Traumatisierung

Während Tino sich nach dem Erwachen aus dem Koma schnell orientiert zu haben schien und im Bewusstsein des Attentats und seiner Verletzung nicht sehr verwundert war, im Krankenhaus zu liegen, sah das bei Stefan ganz anders aus. In Stefans eigenen Worten ausgedrückt: »Als ich aufgewacht bin, hatte ich einen derartigen Schädel. Ich sah Bilder aus einem Wirrwarr aus Träumen, hörte ein Durcheinander aus Worten. Ich war noch in Afghanistan, hatte das Gefühl, ich würde beschossen, hörte Explosionen, MG-Feuer und Sirenen. Ich spüre Rettungskräfte, die mich irgendwo hinzerrten. Und plötzlich fasst mich auch noch irgendeine Frau an und will mich küssen. Und ich wehrte ab und schrie sie an: ›No kiss, I have a wife! Go away, I have a wife!‹ Dabei war es keine fremde Frau, sondern Vio, die später ganz angetan war von meinem Beweis unerschütterlicher Treue. Aber ich erkannte sie nur schemenhaft und hatte keine Erklärung, woher sie so plötzlich in dieses Chaos nach Afghanistan gekommen war. Ich muss sie wohl angebrüllt haben: ›Was machst du hier? Vio, geh, du behinderst den Einsatz!‹ Ich hörte durch das Rauschen in meinen Ohren bruchstückhaft, immer wieder mal klar und dann gedämpft wie durch einen Teppich sagen: ›Stefan, du bist in Sicherheit. Tino liegt auch da!‹ ›Wieso Tino?‹, denke ich, ›der hat doch Dienst!‹ Langsam, ganz langsam kam ich aus diesem Nebel raus und lag in diesem strahlend weißen Zimmer, sah die Gesichter, nach denen ich mich gesehnt hatte, und wusste wirklich nicht, ob ich noch auf der Erde, in einem Traum oder ganz woanders bin.

So war mein Erwachen aus dem Koma. In den Tagen danach habe ich nur vor mich hingedämmert. Ich war in ein Leben zurückgeworfen worden, das ich so nicht mehr haben wollte. Damals habe ich nur gedacht: Ich bin kein Mann mehr, ich bin kein Soldat mehr, ich bin kein Vater mehr – ich bin jetzt nur noch ein wertloser Krüppel. Ich konnte ja nicht einmal richtig sprechen, weil durch die lange künstliche Beatmung mein ganzer Hals und die Stimmbänder entzündet waren. Ich konnte nicht richtig hören durch das Knalltrauma. Mir hat alles wehgetan – allein schon wegen der Inkubation und der Herz-Lungen-Maschine –, zudem hatte ich Infektionen im Mund, über und über Herpespusteln, die wie Feuer brannten. Und wenn du da so liegst und denkst, das ist dein Leben, so wird es bleiben, nie wieder wirst du gehen, laufen ohne fremde Hilfe, immer den Maschinen ausgeliefert, eine Pfanne unterm Bett und eine Windel an, dann überfällt dich Verzweiflung. Ich sagte mir: ›Du bist nichts mehr wert. Was willst du noch hier? Mach dich vom Acker.‹ Weiterleben in diesem Zustand? Das wollte ich nicht. Ich wollte nicht mehr leben. So gingen die Gedanken in einer endlosen Kette, die sich im Takt der fiependen Überwachungsgeräte zu einem unheilvollen Kanon vermischten.

Ich steigerte mich da richtig rein, und irgendwann schlugen sich die Gedanken auf den Körper und seine Funktionen nieder. Ich hatte manchmal sogar das Gefühl, mit meinen Gedanken das Fiepen und Piepsen der Herz-Kreislauf-Anzeige verlangsamen zu können. Mir gingen so viele negative Gedanken durch den Kopf und ich hatte beschlossen, dass es besser sei zu sterben. Das war über Tage eine sehr kritische Phase, als mein Körper zwar noch leben wollte – aber mein Geist nicht mehr.«

14 Tage nach dem Anschlag schwebte Stefan erneut in Lebensgefahr. Seine Abwehrkräfte waren nach den Strapazen des Transports und den vielen Operationen und Infektionen am Nullpunkt. Er war vollgepumpt mit Antibiotika und jederzeit hätte eine weitere Infektion seinen Körper endgültig aus dem Gleichgewicht werfen können. Stefan musste sich entscheiden: Zuversicht zum Leben finden oder möglicherweise der Tod. In dieser zutiefst krisenhaften Situation kann jede Kleinigkeit große Bedeutung bekommen und einen abrupten Richtungswechsel auslösen. So war es auch bei Stefan: »Als ich da so lag und vor mich hindämmerte in meinem ganzen Unglück, kam eines Morgens zur Krönung meines Unglücks der Militärgeistliche rein, im vollen Ornat und mit Kreuz. Ich war sicher, das war's jetzt für mich – der spricht jetzt noch die letzten Sakramente, gibt mir die letzte Ölung, und dann geht's dahin. Das hat geschmerzt, es war ein Abschiednehmen – ich war dabei, mich vom Leben abzuwenden und mich allem Weiteren zu ergeben. Ganz seltsam, irgendwie war es okay so. Ich reckte den Kopf nach vorne und erwartete, dass der Pfarrer meine Stirn salben und den uralten Spruch der letzten Stunde aufsagen würde: ›Durch diese heilige Salbung helfe dir der Herr in seinem reichen Erbarmen, er stehe dir bei mit der Kraft des Heiligen Geistes: Der Herr, der dich von Sünden befreit, rette dich, in seiner Gnade richte er dich auf.‹

Doch es kam – nichts. Als ich mich gerade auf das Sterben und was danach kommt innerlich vorbereitet hatte und bereit war für den letzten Segen, musste ich feststellen, dass der Pfarrer nicht im Mindesten die Absicht hatte, mir die heiligen Sakramenten zu geben – stattdessen fing er an, mir allerlei lustige Geschichten zu erzählen und mir Mut zu machen, dass es wieder aufwärts geht: ›Kopf hoch‹ und ›Sie müssen nach vorne schauen!‹ Da kam es mir: Ich war offenbar dem Tod doch noch nicht so nah. Und so eigentümlich es klingt, in die Dunkelheit geschaut zu haben, weckte wieder meine Lebensgeister, denn wenn ich so lebendig war, dass die letzte Ölung gar nicht fällig war, dann konnte es auch nicht so schlecht um mich bestellt sein. Das war wenige Minuten, bevor meine eigentlichen Retter mich wieder zurück ins Leben holten. Und das waren meine Kinder.«

Kleine Rettungsengel am Krankenbett

Vio und ich – und auch Tino – haben damals deutlich gemerkt, dass sich bei Stefan etwas anbahnt. Wir sind so oft es ging zu ihm gegangen, haben ihn mit Kuchen gefüttert und versucht, ihn zu unterhalten. Aber er sprach nicht mit uns. Seine Augen waren glanzlos und leer. Wir wussten zunächst nicht, wie wir damit umgehen sollten. Stefan war schon immer ein sehr überlegter, zurückhaltender Mensch gewesen, der seine Gedanken und Gefühle nicht gerne vor sich hertrug. Aber dass er gar nicht sprechen wollte, sich abkapselte, das beunruhigte uns sehr. Man sah die Anstrengung in seinem Gesicht – aber auch das ganze Unglück und die Gedanken, wir spürten, dass er mit seinem Schicksal haderte. Für uns war das eine sehr deprimierende Erfahrung, mit einem Freund nicht reden zu können. Dazu kam seine unendliche Müdigkeit, unter der Tino ja auch gelitten hatte, – und natürlich die Notwendigkeit, erst mal mit

sich selbst ins Reine zu kommen, die Ereignisse zu verarbeiten und sich die Frage nach dem »Warum gerade ich? Was habe ich falsch gemacht?« zu beantworten.
Stefan war ein hundertprozentiger Soldat, pflichtbewusst und professionell bis in die Haarspitzen. Niemals ließ er sich einen Fehler durchgehen. Dass gerade er so einen Anschlag nicht hatte abwenden können, hat ihn sehr beschäftigt. Das Gefühl, möglicherweise versagt zu haben – als Soldat und als Kommandoführer. Immer die Kontrolle zu behalten, initiativ zu sein – die Lage zu analysieren, zu beherrschen und zielgerichtet zu handeln –, darauf waren sie als Personenschützer trainiert worden. Nicht aber auf einen heimtückischen Sprengstoffanschlag. All diese Gedanken waren zutiefst negativ. Diesmal waren es nicht die Verletzungen seines Körpers, sondern die Verletzungen seiner Seele, die heilen mussten.
Die Ärzte waren sich sicher: In den kommenden Stunden würde sich entscheiden, ob Stefan den Kampf in seinem Körper gewinnen oder verlieren würde. Sie überlegten, was ihn in dieser Situation noch überzeugen könnte, dass es sich lohnte zu leben, dass er noch gebraucht wurde und ein Ziel hatte, für das es sich zu kämpfen lohnte. Die Ärzte kamen zu dem Schluss: Es waren seine beiden Söhne Robin und Henry. In dieser kritischen Lage trafen die Ärzte nach langer Diskussion mit Vio eine mutige Entscheidung: Sie beschlossen, Vio solle ihre gemeinsamen Söhne zu ihm auf die Intensivstation bringen. Sie sollten Stefan den Impuls geben, seinen Lebenswillen wiederzufinden.
Der Zustand, in dem Stefan sich befand, war alles andere als schön, dazu die ganze Umgebung einer Intensivstation – würde das bei den Kindern einen Schock auslösen? Wie würden die Kinder auf ihren Vater reagieren? Könnte der geplante positive Effekt am Ende ins Gegenteil umschlagen? Vio wusste, dass sie nicht mehr viel Zeit haben würde, Stefan wieder Lebensmut zu

geben, und stimmte, wie sie mir sagte, zu, das Wagnis einzugehen: »Ich war mir völlig sicher, wenn hier jemand noch irgendwas richten und umkehren könnte, dann unsere Kinder. Es war der Oberarzt Braun in Koblenz, der das auch bald erkannt hatte. Er sagte zu mir: ›Ihr Mann hat nach dem Aufwachen aus dem künstlichen Koma kein Wort gesprochen – ich glaube, es geht ihm nicht gut. Was können wir tun? Er redet auch nicht mit mir.‹ Und da habe gesagt: ›Erstens müssen Sie zunächst mal in Ihrer Uniform kommen, um vor meinem Mann zu bestehen – er muss Ihren Dienstgrad sehen. Dass Sie Offizier sind, das wird ihn fordern als Soldat und zurück in die Spur bringen, so blöd das klingt – es ist einfach in ihm drin, dass er einem ranghöheren Offizier, der Autorität ausstrahlt, antworten muss, egal in welchem Zustand.‹ Der Arzt kam tatsächlich in Uniform und Stefan reagierte. Die beiden Männer haben lange und intensiv miteinander geredet. Wenig später konnte mir der Arzt das Schlimmste bestätigen: ›Ich glaube, wenn Ihr Mann heute hätte aufstehen und das Fenster aufmachen können, dann wäre er gesprungen.‹ Nach einer Pause fuhr er fort: ›Ich meine, es ist jetzt das einzig Richtige, seine Jungs zu ihm zu lassen.‹ Ich war hin- und hergerissen, weil für mich als Mutter natürlich auch die Frage eine Rolle spielte, ob ich meinen Kindern zumuten konnte, ihren Vater in diesem Zustand zu sehen. Würden sie einen Schock fürs Leben bekommen, ihn womöglich ablehnen, weinen und alles noch verschlimmern? Die Lungenmaschine, das deutliche Nichts unter der Bettdecke, wo früher seine Beine gewesen waren, die Brandwunden, die blutigen Krusten am Ohr. Wie konnten wir sicherstellen, dass weder der Vater noch seine Söhne in Mitleidenschaft gezogen wurden, wenn der Versuch schiefging? Dieses erste Wiedersehen hätte nach hinten losgehen und alles verschlimmern können. Oberfeldarzt Braun hat meine Bedenken zerstreut und etwas ganz Kluges gesagt: ›Kinder sind viel stärker,

als Sie glauben. Die werden in dem Schwerverletzten auf der Intensivstation nur ihren Vater sehen, den Menschen, den sie lieben – alles andere werden sie ausblenden, und da wird nichts bleiben von diesem ersten Eindruck, wenn Ihr Mann später wieder gesund ist.‹
Ich habe nachgedacht und bin zu dem Schluss gekommen, dass es Stefan war, der im Augenblick die größte Hilfe brauchte, und ich war mir sicher, dass ich die Kinder wieder auffangen könnte – deshalb habe ich zugestimmt. Wir haben dann überlegt, welchen der beiden wir zuerst zu Stefan lassen sollten. Beide Kinder auf einmal erschien uns doch als zu riskant. Auch wollten wir Stefan nicht überfordern. Meine Überlegung war, den Großen zu nehmen – der hatte das stärkste Band zum Vater und war als Baby immer auf seinem Bauch eingeschlafen. Vielleicht würde er es schaffen, Stefan wieder aus seiner tiefen Depression zu reißen.
So standen wir dann vor Stefans Bett. Mein Sohn ist zu seinem Vater und hat seine Hand in Stefans Hand gelegt – und Stefan hat sie gedrückt. Der Große hat sich zu mir herumgedreht und freudestrahlend losgeplappert: ›Mama, der Papa hat meine Hand gedrückt!‹ Das hatte Stefan die Tage zuvor selbst bei mir kaum gemacht. Und plötzlich fing Stefan an mit seinem Sohn zu sprechen: ›Ja, Spatzl, was machst denn du hier?‹ Dann ist unser Kleiner auch noch rein. Nur für fünf Minuten. Aber die haben es gebracht!«

Die Pflicht ruft

Stefan hat später geschildert, was da in ihm passiert ist, als er zum ersten Mal wieder seine Söhne sehen konnte: »Die Jungs sind nicht ängstlich stehen geblieben, haben mich nicht als Monster gesehen – die sind mit leuchtenden Augen auf mich zu, voller Freude, mich zu sehen, haben mich gepackt und mir einen Schmatzer auf die Stirn gegeben. In diesem Augenblick spürte ich eine unglaubliche Erleichterung; ich war noch ihr Papa, und die Kinder nahmen mich auch so, wie ich war. Ich konnte kaum sprechen – aber meine Kinder haben mir etwas erzählt, ich konnte ihnen Zeichen geben, mit meinem Kopf nicken, ihre Hände drücken. Und das war viel. Als ich meine Kinder angesehen habe und meine Frau, die mir alle gut zugesprochen haben, die mir Mut gemacht haben, wusste ich, ich kann meine Familie jetzt nicht alleine lassen. Da sind noch zwei, die dich brauchen, deine Kinder sollen nicht ohne Vater aufwachsen – ich will noch etwas weitergeben. Da ist deine Frau, die zu dir steht und dich braucht. Das Leben muss weitergehen, ich kann jetzt nicht stiften gehen; und wenn es für mich selbst auch noch so schlimm wird – es muss weitergehen. Diese wenigen Minuten, als unsere Familie wieder zusammen war, gab mir den entscheidenden Stoß.«

Der Vater und seine Kinder – für Stefan war es die Rettungsleine, die ihn aus der Gletscherspalte der Verzweiflung gerettet hat. Am nächsten Tag kam Oberfeldarzt Braun zu Vio und sagte mit einem Lächeln: »Jetzt haben wir ihn zurück!«
Das Wiedersehen mit seinen Kindern wurde für Stefans Familie zum Wendepunkt. Schon wenige Tage später konnte er aus der Intensivstation entlassen werden ins Zimmer von Tino. Die Ärzte versprachen sich weitere Unterstützung, wenn die zwei ihre Erlebnisse gemeinsam aufarbeiten würden.
In den Gesprächen der beiden stellte sich bald heraus, was eine weitere Ursache von Stefans selbstzerstörerischen Grübeleien war: dass er an den Anschlag keinerlei Erinnerungen mehr hatte. Sie waren noch nicht im Langzeitgedächtnis gespeichert, als der Explosionsdruck jedes Erinnerungspixel aus Stefans Kurzzeitgedächtnis auslöschte.
Und hier lag Stefans Problem, wie er es ausdrückt: »Die Ex-

plosion hatte mir nicht nur meine Beine genommen, sondern auch einen wichtigen Teil meines Lebens. Denn Leben ist Erinnerung – woran du dich nicht erinnerst, das hast du auch nicht erlebt. Denn erst in der Erinnerung fügen sich die mikroskopischen Teile der Zeit zu diesem Mosaik zusammen, das du als dein Leben ansiehst. Dieses Mosaik ist also bei jedem einzigartig. Wenn man einem Menschen seine Erinnerungen stiehlt, dann stirbt er – auch wenn sein Körper vielleicht noch am Leben ist. Alzheimerpatienten sterben, bevor sie tot sind, weil ihre Erinnerungen zerfressen werden. Meine Erinnerung wurde weggesprengt – man hat mich um einen Teil meines Lebens beraubt. Du erwachst plötzlich aus einem Koma, weißt nicht, was los ist, wo du bist, wie du da hingekommen bist, warum dir alles wehtut, warum du keine Beine mehr hast, was abgelaufen ist. Meiner Erinnerung nach war ich in Kabul gerade auf dem Weg zum Mittagessen in die Kantine im Bundeswehrlager, und dann wachte ich in Koblenz auf. Das ist ein Bruch, mit dem man nur schwer fertig wird. Plötzlich ist man auf Erzählungen angewiesen und muss glauben, was andere sagen. Man wird nie wirklich aus eigener Überzeugung heraus wissen, ob das wahr ist, denn man hat es nicht erlebt – weil die Erinnerung fehlt. Ich glaube alles, was Tino mir erzählt – und trotzdem ist es doch nur das, was er erlebt hat, es sind seine Wahrnehmungen. Mir aber fehlt mein Teil der Geschichte. Meine Gedanken. Meine Gefühle, wie ich die Situation erfasst habe. Mein Tun. Genau deshalb würde ich mich eines Tages doch gerne selbst erinnern, was genau passiert ist. Es ist ein Teil meines Lebens, den ich suche und vermutlich nie wieder zurückbekommen werde – wie meine Beine. Warum will ich meine eigene Erinnerung zurück? Weil ich wissen will, was genau in diesen Sekunden nach dem Aussteigen und der Explosion geschah. Ich will wissen: Habe ich irgendetwas falsch gemacht? Ich will es nicht nur wissen, ich will es auch spüren, ich will es sehen in meinen Erinnerungen, um Gewissheit zu haben – aber die werde ich nie bekommen. Die fehlende Erinnerung ist wie der Phantomschmerz in meinen Beinen, ein Schmerz an etwas, was unwiederbringlich verloren ist.«

Stefan konnte sich nicht erklären, was schiefgelaufen war. Er machte sich Vorwürfe, dass er als Kommandoführer versagt hatte und damit verantwortlich sei für das Unglück der in seiner Obhut befindlichen Menschen. Tino hatte den Anschlag bis zur Ohnmacht im US-Feldlazarett bewusst miterlebt und schilderte schon Tage nach dem Erwachen aus dem Koma, wie alles abgelaufen war. Dass alles gestimmt hat, konnte später auch das Bundeskriminalamt in seinem Abschlussbericht bestätigen – die Tatortermittlungen, die Zeugenaussagen in Kabul und die Täterbeschreibung waren nahezu deckungsgleich mit seinen Schilderungen. Wer noch nie so einen Filmriss hatte, wird nur schwer verstehen können, welches Misstrauen und welche Unsicherheiten sich aufbauen, wenn die eigene Erinnerung plötzlich Lücken hat. Die Grenzen zwischen Traum und Wirklichkeit scheinen zu verschwimmen. Tino sagte zu Stefan: »Stefan, ich weiß alles – wenn du bereit bist, kann ich dir genau schildern, wie und was passiert ist.« Und dann sind sie jedes Detail der letzten Minuten ihres Einsatzes immer wieder durchgegangen. Tino konnte Stefan beruhigen, dass er nichts, aber auch gar nichts falsch gemacht hatte. Und dass er, Tino, keine Sekunde daran gedacht hätte, Stefan für seine Verletzung die Schuld zu geben. Bis heute sind Stefans Erinnerungen nicht zurückgekommen. Aber er hat gelernt, damit zu leben.

Phantomschmerz und Prothesenhoffnung

Das Tino es »einfach so« akzeptiert hat, seinen rechten Unterschenkel verloren zu haben, war für mich eine unglaubliche Erleichterung – ich würde meinem Geliebten diese traurige Nachricht nicht schonend beibringen müssen. Der Schock, auf einen Teil des Körpers verzichten zu müssen, den er bei seinen vielen sportlichen Aktivitäten mit Leidenschaft und Ausdauer belastet hatte, schien ausgeblieben zu sein.

Wie es für ihn tatsächlich war, weiß Tino selbst am besten zu berichten: »Wird ein Bein abgeschnitten, bedeutet das erstmal eine riesige Wunde. Ich denke oft an Bilder, wenn nach heftigem Niederschlag oder einem Erdbeben eine Straße abgerutscht ist. Da liegen Telefonleitungen, Elektrokabel, die Rohre für Gas, Fernwärme und Kanalisation frei – und führen mit einem Schlag ins Nichts. Im Bein sind es der Knochen, die großen Blutgefäße, die Muskeln und Sehnen und die ganzen Nervenbahnen, die plötzlich funktionslos sind.

Aber Amputation bedeutet keineswegs, dass man ein Körperteil so einfach los bist. Bis zu 80 Prozent der Patienten spüren Phantomschmerzen. Selbst Menschen, die durch einen genetischen Defekt ohne Arme oder Beine auf die Welt gekommen sind, also gar keinen anderen Zustand kennen, spüren Phantomschmerz. Kein Mensch weiß, warum. Vielleicht, weil der Kopf oder die Seele oder was auch immer ein Idealbild vom Körper in sich trägt und nun feststellt, dass etwas unvollkommen ist? Armamputierte berichten, sie hätten das Gefühl, dass ihr amputierter Arm mitgestikuliere, während sie sprechen, oder dass sie Schmerz fühlen, wenn das fehlende Glied zum Beispiel zu nah an eine heiße Herdplatte kommt. Viele haben den Eindruck, die fehlende Gliedmaße sei verdreht und nicht

in der richtigen Position. Mir scheint es so, als weigere sich mein Kopf, den Verlust meines Unterschenkels hinzunehmen. Der Schmerz kam immer wieder in Wellen. Das Perfide dabei: Es tat ja etwas weh, das eigentlich gar nicht mehr da war. Ich weiß nicht, was mit meinem Bein nach der Amputation geschehen ist, jedenfalls ist er nicht mehr ein Teil von mir. Doch wenn er mir schon fehlt, sollte ich ihn wenigstens endgültig los sein – aber mein Unterschenkel ist bis heute noch da. Zumindest sein Schatten, sein Phantom. Immer wenn das Wetter umschlägt, kommt er wieder, dieser unheimliche Phantomschmerz. Es tut weh, es prickelt wie kleine Stromschläge, als ob das Beim komplett eingeschlafen wäre und man plötzlich aufspringen müsse; ein attackenartiges, sehr unangenehmes Brennen mit Juckreiz und Kribbeln wie von tausend Nadeln, ein Schmerz wie nach einem Schnitt mit dem Messer oder auch das Gefühl, als wäre der Fuß eingeklemmt. Diese Gefühl kann stundenlang anhalten. Als ob der Fuß tatsächlich noch da wäre. Aber will ich mich kratzen oder meinen Phantomschmerz lindern, geht der Griff ins Leere.
Bei manchen Patienten verschwinden Phantomschmerzen bald wieder – bei Menschen wie mir kann der Schmerz Jahre oder das ganze Leben andauern. Es gibt aber auch Menschen, die haben schmerzfreie Phantomgefühle – hier kann eine Prothese das fehlende Körperteil ersetzen. Die Vorstellung im Gehirn lässt Körper und Prothese wieder zu einer Einheit verschmelzen. Zu diesen Glücklichen gehöre ich leider nicht.
Als gesunder Mensch wird man mit Kopf, zwei Armen und zwei Beinen geboren. Man lernt, sich zu bewegen und beherrscht den eigenen Körper schließlich so, dass alles perfekt funktioniert, alles aufeinander abgestimmt ist und wie aus einem Guss erscheint. Bis dann das Schicksal nach einem greift. Amputation, das ist ein sehr brutaler Eingriff ins Leben. Fast alle Menschen fallen in ein tiefes Loch, fangen an zu

trinken, sagen: Ich will nicht mehr. Für diese Menschen ist der Weg zurück ins normale Leben ein harter, manchmal langer Kampf. Bei mir kam es gar nicht dazu – ich habe nie gegrübelt, was wäre gewesen, was könnte jetzt anders sein. Warum sollte ich mir unnütze Gedanken machen?

Ich habe also von Anfang an akzeptiert, dass es ist, wie es ist. Wogegen ich gekämpft habe, ist der Phantomschmerz. Ich habe alles ausprobiert, was es gegen diesen Schmerz gibt. Von Akupunktur bis hin zu sehr starken Schmerzmitteln, die auf Dauer aber süchtig machen und Nieren und Leber angreifen. Das einzige, was mir hilft, sind Kältebehandlungen und manchmal auch die Akupunktur – vor allem aber eines: Bewegung. Und so habe ich schon bald angefangen, nicht gegen die Amputation anzukämpfen, sondern sie anzugehen, meinen Körper zu trainieren und mit meinem Stumpf zu leben.

Niemand – meine Eltern, meine Freunde, auch Antje nicht – hatte von mir erwartet, dass ich damit so offensiv umgehen kann. Ich bin kein Held, kein Überflieger, und ich weiß nicht genau, warum das bei mir so ist. Ein Grund mag sein, dass ich immer zum richtigen Zeitpunkt die richtigen Menschen treffe, die mir die Augen öffnen. Nach wenigen Tagen auf der Station kam ein Fachmann aus der Orthopädietechnik und hat mir erzählt, welche Prothesen es gibt. Was mich damals völlig elektrisiert hat war sein Satz: ›Mit den modernen Prothesen kannst du eigentlich wieder alles machen.‹ Ich habe nachgefragt: ›Auch Radfahren?‹ ›Klar, Radfahren.‹ ›Skifahren – Bergsteigen?‹ ›Klar, geht auch. Wenn der Unterschenkel komplett ab ist, kannst du dich mit einer Prothese am Ende besser bewegen, als mit einem kranken, verkrüppelten Fuß, der dran ist. Wenn also ab – dann besser ganz und richtig ab. Das ist so bei dir, Glückwunsch!‹ Dann schaute er mich prüfend an: ›Du kannst alles – aber der Kopf muss mitspielen. Wenn der Kopf nicht mitspielt, dann kannst du die modernste Sportprothese haben – du läufst damit nicht.‹ Das war die Aussage, die ich gebraucht hatte. Ich konnte es gar nicht erwarten, bis der Verband abkam und ich meine erste Prothese hatte – das erste Mal wieder auf eigenen Beinen zu stehen nach dem langen Liegen und vielleicht auch zu gehen – das war mein Ziel für die folgenden Wochen.

Ich hatte mein Schicksal also angenommen – ich haderte nicht damit, warum es mich getroffen hatte. Ich akzeptierte, dass ich es nicht rückgängig machen konnte. Für mich war klar, das Leben geht weiter und jetzt eben mit Prothese. Ich habe mich mit negativen Gedanken gar nicht aufgehalten, sondern war nach dem entscheidenden Satz des Orthopäden darauf aus, möglichst rasch wieder selbst auf die Beine zu kommen und Rad zu fahren. Dieses Ziel zu haben und auch zu sehen, dass es da konkrete Hilfsmittel, also Chancen gibt, das war ein echter Glücksfall. Ich hatte ein ehrgeiziges Ziel und würde jetzt alles tun, um es auch zu erreichen.«

Soweit Tinos Vorsatz. Aber wer weiß schon, wie das mit einer Prothese ist, wenn er noch nie eine hatte. Wie sie mit dem Bein verbunden wird, wie sie sich anfühlt. Der Stumpf ist ein sehr sensibler Begleiter nach einer Amputation. Das abgerisse Ende ist ja nicht organisch zugewachsen, sondern nur durch einen transplantierten Hautlappen überdeckt, der den Stumpf wie eine Socke zusammenhält. Tinos Knie ist unbeschädigt. Ganz normal. Eine Handbreit darunter aber wurde der Knochen abgesägt, Muskeln und Sehnen durchtrennt. Das ist der Stumpf, den man seit Piratenzeiten mit einer Prothese verlängert hat. Beim Gehen muss dieser Stumpf im Wechsel mit dem gesunden Bein das ganze Körpergewicht tragen.

Die Komplikationen im Stumpf durch Überlastung können so schwer sein, dass bei manchen Patienten scheibchenweise immer weiter das Bein amputiert werden muss, bis sich ein ent-

zündungsfreier Stumpf herausgebildet hat, der eine Prothese halten kann. Wenn die Wunde am Abschluss des Stumpfs gut verheilt ist, dann wird ein Gipsabdruck gemacht, um den Schaft der Prothese herzustellen. Der Beinstumpf steckt später möglichst tief in diesem trichterförmigen Schaft der Prothese und gibt dem Stumpft nach allen Seiten Halt. Das sind Maßanfertigungen. Tinos ersten Unterschenkel haben ihm die Orthopäden damals ausgesucht. Das ging nicht nach Schönheit, sondern nach Schuhgröße; es war ein Arbeitsgerät, um wieder die ersten Grundschritte zu lernen.
Im Krankenhaus hatten die Knochendocs so etwas wie einen Teststrecke aufgebaut: Steigungen, Treppen, weicher Teppichboden, Pflaster-, Sand- und Kieswege. Das ganze Programm, um Menschen wie Tino die Beherrschung einer Beinprothese zu ermöglichen. Später kamen Hütchenreihen dazu, die er wie ein Fußballer umdribbeln musste. Er übte mit einer Verbissenheit, die ich einerseits bewunderte, die mich andererseits aber auch mit Besorgnis erfüllte. Was, wenn er scheiterte? Zu dieser Zeit war nicht klar, ob sein Bein das alles mitmachen würde. Immer wieder stoppten Komplikationen sein Trainingsprogramm. Entzündungen und wund geriebene Stellen am Stumpf traten auf, Verletzungen, die lange Zeit brauchten, um zu verheilen und einen geduldigen Patienten – und das war Tino nicht.

Hoher Besuch im Krankenhaus

Eines Tages bekamen unsere beiden Männer Besuch vom damaligen neuen Verteidigungsminister Dr. Franz Josef Jung, der sein Amt nur eine Woche nach dem Anschlag von Peter Struck übernommen hatte und jetzt zum ersten Mal bei Auslandeseinsätzen verletzten Soldaten Mut zusprach. Er erinnert sich heute noch gut an diesen Besuch: »Der Weg in das Krankenzimmer von Stefan Deuschl und Tino Käßner war ein sehr bedrückender Moment. Ich habe natürlich versucht, mich innerlich auf ein solches Treffen mit schwer verwundeten Soldaten einzustellen – aber darauf kann man sich nicht vorbereiten, da muss man spontan und mit dem Herzen reagieren. Sie haben es mir leicht gemacht, weil sie mir das Gefühl gaben, dass sie positiv überrascht waren und dass ich willkommen war. Solche Besuche oder bei den Trauerfeiern vor die Angehörigen zu treten – das waren mit die schwersten Stunden in diesem Amt. Es war unterschwellig die tägliche Sorge, dass wieder etwas passiert und wir gefallene Soldaten zu beklagen haben. Das ist ein großer seelischer Druck, der mit diesem Amt einher geht. Bei den Trauerfeiern kam immer große Anteilnahme aus der Bevölkerung. Unsere Gesellschaft wird ärmer und kälter, weil es immer weniger Menschen gibt, die bereit sind, sich für die Allgemeinheit einzusetzen und zu engagieren. Und das ist der Punkt, wo auch wir in der Politik nicht nur anerkennen müssen, sondern auch engagiert dafür werben müssen, dass solche Opferbereitschaft auch wieder als Wert in unserer Gesellschaft verankert wird. Es war damals zu Beginn des Afghanistan-Einsatzes deshalb sicher die falsche Entscheidung, nur dosiert und ohne hässliche Bilder die Bevölkerung über den Einsatz in Afghanistan zu informieren und zum Beispiel nicht einmal die Namen und die Einheit der Toten zu nennen. Das lag an einer Informationssperre des Verteidigungsministeriums und ich habe diese Praxis umgehend geändert.

Ich war oft in Kabul, etwa bei Schuleinweihungen, und habe die Fröhlichkeit, den Optimismus und die Zukunftshoffnung der Kinder dort erlebt – auch der Mädchen, die vorher dort überhaupt keine Chance hatten – und von daher kann ich nur sagen, dass ich unterstreiche, wenn Stefan Deuschl und Tino Käßner heute sagen, dass die Kinder die Zukunft Afghanistans sind.

Wenn ich auf meinen Veranstaltungen den Leuten erzähle, was sich alles in Afghanistan positiv verändert hat, dann kommen die Leute zu mir und fragen: Warum berichtet das niemand? Es hat mich schon sehr nachdenklich gemacht, warum letztlich nur das Negative berichtet wird. Ich habe viele Journalisten auf meine Reisen mitgenommen. Wir sind mit denen in die Schulen gegangen, wir haben Videos, DVDs verschickt – aber es ist darüber nicht berichtet worden, das ist die Wahrheit. Die fehlende Anerkennung ist etwas, was unsere Soldaten immer wieder bedrückt. Wir haben natürlich alles versucht von Seiten der militärischen Führung und von Seiten der politischen Führung, damit besser wahrgenommen wird, was da in Afghanistan geschieht. Der Großteil unserer Bevölkerung bekommt von Afghanistan nur etwas mit, wenn dort ein Bombenanschlag passiert und es Tote gibt. Alles, was an positiver Wirkung dort geleistet worden ist, ist letztlich nicht zu unserer Bevölkerung vorgedrungen.«

Zu Hause

Wochen später, kurz vor Weihnachten 2005, wurden Stefan und Tino aus Koblenz in die Unfallklinik im bayerischen Murnau, der Heimat ihrer Kompanie, verlegt. Mit den langen, anstrengenden Fahrten nach Koblenz zu Tino war es vorbei. Langsam würde wieder ein bisschen mehr Normalität in unser Leben zurückkommen. Die Heimkehrer waren überwältigt von der ungeheuren Hilfsbereitschaft, die in der Bevölkerung herrschte, und zwar nicht nur von Seiten der Kompanie, unserer Freunde, Nachbarn und Bekannten, sondern selbst der Kolpingverein unterstützte uns durch den Verkauf von Glühwein auf den Weihnachtsmärkten und das Sammeln von Spenden. Einmal steckte eine alte Dame 500 Euro aus ihrem Sparstrumpf in die Spendendose. »Vom Christkind!«, sagte sie auf die Frage, wer denn da gespendet habe. Nicht einmal ihren Namen wollte sie nennen.

Handwerker aus dem Ort halfen den Deuschls beim Ausbau ihrer behindertengerechten Wohnung. Die Schule von Henry und Robin hatte einen Weihnachtsbasar aufgebaut und der Eishockeyverein SC Riessersee hat ein Benefizspiel veranstaltet, zu dem über 2000 Zuschauer kamen. Eishockeylegenden, allen voran Peppi Heiß – Torwartlegende mit 140 Länderspielen für Deutschland und wie wir Garmisch-Partenkirchner –, Erich Kühnhackl, Rosi Mittermaier, Christian Neureuther, nahezu alle Menschen, auch die weniger berühmten im Werdenfelser Land, haben mitgeholfen und Spenden gesammelt.

Nicht nur unsere Familien, auch die Bundeswehr war von der großen Anteilnahme in der Region und dieser unglaublichen Welle der Hilfsbereitschaft überrascht. Im Dezember übernahm Oberstleutnant Klaus D. Treude die Pressearbeit und wurde zu einem Freund und Berater unserer Familien. Treude

ist seit 1970 Berufssoldat und auch für ihn war die Situation einzigartig: »In der Truppe wie auch in der Bevölkerung rund um den Bundeswehrstandort herrschte Betroffenheit, alle, die mit so einem Unglück in Berührung kamen, waren menschlich bewegt und nahmen Anteil. Für mich war die Pressearbeit ganz schnell kein Job mehr, sondern ein persönliches Anliegen, weil das, was geschehen war, so ungeheuerlich für uns alle erschien. Ich habe sehr intensiv mit den beiden Familien zusammengearbeitet. Bei der Benefizveranstaltung in Garmisch-Partenkirchen habe ich damals das erste Mal Stefan Deuschl gesehen. Da, wo normalerweise die Beine sind, lag nun eine Wolldecke. Das hat mich so berührt, da musste ich wirklich mit den Tränen kämpfen. Es gab häufiger Momente, in denen man mit den Tränen kämpfen musste. Das hält bis heute an.
Ein Truppenteil ist eben doch ein bisschen wie eine Familie, obwohl viele sagen würden, ein Wehrbereichskommando ist nur eine Verwaltungseinheit und sonst nichts. In solchen Fällen merkt man aber schon, dass wir ganz eng beieinander sind und zusammenrücken und mit den Opfern und ihren Angehörigen fühlen.
Überall in der Bevölkerung war ein außergewöhnlich starker Wunsch zu helfen spürbar. Wenn wir uns in der Gesellschaft generell so unterstützen würden, wenn ein Mensch oder eine Familie in Not gerät, auch ohne so einen spektakulären Hintergrund wie das Attentat auf Tino Käßner und Stefan Deuschl, dann wäre unsere Gesellschaft heute deutlich besser. Die Kraft, mit der die beiden und ihre Familien ihr Schicksal angenommen haben, kann ich nur unendlich bewundern. Wenn es mir mal schlecht geht, denke ich immer sofort an Käßners und Deuschls und sage mir, Mensch, deine Probleme sind wirklich unbedeutend gegen das, was diese zwei Familien erlebt und durchlitten und gemeistert haben.
Ich selbst war schon zweimal im Kosovo-Einsatz und habe

mich jetzt ein drittes Mal freiwillig gemeldet. Ich habe lange mit meiner Frau darüber gesprochen. Immer, wenn in den Nachrichten wieder Tote und Verletzte aus Afghanistan gemeldet wurden, sagte sie: ›Sei froh, dass du nicht da unten bist.‹ Und ich bin dankbar, dass sich die Entscheidung nie gestellt hat nach Afghanistan zu gehen – ich bewundere alle Soldaten, die das tun, denn es ist notwendig und dafür verdienen sie unsere Anerkennung.«

Diese Anerkennung haben wir in unserer Heimat von allen Seiten bekommen. Wir wurden getragen von einer Welle der Hilfsbereitschaft, für die wir bis heute unendlich dankbar sind. Es gab viele lustige Geschichten und sogar Erfindungsreichtum bei der Erschließung von Spendenquellen. Die kreativste Idee kam von Vios Seniorchef, der hatte seinen Bischof angeschrieben, dass er trotz seines hohen Lebensalters von 75 Jahren und vieler Kritikpunkte immer noch nicht aus der Kirche ausgetreten sei und Zeit seines Lebens immer pünktlich die Kirchensteuer gezahlt hätte. Diesmal aber gäbe es da eine Familie, die seine Kirchensteuer dringender bräuchte als das Kirchensteueramt – und da hat er die Deuschls genannt. Tatsächlich bekam er eine Antwort vom Bischof – und Deuschls seine Kirchensteuer als Spende für die Familie. Die Hilfsangebote kamen von überall her. Besonders vor Weihnachten haben viele Menschen auf ein Spendenkonto eingezahlt. Es gab große Spenden und auch kleine, und in der Summe hat es uns wahnsinnig geholfen. Wir würden jetzt, wo es wieder ruhiger ist und es uns besser geht, wirklich gerne zu jedem hingehen, der uns geholfen hat, an der Tür klingeln und danke sagen. Vielleicht können wir das ja hier mit diesem Buch?
Wir sind alle unendlich dankbar für alles, was wir in dieser Zeit selbst von wildfremden Menschen an Zuspruch und Unterstützung erfahren haben. Es war das erste Mal, dass wir Aner-

kennung und Respekt in der Öffentlichkeit gespürt haben, für das, was die Soldaten in ihren Auslandseinsätzen leisten. Ohne diese unglaubliche Hilfe wäre es uns mit Sicherheit schwer gefallen, unser vergangenes Leben wieder so gut aufzunehmen zu können.

Vio hatte sich für die Kinder eine besondere Weihnachtsüberraschung ausgedacht und nichts von der bevorstehenden Heimkehr des Vaters erzählt: »Ich wusste es selbst erst ein paar Tage davor – und es hätte ja auch noch schiefgehen können, wegen einer Entzündung, einer Komplikation. Deshalb habe ich den Kindern gesagt, dass wir nach Koblenz fahren und dem Papa einen Weihnachtsbaum bringen, damit er nicht so alleine ist. Als dann klar war, dass Stefan und Tino Weihnachten wirklich nach Hause kommen würden, habe ich nichts verraten. Und tatsächlich, einen Tag vor Heiligabend klingelte es plötzlich an der Tür und der Papa war da. Die Freude war ungeheuer groß, sehr viel Gefühl, sehr viele Tränen, sich umarmen, sich drücken – die Familie war wieder zusammen; endlich war Stefan zu Hause und alles würde wieder gut werden. Als ich die beiden Jungs abends ins Bett gebracht habe, kam wieder einer dieser Kindersätze, die man sein Leben lang nicht vergisst. Plötzlich fiel die ganze Freude von Robin ab und ich sah, dass ihn etwas schwer beschäftigte: ›Du Mama, weiß denn das Christkind eigentlich, dass der Papa jetzt hier ist und wir nicht nach Koblenz gefahren sind?‹ Das Christkind könnte sich ja mit all den Geschenken nach Koblenz verflogen haben. Eigentlich hätten wir das größte Geschenk ja schon bekommen, sagte ich, der Papa sei ja wieder da – und daher müsste das Christkind ja auch ganz genau wissen, dass wir zu Hause sind, es bestehe kein Grund zur Sorge. Und wie bei einem Lichtschalter war das Problem wieder ausgeknipst.
Diese Ereignisse haben unsere Kinder stark gemacht. Sie ha-

ben gelernt und erfahren, dass es im Leben ernste Krisen gibt – aber dass man damit fertig wird, wenn man für Lösungen offen ist und sie aktiv anstrebt.«

Ende der Soldatenlaufbahn

Tino hat im Jahr nach dem Anschlag einen Dienstunfähigkeitsantrag gestellt und im August 2007 die Bundeswehr verlassen, Stefan beantragte seine Dienstunfähigkeit 2008 und schied zum 31.08. 2008 aus. Beide hätten nach dem Weiterverwendungsgesetz bei der Bundeswehr bleiben können – aber Tino sagte immer: »Entweder man ist voll und ganz Soldat oder gar nicht.« Er hatte ein neues Leben geschenkt bekommen und wollte es nutzen, er hatte vor, sich ab jetzt nur noch auf seine Karriere im Radsport konzentrieren.

Unsere Familien haben das große Glück, dass wir Unterstützung von vielen Menschen erhalten haben und über die Bundeswehr sowie private Zusatzversicherungen auch finanziell von einem starken Netz aufgefangen worden sind. So können wir finanziell abgesichert leben. Wir haben hart kämpfen müssen, um unsere Welt langsam wieder aufzubauen. Wir haben ein Stück dieses Krieges in Afghanistan mit nach Deutschland nehmen müssen, aber wir haben beschlossen, dass wir uns das Leben und unseren Frieden dadurch nicht nehmen lassen.

Am Anfang war ich noch unsicher, manchmal wütend, wenn die Leute mich und Tino angestarrt und getuschelt haben. Das tun sie heute auch noch – aber ich reagiere nicht mehr darauf. Einmal waren wir im Sommer in einem Sporthaus Turnschuhe kaufen. Weil es heiß war, hatte Tino kurze Hosen an. Ein Junge blieb stehen und starrte auf Tinos Beinprothese. Da Tino aus Prinzip auf sämtliche kosmetischen Verkleidungen seiner Prothesen verzichtet und man die bloße Struktur und die Titangelenke der Prothese sieht, wirkt sein Bein immer ein bisschen robotermäßig, wie bei Arnold Schwarzenegger in *Terminator*. Ich habe auf Tinos Prothese gezeigt und den Jungen gefragt, ob er wissen will, was das ist. Er hat ja gesagt und ich habe ihm erzählt, dass Tino als Soldat in Afghanistan war und ein Terrorist ihm das Bein weggesprengt hat. Inzwischen war die Mutter herangeeilt, riss jetzt den Jungen weg mit einem kurzen, entschuldigenden Blick zu uns und schimpfte auf den Jungen los: »Ich habe dir schon hundertmal gesagt, du sollst aufhören mit dem scheiß Krieg spielen – da siehst du endlich mal, wohin das führt.« Damals hat mich das sehr geärgert, heute stehe ich darüber.

Tino hat wirklich schweren Herzens seinen Dienst beendet. Stefan, der früher leidenschaftlich gerne Ski gefahren ist, hat einen Monoskikurs besucht und plant die Gründung einer Monoskischule für behinderte Menschen. Wie Tino hatte Stefan ähnliche Beweggründe, seinen Dienst in der Bundeswehr zu beenden: »Alles, was einen Soldaten ausmacht, das bin ich nicht mehr. Wenn ich meine Beine noch hätte, wäre ich jetzt immer noch Soldat – und würde aus Überzeugung meinen Dienst leisten. Im Ausland, wo auch immer, und das mit Leib und Seele. Mein Zustand allein war der Grund, warum ich raus bin aus der Bundeswehr. Ich wollte niemals ein Krüppel sein in Uniform und mit einem Mitleidsbonus im Dienst bleiben. Jeden Tag die gesunden Soldaten sehen. Und denen dann noch zackig sagen müssen: ›Du pass mal auf, wenn du bei der Bundeswehr was werden willst, dann geh erstmal raus auf die Aschenbahn und lauf 3000 Meter. Und in 13 Minuten bist du wieder da.‹ Vor dem Anschlag hätte ich das den Rekruten locker vormachen können – ich bin oft freiwillig mitgelaufen, damit der Rekrut motiviert ist und es schafft. Aber jetzt? Ohne Beine? Irgendwann dreht sich irgendein junger Soldat dann mal um, wenn ich einen Befehl gebe und sagt: ›Was will denn der Krüppel?‹ Die nächsten fünf Jahre lang wissen alle noch meine Geschichte, wer ich mal war, was ich dargestellt habe im aktiven Dienst. Später dann bin ich nur noch der Afghanistankrüppel, der sein Gnadenbrot bekommt. Dann sitze ich in irgendeinem Kämmerchen und kann mich wegen meiner Phantomschmerzen auf keine Arbeit konzentrieren.

Wenn man mich fragt, ob es das wert war, für Afghanistan und den Frieden hier beide Beine zu verlieren, kann ich nur sagen – kein Verlust eines Beins, eines Arms oder auch nur eines Fingers ist es wert. Aber ehrlich, ich habe mir diese Frage nie gestellt, sie hat sich nie gestellt – ich hatte schließlich auch gar nicht die Wahl, um meine Beine zu feilschen. Wenn ich infrage stellen würde, was ich getan habe, dann hätte ich meinen Kampf verloren und mein Opfer wäre umsonst gewesen. Ich habe alles freiwillig gemacht und bin von niemandem gezwungen worden. Der Entschluss, die Bundeswehr zu verlassen, stand deshalb auch am Ende eines langen Prozesses, der mich sehr viel Kraft gekostet hat. Ich hatte lange Gespräche mit meiner Frau. Ich hatte lange Gespräche mit Tino und mit meinen Kameraden. Dann war klar: Ich wollte kein Soldat mehr sein. Die Klappe war gefallen, wie nach dem Ende eines Films. Jetzt kommt ein neuer Film und da spielt die Bundeswehr keine Rolle mehr. Ich habe für diese Land viel gegeben – jetzt will ich nur noch für meine Familie da sein.«

Freunde fragen Stefan Deuschl manchmal, was er sagen wird, wenn seine eigenen Söhne eines Tages zur Bundeswehr wollen. »Ich werde ihnen keinen Rat geben. Ich glaube, dass ich mit den beiden gar nicht drüber reden muss – sie haben selbst miterlebt, was die Vorteile und die Nachteile des Soldatenberufs sind. Um es hart zu sagen: Sie schauen mich jeden Tag an und wissen, der Papa war Soldat und jetzt hat er keine Beine mehr. Sie können ihre Entscheidung absolut selbst treffen und ich würde es akzeptieren, wenn sie zur Bundeswehr gehen würden – so wie ich das damals für mich entschieden habe.«

Violetta sieht das ganz anders; sie würde immer darauf hinwirken, dass Robin und Henry nicht zur Bundeswehr gehen: »Ich möchte, dass meine Söhne wissen: Sie haben nur ein Leben und das ist wertvoll. Sie sollten es nicht für einen Beruf – und die Bundeswehr ist ein Beruf, die sehr gefährlich sein kann – aufs Spiel setzen. Für nichts und niemanden. Ich möchte, dass meine Söhne das immer klar überlegen und ich würde versuchen, sie zu fragen: ›Hast du daran gedacht, dass du vielleicht ins Ausland gehen musst? Dass du vielleicht auf Menschen schießen musst – und sei es auch nur, um dich zu verteidigen? Hast du daran gedacht, was dein Vater erlebt hat?‹ Dass sich Stefan damals anders entschieden hat und zur Bundeswehr ging, habe ich immer akzeptiert. Ich habe ihn mit wirklich großen Opfern immer unterstützt und bin diesen Weg immer mitgegangen. Noch einmal möchte ich diese Zeit nicht durchmachen. Ich glaube, unsere Familie hat bereits ein großes Opfer gebracht für unsere Gesellschaft – jetzt müssen andere auch ihren Teil beitragen.«

Der Anschlag hat uns alle verändert. Das Leben, so scheint es mir heute, besteht aus lauter einzelnen Ereignissen, die man nicht steuern kann. Der eine füllt seinen Lottoschein aus, macht ohne Nachzudenken sechsmal ein Kreuz im richtigen Kästchen – der andere geht genau in der falschen Sekunde über die Straße und wird überfahren oder in die Luft gesprengt. Es ist alles Zufall. Oder Fügung? Schicksal? Wir führen nicht Regie in diesem Film. Vio und Stefan, Tino und ich haben deshalb aufgehört, uns den Kopf über die Zukunft zu zerbrechen. Wir leben damit heute sorgloser und freier.

Am 30. November 2006, ein Jahr nach dem Anschlag, hat Tino zum letzten Mal seine Ausgehuniform angezogen. Stellvertretend für alle Soldaten der Bundeswehr wurde er zur NATO-Tagung nach Riga eingeladen, zusammen mit 26 weiteren Sol-

daten aus den einzelnen Bündnisländern, die in Afghanistan im Einsatz standen.
Während der Schweigeminute für die Opfer und Gefallenen stand Tino auf dem Podium direkt hinter den Staatschefs, Außen- und Verteidigungsministern der wichtigsten westlichen Bündnisnationen. Angela Merkel saß für Tino nach militärischem Verständnis auf »10 Uhr«, direkt rechts vor ihm auf »5 Uhr« der amerikanische Präsident George W. Bush mit seiner Außenministerin Condoleezza Rice. Die Gedenkzeremonie wurde feierlich vollzogen mit einem Trompetensolo zum Abschluss, das Tino noch heute als den beeindruckendsten Moment der ganzen Tagung beschreibt. Tino hätte die Einladung nach Riga abgelehnt, wenn er nur wegen seiner Verletzung eingeladen worden wäre. Dann hätte Stefan genauso mit nach Riga müssen wie er und viele andere. Aber als Repräsentant Deutschlands und der Bundeswehr im NATO-Einsatz ausgewählt zu sein und dort aufzutreten, war eine große Ehre für ihn. So hatten die Verantwortlichen einmal auch die Menschen vor Augen, über deren Einsatz und Leben sie zu entscheiden haben.
Die Delegierten zollten den Gesandten aus der Truppe viel Beifall. Am Rande der Tagung traf Tino auch Verteidigungsminister Dr. Franz Josef Jung wieder, der ihn im Krankenhaus besucht hatte. Die NATO-Tagung in Riga war der Schlussakkord in Tinos Bundeswehrkarriere. Seine Ausgehuniform hat er danach in den Schrank gehängt und nie wieder angezogen.
Der Auslandseinsatz der Soldaten Tino Käßner und Stefan Deuschl war damit beendet.

Die Hochzeit

Mein Schatz,
Ich möchte Dir meine Liebe geben,
Hier und heut' mein ganzes Leben.
Ich will Dich lieben für alle Zeit,
Von jetzt bis in die Ewigkeit.
Ich will Dich begleiten auf Deinen Wegen,
Tag und Nacht bei Sonne und Regen.
Ich bin immer da für Dich,
Du bist mein Leben. ICH LIEBE DICH!

Antjes Hochzeitsgedicht für Tino, am 16. Juli 2006

Die Idee, Tino zu heiraten, hatte ich schon im April 2004 vor seinem dritten Afghanistaneinsatz. Ich wusste, dass es sich lohnt, auf diesen Mann zu warten und jede Nacht wach zu liegen und zu hoffen, dass ihm nichts passiert. Mit dem Heiratsantrag wollte ich Klarheit und Verbindlichkeit für eine Zukunft mit Tino herstellen. Tino hätte mir nie einen Heiratsantrag gemacht, nicht mal auf die Idee wäre er gekommen, und so habe ich das in die Hand genommen. Er hatte mich dazu ausdrücklich ermuntert, indem er einmal nach einem sehr schönen Abend vor dem Einschlafen so dahingesagt hatte: »Wenn du mich heiraten willst, dann frag mich.«
Also habe ich ihn gefragt. Mit Tinos Schwester hatte ich alles gut eingefädelt. Eines Tages beichtete mir Tino, dass er unseren Freundschaftsring nicht mehr finden könne – aber der war dank Heike schon längst beim Juwelier für die Gravur der Verlobungsdaten. 24. April 2005 würde in unseren Ringen als Datum stehen, Tinos Geburtstag. Ich wusste nicht sicher, wie Tino reagieren würde, wenn ich ihm den Antrag ma-

che, es hätte auch sein können, dass er beleidigt wäre, weil der Heiratsantrag ja eigentlich von Seiten des Mannes kommen muss, normalerweise. Aber ich bin ein sehr direkter Mensch und nehme die Sachen gerne selbst in die Hand. Und sein Geburtstag war ein gutes Datum – dann würde er zumindest seinen Verlobungstag später nicht so leicht vergessen.

Als es soweit war, war die ganze Familie im Wohnzimmer bei Kaffee und Kuchen beisammen. Tino und ich saßen auf der Couch mit Tinos Oma zwischen uns. Nicht ganz gelungen von der Aufstellung, aber in der Bundeswehr lernt man, spontan aus beliebigen Situationen das Beste rauszuholen. Als ich dachte, der richtige Moment sei gekommen, hörte ich meine Stimme plötzlich in das sanfte Klappern der Kaffeetassen sagen: »Also, ich hab da mal was …« Und über die faltigen Arme der Oma hinweg gab ich Tino seinen Ring und fragte: »Sag mal, würdest du mich heiraten?« Ich meine mich erinnern zu können, während ich um die Oma herum zu Tino schielte, dass ihre Tasse wackelte und Kaffee auf die Untertasse schwappte. Aber eigentlich hatte ich nur Augen für Tino. Es war sehr still im Zimmer. In diesen Situationen dehnen sich die Sekunden zu Minuten. Vor allem als ich sah: Tino ist völlig baff. Mund offen. Und dann sehe ich seine Tränen fließen. Denn mein Tino ist sehr nahe am Wasser gebaut. Ich habe ihm den Ring angesteckt, dann kamen auch schon die ungläubigen Fragen aus der Familie: »Ja, wie, wieso machst du jetzt den Antrag?« Aber das war eine unwichtige Frage. Die einzig für mich bedeutsame Frage hatte Tino einfach mit »Ja« und seinen Tränen beantwortet. Die Hochzeit wurde für das kommende Jahr im Frühling geplant. Die Zukunft sah für mich in diesem Moment aus wie eine große Blumenwiese, durch die ich zusammen mit Tino laufen würde.

Tinos Verletzung hat mich keinen Zentimeter von diesem Plan abbringen können. Im Gegenteil. Die Heirat würde mein Be-

kenntnis zu Tino sein, dass wir die Folgen des Anschlages zusammen durchstehen würden und ein Abschluss all dessen, was ich in den vorausgegangenen Monaten gezeigt hatte: dass ich diesen Mann nie wieder verlassen werde. Dass ich mit ihm alles ertragen und tun werde, damit es ihm gut geht. In den Nächten an Tinos Krankenbett hatte ich ihm das immer wieder versprochen. Wir mussten nicht groß darüber reden. Er wusste das. Er war dankbar. Und ich liebte ihn in seiner ganzen Hilflosigkeit.
Ich bewunderte ihn sogar mehr noch als in unserer Kennenlernphase, wo er mir als sportlich durchtrainierter, immer lustiger Mensch gegenüberstand. Es war sein ungebrochener Wille, seine Behinderung zu ignorieren und seinen Körper wieder so beherrschen zu wollen, dass er sein Leben selbst gestalten kann. Die Hochzeit sollte für uns zum Neuanfang werden. Ein Zeichen, dass wir nicht gescheitert sind und uns auch zukünftig nicht unterkriegen lassen würden. Irgendwie war es auch unser Sieg über den Attentäter, der mit seinen Zielen endgültig gescheitert war.

Ich bin dann Ende Juni 2006 ins Rathaus in Murnau zum Standesbeamten, um den Hochzeitstermin zu vereinbaren. Normal ist eine wochenlange Wartezeit – aber auf dem Standesamt in Murnau kannte man unsere Geschichte schon und alle waren wirklich sehr bemüht, einen früheren Termin zu finden. Der Termin wurde auf den 15. Juli 2006 festgelegt, auf den Tag genau acht Monate nach Tinos Rückkehr aus Afghanistan ins Krankenhaus nach Koblenz. Ich habe die Beamten um eine schriftliche Ausfertigung mit dem Aufgebot gebeten, weil ich das Tino als Überraschung ins Krankenhaus mitbringen wollte. Ich hoffte, ihm mit dem Aufgebot zusätzlich Kraft und ein Ziel zu geben, auf das er hinarbeiten konnte. Als ich zu ihm ins Krankenzimmer ging, war ich genauso aufgeregt

wie bei unserer Verlobung – ich wusste nicht, wie er reagieren würde. Ich habe ihm wie ein mittelalterlicher Kurierreiter das mit einem roten Band umwickelte Aufgebot auf sein Bett gelegt und wie schon bei dem Heiratsantrag gesagt: »Ich hab da mal was …«
Violetta war meine Trauzeugin. Unsere Männer waren von heute auf morgen zu körperbehinderten Menschen geworden, Vio und ich hatten alle Hochs und Tiefs dieser Geschichte zusammen durchlitten, uns verband dadurch etwas ganz Besonderes. Die Ereignisse der vergangenen Monate hatten unsere Familien fest zusammengeschweißt.

Mit Beharrlichkeit zum Altar

Während Tino im Krankenhaus trainiert hat, musste ich für die Hochzeit alles allein organisieren: Einladungen, Restaurant, Gästekarten, Hochzeitsessen … und dazwischen immer wieder ins Krankenhaus. Tino hatte sich wie damals schon bei seinen Eltern fest vorgenommen: »Ich stehe beim Jawort. Ich werde nicht im Rollstuhl sitzen, ich stehe, egal wie – aber ohne Krücken und andere Hilfsmittel.« Auch auf den Hochzeitswalzer hat er bestanden – schließlich heiratet man ja nur einmal. Dabei kann Tino gar nicht tanzen. Schon vor dem Anschlag konnte er das nicht. Jedenfalls nicht so, wie wir Frauen das mögen. Wir haben also geübt. Er stand mir dann dauernd auf den Zehen, weil er mit seiner Prothese natürlich nicht gemerkt hat, wo er hintritt. Während er mich von oben selig anlächelte, weil er überzeugt war, einen perfekten Walzer auf die Matte zu legen, hatte ich Tränen in den Augen. Und es war waren nicht Tränen der Rührung, sondern des Schmerzes. Ich sagte: »Au!«, und er sagte: »Hab ich dich erwischt?« Ich darauf: »Nein, erwischt kann man nicht sagen – du stehst die ganze Zeit auf meinem Fuß!«

Tino wollte Walzer tanzen und dabei konnte er noch nicht einmal richtig gehen mit der neuen Prothese. Immer wenn er abgelenkt war, vergaß er wieder, dass er nur noch ein Bein hatte. Einmal, als er im Badezimmer beim Rasieren war und sein Handy plötzlich klingelte, dreht er sich um wollte aus Reflex einfach loseilen – doch der Schritt ging ins Leere und Tino ist böse gestürzt.
Genauso war es beim Tanzen. Immer wieder kamen wir ins Straucheln. Wir haben gemerkt, dass wir mit Verbissenheit nicht weiterkommen, und sind lachend aufs Bett gefallen. Ich habe dann gesagt: »Tino, wir improvisieren und schauen einfach: Entweder die Situation ergibt sich oder sie ergibt sich nicht.«
Am nächsten Tag sind wir in die Stadt gefahren, um unsere Hochzeitskleidung auszusuchen. Tino wollte unbedingt, dass ich ein Kleid trage und nicht einen Hosenanzug, den ich bevorzugt hätte. Ich habe dann ein Kleid gefunden aus rosa Wildseide. Beim Herrenausstatter war die Verkäuferin völlig fassungslos, als Tino sagte: »Ich brauche nur den linken Schuh zum Anprobieren – der Rechte drückt nie und passt immer!« – und zur Erklärung das rechte Hosenbein hochgezogen hat.

Der Tag unserer Hochzeit hatte in den vorangehenden Wochen zunehmend Symbolkraft bekommen. Und dann drohte im letzten Augenblick alles zu scheitern. Tino war kurz vor der Hochzeit noch viermal operiert worden. Er war immer noch in geschwächtem Zustand und der Beinstumpf instabil. Pilzbefall, wund geriebene Stellen und immer wieder Entzündungen. Jede weitere kleine Verschlechterung drohte die Heilungserfolge der vergangenen Wochen zunichte zu machen. Drei Tage vor der Hochzeit der befürchtete Rückfall: Der Stumpf hatte sich entzündet und musste operiert werden. Den Ärzten war klar, was so ein Rückschlag für uns bedeuten würde.

Wieder wäre die Hoffnung auf Rückkehr in ein einigermaßen normales Leben ohne Krankenhaus zerschlagen worden. Ich weiß nicht, ob ich die Kraft aufgebracht hätte, noch einmal von vorn anzufangen mit der Organisation eines neuen Hochzeitstermins. Es hatte mich jetzt schon alles sehr viel Kraft gekostet. Meine Mutter meinte immer, wenn sie mich zu der Zeit sah, ich sei nur noch Haut und Knochen, so abgemagert war ich. Auf den Fotos von damals liegen meine Augen tief in den Höhlen und wirkten irrsinnig groß. »Du sprichst mit den Augen«, sagen Freunde von mir immer, und in der Tat kann ich mich nicht gut verstellen, meine Augen verraten mich immer. Sie füllen sich schnell mit Tränen, wenn ich gerührt oder traurig bin. Und sie sind stahlblau, wenn ich sauer werde. Als die Nachricht von Tinos Rückschlag kam, war jedes Leuchten in ihnen irgendwie ausgeknipst. Ich saß bei Tino auf dem Bett und war am Heulen.

Dann kamen die Ärzte. Erst ein bisschen verlegen, aber sehr entschlossen. Sie wüssten, wie wichtig die Hochzeit für uns – und auch für Tinos Gesundung – sei, sie würden alles tun, damit Tino zur Hochzeit aus dem Krankenhaus kann. Und – mit einem Lächeln – es sehe nach den aktuellen Befunden auch gar nicht mehr so schlecht aus. Diese Worte habe ich nur noch durch einen Tränenschleier wahrgenommen.

Es bestand also noch Hoffnung, dass alles gut werden würde. Doch am Morgen der Hochzeit dann das volle Drama: Tinos Stumpf war nach der OP so angeschwollen, dass er nicht mehr in die Prothese passte. Er würde zur Trauung nun doch im Rollstuhl sitzen müssen. Alles schien verloren.

Ich glaube, wir waren zu diesem Zeitpunkt beide in einem Zustand, dass nicht mehr viel hätte passieren dürfen. Wir waren erschöpft, abgearbeitet und hatten einfach keine Kraft mehr. In Murnauer Krankenhaus gibt es die geniale Orthopädiefirma Mödl, die uns dann geholfen hat mit einer cleveren Idee. Der

Schaft der Prothese wurde einfach aufgesägt und mit Klettverschlüssen gesichert. Die Prothese war damit zerstört für die weitere Verwendung – aber wir konnten damit unsere Hochzeit retten.

Vor dem Standesamt waren dann alle da, Vio und Stefan mit ihren Söhnen, unsere Freunde und Verwandten, und die Kameraden von den Feldjägern, die in Uniform Spalier standen – zusammen mit der Hundestaffel. Tino stand beim Jawort wie geplant. Auf keinem der Fotos sind die Krücken zu sehen, die er zur Sicherheit immer dabei hatte – nichts sollte später an seine Verletzung erinnern. Er hat sie einfach hinter seinem Rücken versteckt, sobald der Fotograf sein Objektiv in seine Richtung schwenkte. Nach dem Standesamt haben wir alle zusammen gefeiert. Es war eine Party, ein »Dankeschönfest« für all unsere Freunde nach dieser schweren Zeit. Den Hochzeitswalzer habe ich mit Tino dann auch getanzt, diesmal mit echten Tränen in den Augen, es war für uns und alle Gäste der emotionale Höhepunkt der ganzen Feier und für mich damit der schönste Tag meines Lebens. Unsere Hochzeitsreise allerdings war sehr kurz. Tino musste nach zwei Tagen zurück ins Krankenhaus, weil die Entzündung in seinem Stumpf wieder kritisch wurde.

Die Fahrt zum Gardasee – Tinos Sportkarriere

Tino ging in den kommenden Monaten beharrlich den Weg weiter, für den er sich schon kurz nach dem Erwachen aus dem Koma entschieden hatte. Er wollte unbedingt wieder Sport machen, seinen Körper spüren und ihn an seine Leistungsgrenzen bringen. Dass dieser Weg alles andere als einfach sein würde, zeigte sich schon bei den Komplikationen vor der Hochzeit. Doch mein Tino ist unbeirrbar. Wenn er sich etwas in den Kopf gesetzt hat, verfolgt er sein Ziel ohne Wenn und Aber. Wie hatte doch der Orthopädietechniker im Krankenhaus gesagt: »Du kannst alles, aber der Kopf muss mitspielen.« Daran durfte es also nicht scheitern. Wie Tino seine Sportkarriere vorantrieb, stellt er am besten selbst dar: »Das Jahr nach dem Anschlag war immer wieder von Rückschlägen, neuen Komplikationen am Stumpf, Entzündungen und Operationen bestimmt. Stefan und ich hatten fast zur gleichen Zeit Infektionen und so landeten wir immer wieder zur selben Zeit im selben Krankenzimmer und begrüßten uns schon fast wie ein altes Ehepaar. Aber wir haben uns davon nicht aufhalten lassen. Als ich nach der Reha aus dem Krankenhaus entlassen wurde, dachte ich mir, irgendwas Sinnvolles muss ich jetzt anfangen mit meiner Zeit. Ich wollte in Bewegung bleiben, was tun, mich beschäftigen und suchte nach einer Entwicklungsmöglichkeit für die Zeit nach der Bundeswehr. Mit Fernsehen und Computerspielen kann ich nichts anfangen. So habe ich im folgenden Sommer den Garten umgestaltet, eine Holzhütte gebaut, meinen Fahrradkeller eingerichtet und bin zu einem anderen Hobby aus meinen Jugendtagen zurückgekehrt: Auf einer zwei mal zwei Meter großen Holzplatte habe ich eine Modelleisenbahn aufgebaut. Drei Züge, Voralpenland, Berge,

Tunnels und eine Stadt, die wie Murnau aussieht. Dass ich nach Möglichkeiten suchte, mich zu beschäftigen, hatte auch noch einen anderen Grund: Ich merke bis heute stark aufkommende Unruhe, wenn ich zur Untätigkeit gezwungen bin. Als ich mal Grippe hatte, spürte ich, wie es in mir zu rumoren begann, wie etwas tief in mir mit den Ketten rasselt wie ein gefangenes Monster. Ich weiß nicht genau, was es ist, aber ich möchte nicht, dass dieses Etwas aus seinem Kerker entkommt. Vielleicht mache ich mir auch nur überflüssige Gedanken? Sicher kann es sein, dass ich auch mal eine längere Zeit der Untätigkeit überstehen würde, aber sollte ich das wirklich ausprobieren, meine Grenzen ausloten und mal sehen, welche Albträume da in mir hochkriechen? Manch einer wird da sagen: ›Der hat den Anschlag nicht verarbeitet, der will die Verarbeitung nicht zulassen, muss sich ablenken.‹ Das mag sein. Aber ich mache halt lieber Sport, als mich durch Untätigkeit ins Unglück zu grübeln. Ich kann eh nichts ändern an meinem Zustand, mein Bein ist weg – ich kann nur das Beste daraus machen. Und das Beste, was mir seit meiner frühen Jugend immer geholfen hat, mit mir im Reinen zu bleiben, war Radfahren.

Ich bin mein ganzes Leben lang leidenschaftlich gern Rad gefahren, und so hatte ich schon kurz nach dem Verlassen der Intensivstation allen angekündigt, dass ich wieder Rad fahren werde und unserem Freund Mario geraten, er soll schon mal mit dem Trainieren anfangen, sonst würde ich ihn stehen lassen bei unserer ersten Tour. Geglaubt hat er es nicht. Noch im Dezember 2005 habe ich mit der Reha begonnen und schnell so große Fortschritte gemacht, dass ich Weihnachten 2005 ohne ärztliche Betreuung zu Hause bei meinen Eltern in Chemnitz verbringen konnte. Mit der neuen Prothese konnte ich sogar einen kurzen Spaziergang durch den Schnee wagen, was meine Eltern total begeistert hat. Drei Monate nach dem Anschlag im Frühjahr 2006 stand ich das erste Mal wieder auf Langlaufskiern auf der Piste und habe Indoor an der Kletterwand trainiert. Ich habe dann langsam angefangen, mich wieder ans Radfahren zu gewöhnen, zunächst auf dem Heimtrainer. Die Prothese konnte ich dank des hervorragenden Orthopäden in der Unfallklinik Murnau perfekt für meinen Sport einstellen lassen. Jeder kann sich vorstellen, welchen Belastungen Knie und Prothese beim Radfahren ausgesetzt sind, wie schnell sich etwas wund reiben kann, wenn nicht alles perfekt abgestimmt ist. Ab April 2006, sechs Monate nach dem Anschlag, haben Stefan und ich schon wieder draußen trainiert, und wann immer es ging, waren wir in Bayerischen Voralpenland unterwegs. Stefan im Handbike, eine Art Sitzfahrrad, das statt mit den Beinen mit den Armen angetrieben wird – ich auf dem Mountainbike oder dem Rennrad.

Wenn ich Rad fahre, bin ich ganz bei mir. Allein schon die Tatsache, draußen in der Natur zu sein, baut mich jedes Mal mental unglaublich auf. Ich merke, wie mein Körper arbeitet und sich langsam warm läuft. Auf dem Rad, draußen in der Natur bin ich einfach glücklich!«

Hoffnung auf zwei Rädern

»Beim einem Besuch des Europacup-Rennens für Behinderte in München kam die Begegnung, die meinem Leben die ersehnte neue Richtung geben sollte: Anfang 2006 lernte ich Wolfgang Sacher kennen, den deutschen Titelträger im Behindertenradsport. Er gab mir viele Tipps, wie ich wieder den Sprung in den oberen Leistungsbereich schaffen könnte. Es war, als hätte sich mir die Tür in meine neue Zukunft geöffnet. Hier fiel meine Entscheidung, dass ich ins deutsche Nationalteam will. Seit diesem Zeitpunkt habe ich nur ein Ziel: die Teilnahme an den Paralympics 2012 in London. Ohne den Unfall wäre ich nie auf die Idee gekommen, mich für einen Olym-

piakader zu bewerben. Ich hatte als Feldjäger einen Fulltimejob – da kommt man nicht dazu, sich entsprechend professionell vorzubereiten. Ich war ein sehr guter Hobbyfahrer – und ein Hobby wäre es auch geblieben. Doch jetzt nutzte ich jede Gelegenheit für das Training. Ich habe einen detaillierten Trainings- und Ernährungsplan. Ich lebe diesen Traum und mache alles, damit ich mit nach London fahren kann.
In den ersten Monaten gab es immer wieder Rückschläge. Gleich im Juni 2006 wollte ich mein erstes großes Rennen fahren, doch eine Entzündung im Stumpf machte alle Pläne erst einmal zunichte. Fast wäre dadurch ja auch die Hochzeit mit Antje ins Wasser gefallen. Schon in der Wettkampfsaison 2007 ging es dann aber richtig los. Durch ein hartes Wintertraining hatte ich viel Auftrieb bekommen: Bei den deutschen Meisterschaften auf Bahn und Straße holte ich in der Schadensklasse ›LC2 für Unterschenkelamputierte‹ – ja, so heißt das – zwei Silber- und zwei Bronzemedaillen und bei den bayerischen Meisterschaften zusammen mit Stefan Deuschl Gold in unseren jeweiligen Klassen. Unter den Behindertensportlern war ich mit 33 Jahren damals noch jung und hatte ein großes Verbesserungspotenzial. Im Februar 2007 reiste ich mit der Nationalmannschaft ins Trainingslager nach Mallorca. Seither gehörte ich zum Nachwuchskader des deutschen Nationalteams und nahm an zahlreichen internationalen Wettkämpfen und nationalen Meisterschaften teil. Für mich völlig überraschend bekam ich 2007 die Einladung zur Weltmeisterschaft nach Bordeaux. Zweimal landete ich auf beachtlichen Mittelfeldrängen, obwohl ich hier mit der Weltelite gefahren bin, im 1000-Meter-Bahnsprint (Platz 11) und beim Straßenzeitfahren (Platz 13). Der Abstand zum Sieger im Zeitfahren über 20 Kilometer betrug aber immer noch über drei Minuten und mir war klar, dass ich noch einiges zu verbessern hätte, um an die Weltspitze zu kommen.

Wenn ich Rad fahre, liegt die Hauptlast auf dem linken Bein, wo die langen Operationsnarben schmerzen – mein rechtes Bein bringt nach der Amputation nur noch 15 Prozent seiner ursprünglichen Leistung. Experten halten es für möglich, dass ich nach langjährigem Training auch das rechte Bein wieder auf 40 Prozent der ursprünglichen Gesamtleistung bringen und damit den Rückstand zu den Weltbesten aufholen kann. Meine wichtigste Aufgabe war daher, das rechte Bein zu stärken. Mehr als drei Stunden Training am Tag sind aber nicht drin, weil sich dann der Stumpf wieder meldet. 2007 war eine äußerst erfolgreiche Radsaison für mich mit Ergebnissen, die mir Mut gemacht haben, meinen Weg weiterzugehen.
2007 ist auch das Jahr, in dem meine Tochter Hanna geboren wurde. Dieses Jahr war für Antje und mich ein sehr glückliches Jahr. Ich hatte endlich einen neuen Lebensinhalt und ein Ziel, auf das ich hinarbeiten könnte. Ich beschloss, die Anforderungen, die ich an mich selbst stellen würde, stetig zu erhöhen. Mein Training zahlte sich aus. Der Höhepunkt kam für mich im Mai 2008, als ich die deutsche Meisterschaft im 1000-Meter-Bahnfahren gewonnen habe.«

Die Fahrt zum Gardasee

»Eines meiner wichtigsten Rennen habe ich nur gegen mich selbst gefahren. Im Sommer 2009, drei Jahre nach unserer Hochzeit, beschloss ich, von Murnau an den Gardasee nach Italien zu fahren. Die Überquerung der Alpen mit dem Rad war schon immer mein Traum. Die Idee war mir gekommen, nachdem ich im Mai den ›Riva Bike Marathon‹ am Gardasee gewonnen hatte. Es war mein erstes Rennen in diesem Jahr gewesen, den ganzen Winter über hatte ich kaum trainieren können, weil ich wegen der Splitter in meinem Bein immer wieder zu Nachoperationen ins Krankenhaus musste. Ich bin ohne

jede Illusion über meinen Zustand an den Gardasee gefahren und wollte einfach nur sehen, ob ich bei so einem Bergmarathon mit den anderen Fahrern mithalten kann bzw. überhaupt ins Ziel komme. Ich wurde Erster, und so beschloss ich, sechs Wochen später an den Ort meines Sieges zurückzukehren – aber nicht mit dem Auto, sondern mit dem Rad. Es sollte die größte Herausforderung meiner bisherigen Radsportkarriere sein. Am Ende dieser Tour würde ich wissen, ob ich die Strapazen einer Tour über 325 Kilometer und 2180 Höhenmeter aushalte und wie belastbar mein Stumpf unter Extrembedingungen ist.
Morgens in der Früh losfahren und noch am Abend am Lago di Garda Spaghetti essen, so war der Plan – aber ich war mir nicht sicher, ob ich das wirklich schaffen würde. Alles würde davon abhängen, wie sich der Stumpf verhalten, ob er sich wundscheuern würde oder nicht. Körperlich und konditionsmäßig war ich nach intensivem Training und den weiteren Rennen der vorangegangenen Wochen topfit.
Am 8. Juni 2009 um 4 Uhr 30 war es soweit. Es lag noch Nebel über dem Staffelsee, als ich mich von Antje verabschiedete. Mein Sportmanager Christian Kuhlmann war mit dem Begleitauto vorgefahren und sollte mich aufnehmen, falls das Bein oder die Prothese nicht mitspielen würde. Das Wetter meinte es gut mit uns, die Regenschauer der vergangenen Tage hatten sich verabschiedet und endlich war es wieder trocken. Um 4 Uhr 45 bin ich gestartet. Wir kamen gut voran: Mittenwald, Kilometer 52, um 6 Uhr 40. Innsbruck, Kilometer 100, um 8 Uhr 45. Hier begann der lange, kräftezehrende Anstieg zum Brennerpass. Um 10 Uhr 26 hatte ich bei Kilometer 137 die italienische Grenze oben auf dem Brenner und somit den höchsten Punkt der Tour erreicht. Ab jetzt schien mir die Sonne ins Gesicht; hinter dem Alpenkamm war das Wetter auf einen Schlag richtig schön geworden. Mein Stumpf

hatte bis hierher perfekt durchgehalten, was mir Hoffnung machte, dass ich die nächsten 200 Kilometer auch noch schaffen würde. Wir passierten die alte Grenzbastion der Österreicher, die Franzensfeste. Von nun an ging es erstmal immer bergab und bei gutem Tempo kamen wir rasch nach Brixen, wo wir eine Mittagspause einlegten. Ich rief Antje an und berichtete, dass in Italien endlich die Sonne scheint. Italienische Cappuccinourlaubsstimmung machte sich in mir breit. Um die aufkommende Müdigkeit wieder zu verjagen, sind wir nach kurzer Pause wieder aufgebrochen. In Bozen, bei Kilometer 229, verloren wir uns im Gewirr der Straßen und verpassten immer wieder die richtige Route. Es gibt dort kaum Radwege – geschweige denn Hinweisschilder. Das kostete alles viel Zeit und Kraft. In Trento dasselbe. Doch die eigentliche Prüfung kam erst, als wir endlich wieder auf ebener Strecke entlang der Etsch zum Gardasee fuhren. Hier kam zur langsam spürbaren Erschöpfung der starke Fönwind Ora auf, der fast jeden Nachmittag bis in die Abendstunden aus Süden bergan bläst. Ich hatte mit diesem Gegenwind ganz schön zu kämpfen und war froh, wenn noch 20 km/h auf dem Tacho stand. Der Gegenwind war der härteste Gegner auf dieser Tour. Auf diesem Abschnitt zählte jeder Kilometer doppelt: Meine Lunge hat gebrannt. Meine Muskeln haben gebrannt. Ich hätte nur noch kotzen können. In Rovereto wurde um 17 Uhr 30 noch mal Pause gemacht, um mir vor der letzten Etappe, dem Anstieg über den Passo San Giovanni durch die Ortschaften Mori, Loppio und Torbole nach Riva del Garda, Kraftreserven zu verschaffen. Der Pass hat zwar nur 287 Höhenmeter, aber mit seinen engen Kurven und bei dem hohen Verkehrsaufkommen forderte er noch einmal alles von mir. Doch dafür wurde ich oben mit einem unglaublichen Blick über den Gardasee belohnt, der unter mir in seiner ganzen Länge türkisfarben in der Sonne glitzerte. Ich kann Glück nicht anders beschreiben, als mit diesem Anblick nach den stundenlangen Strapazen – ich wusste in diesem Augenblick, dass ich es geschafft habe. Nicht nur die Strecke von Murnau bis an den Gardassee – sondern auch den Weg von Afghanistan zu mir selbst. ›Dieser Weg wird kein leichter sein‹ – das hatte ich gewusst, als ich damals aus dem Koma erwacht bin und mir ein Teil meines Beines fehlte, aber jetzt war ich endlich bei mir angekommen. Ich hatte mein Schicksal angenommen und würde mein Leben auch in Zukunft selbst gestalten können, dessen war ich mir jetzt sicher. Um 18 Uhr 25 empfing mich Christian am Ortsschild von Riva del Garda nach 325 gefahrenen Kilometern, 2180 Höhenmetern und elf Stunden, zweiunddreißig Minuten reiner Fahrtzeit, ohne Pausen gerechnet. Christian fotografierte mich damals, wie ich in meinem weißen Rennanzug unter dem Ortsschild mein Fahrrad jubelnd in die Höhe über den Kopf reiße – man sieht deutlich die vor Anstrengung dicken Adern auf meinem Bein und den schweißnassen Streckverband über meiner Prothese. Es war geschafft, nur das zählte nach all den Anstrengungen. Zwei Stunden später saß ich erschöpft, aufgekratzt und sehr glücklich an der Seepromenade und habe mit Antje telefoniert, vor mir zwei Teller Spaghetti – Kohlenhydrate für die Muskeln und zum Energieaufbau.«

Botschafter aus Überzeugung

Tino wollte mit seiner Tour zum Gardasee sich selbst und anderen zeigen, dass er als Behinderter sportlich etwas leisten kann, was selbst gesunde Menschen nicht so leicht schaffen. Die Tour hat ihn unglaublich motiviert, die Anforderungen an sich selbst wieder ein bisschen höher zu schrauben. Außerdem sieht er in seinen sportlichen Ambitionen und seinem Schicksal auch eine Chance, die Aufmerksamkeit der Öffentlichkeit auf den Behindertensport zu lenken. Das ist auch etwas, wofür Tino kämpft: Um Anerkennung für Menschen, bei denen das Leben nicht so normal verläuft wie bei anderen. Tino ist auf dem Rad wieder zu sich selbst gefahren und möchte möglichst viel von dem, was er an Anteilnahme erhalten hat, anderen Menschen weitergeben: »Ich bin heute Botschafter der deutschen Kriegsopferfürsorge und setze mich dafür ein, dass Kriegsheimkehrern geholfen wird, denn ich weiß, wie grundlegend sich das Leben verändert nach einer Verwundung oder psychischen Erkrankung während solcher Einsätze. Viele Betroffene haben nicht nur mit ihren Verletzungen schwer zu kämpfen, sondern auch mit der Bürokratie und den Anträgen für die Opferversorgung. Dabei ist es unglaublich wichtig, schnell Stabilität in seinen Alltag zu bekommen. Ich identifiziere mich sehr mit dieser Arbeit.

2010 habe ich die Schirmherrschaft beim integrativen Murnauer Marktlauf übernommen, dessen Erlös einem Krankenhaus in Afghanistan zugutekam. Als Vorsitzender der Radsportgemeinschaft Werdenfels habe ich in einem Waldstück südlich von Murnau den Bau eines 800 Meter langen Moutainbike-Parcours angestoßen, der mich total an die erste Moutainbikestrecke in meiner Schulzeit im Wald bei Adelsberg nahe Chemnitz erinnert. Seit Kurzem bin ich auch beim Mountainbiketeam Zwillingscraft in Kochel aktiv. Es fehlt mir nichts in meinem Leben und ich werde auch nicht nachgrübeln, warum das so ist.

Meine Tochter Hanna wird 2012 fünf Jahre alt sein. Vielleicht wird sie mir von der Tribüne zuschauen können, wenn ich als Teilnehmer des deutschen Teams bei der Eröffnungsfeier in London für die Paralympics im Stadion stehe.

Durch den Sport habe ich kämpfen gelernt, auch gegen mich selbst. Wenn ich beim Langmarathon fünf Stunden auf dem Rad sitze bei zehn Grad und Dauerregen, dann habe ich im Rennen überhaupt keinen Bock mehr und will absteigen, weil das Ziel noch 20 Kilometer weit weg ist. Aber genau deshalb, weil es das Ziel ist und Absteigen für mich eine Niederlage bedeuten würde, muss ich es auch erreichen. Dann beißt du die Zähne zusammen. Dann kämpfst du und trittst in die Pedale, bis du angekommen bist. Da gehe ich manchmal über meine bisherigen Grenzen. Das Glücksgefühl, es gegen alle Widerstände geschafft zu haben, ist jeder Niederlage vorzuziehen. Stefan geht das genauso.«

Ein Sieg für den Vater

»Im Sommer 2010 bin ich die Transschwarzwald mitgefahren – das war ein Rennen mit sehr widrigen Bedingungen. Mein erstes Etappenrennen über 500 Kilometer Gesamtdistanz in sieben Tagesetappen bei vier Tagen Dauerregen, wobei insgesamt 15 000 Höhenmeter an Steigungen zu überwinden waren. Kaum Straßen, meistens Waldwege, Schlammpassagen und Singletrails, schmale Steige, felsig mit viel Wurzelwerk – und bei jeder Unachtsamkeit ›sturzgefährlich‹. Ich habe einen sehr guten Blick für die Strecke und kann vorausschauend fahren. Ich versuche, jede Überraschung, jede Unebenheit, jeden Kiesel im Weg vorher zu erfassen und zu neutralisieren. So haben wir auch als Personenschützer in Afghanistan gearbeitet: Gefahrenquellen vorzeitig erfassen und ausschalten. Beim Rennen droht nur die Gefahr eines Sturzes, in Afghanistan war jede Unachtsamkeit lebensgefährlich. Das schärft die Sinne. Und daher ist mir die Geländewahrnehmung in Fleisch und Blut übergegangen. Gleich vom Start weg ging es erstmal 600 Höhenmeter in den Schwarzwald hinauf. Ich bin ja vorher nie 60 Kilometer Cross im Wettkampf gefahren mit meiner Behinderung. Das bringt schon völlig gesunde Fahrer an ihre Leistungsgrenzen. Aber ich habe gemerkt, es funktioniert. Der vierte Tag, haben mir alle gesagt, sei der schlimmste – da haben alle einen Durchhänger und würden am liebsten aufhören. Ich war extrem gespannt – was würde bei mir passieren? Werde ich durchhalten, macht der Stumpf das mit? Werde ich Probleme mit der Motivation haben? Und was war? Nix! Ich bin jeden Tag in der Früh wieder an den Start und habe gesagt, geil, lass es endlich losgehen. Ich habe gemerkt, dass ich gut mitfahren kann. Ich war der einzige Fahrer mit Behinderung und bin nicht als letzter durchs Ziel, sondern lag gut im Mittelfeld. Von allen Seiten kam Anerkennung. Das hat mich regelrecht euphorisch gemacht. Es war vor allem ein Sieg für meinen Vater Frieder, der mich das ganze Rennen über begleitet hat und die Wartung meines Fahrrads übernommen hatte – wie damals, als ich meine ersten Crossrennen für den SV Adelsberg in Karl-Marx-Stadt, DDR, gefahren bin. Für ihn war der Anschlag erst mit dem Moment abgeschlossen, als ich nach diesem schwierigen Rennen im Ziel angekommen bin. Er hat geweint vor Stolz und vor Glück, dass ›sein Tino‹ trotz Behinderung ein Rennen gemeistert hat, an dem viele gesunde Sportler gescheitert wären. Der Riss, der sich seit dem Anschlag zwischen seinen Erinnerungen an meine Kindheit, seinen Hoffnungen an meine Zukunft und seinen Ängsten und Sorgen aufgetan hatte, als er mich zum ersten Mal in jener Nacht im Koma gesehen hatte, war wieder gekittet. Für meinen Vater war ich im Moment des Zieldurchlaufs wieder hergestellt, er würde sich in Zukunft keine Sorgen mehr um mich machen. Ich bin ein absoluter Wettkampftyp, und das Ziel ist immer dasselbe: Sich nicht das Leben und die Freude an ihm nehmen lassen, sondern es ausschöpfen und die eigenen Grenzen erfahren. Wenn man so eine Krise wie ich erlebt hat, dann hat es einen ganz besonderen Wert, das Leben nicht einfach laufen zu lassen, sondern es gestalten zu wollen. Der Sport verlangt Antje und mir viele Opfer ab. Wir machen kaum Urlaub und verzichten auf vieles. Aber das macht uns beiden nichts. Wenn man erlebt hat,

wie schnell das Leben von einer Sekunde auf die andere vorbei sein kann, dann verschiebt sich das Sicherheitsdenken. Hier noch was sparen, da ein Bausparvertrag und noch eine Rentenversicherung und hier eine Lebensversicherung… Was soll ich 10 000 Euro auf dem Konto ansparen, wenn wir dafür aufs Skifahren verzichten müssen, wenn die Sonne scheint? Lieber geben wir heute das Geld aus und machen das jetzt und warten nicht, bis wir alt werden. Wir leben hier und jetzt, nicht gestern und nicht morgen. Heute kann ich viele Dinge erreichen, die ich morgen vielleicht nicht mehr schaffen werde. Olympia 2012 ist mein Ziel, also investiere ich jetzt Zeit in mein Training und Geld in meine Ausrüstung. Was danach kommt, ob ich scheitere oder siege, werde ich sehen. Ich mache mir weder Sorgen noch irgendwelche Gedanken, was danach sein könnte.
Eine Frage wird mir immer wieder gestellt: Wie sehr mich der Anblick des Attentäters, kurz bevor er die Bombe zündete, heute noch quält. Ich versuche, nie an diesen Augenblick zu denken. Das gelingt mir gut, weil ich zu keinem Zeitpunkt wirklich Hass auf diesen Menschen gespürt habe. Ich kam nach Afghanistan, um zu helfen, ich habe dort nie meine Waffe gezogen und auf irgendeinen Menschen geschossen – der Attentäter kam, um mich zu töten, obwohl er mich überhaupt nicht kannte. Ich komme zu keinem Schluss, wenn ich versuche, mich mit seinen möglichen Motiven zu beschäftigen, zu widersinnig erscheinen sie mir – also lasse ich das. Ich habe irgendwann beschlossen, dass dieser Mensch, weil er ohnehin tot ist und keinen weiteren Schaden anrichten kann, keine Rolle mehr in meinem Leben spielen wird. Er ist mir schlicht egal.
Ich spüre auch keinen Hass auf das Land Afghanistan und die Menschen dort. Ich bin davon völlig frei und sicher ist das auch ein Grund, warum ich so gut loslassen konnte und meine Energie nutzen kann, um einfach nur nach vorne zu schauen.«

Wofür wir kämpfen – das Fazit

Tino ist auf bewundernswerte Weise »unkaputtbar«. Durch seine optimistische Lebenseinstellung und die Tatsache, dass ihn seine Behinderung kaum einschränkt, fällt es ihm sicher leichter, die Folgen des Anschlags zu verarbeiten. Egal ob Bergsteigen, Skifahrern, der Radsport – Tino kann das alles teilweise besser und ist gesundheitlich fitter als die meisten nicht behinderten Menschen in seinem Alter. Und selbst wenn es nicht klappen sollte mit den Paralympics 2012 – ich bin sicher, er wird dann unverdrossen weitertrainieren für 2016. Er ist nicht der Typ, der aufgibt.

Tino gehört zu inzwischen 200 000 Veteranen, die als Bundeswehrsoldaten in Auslandseinsätzen auf dem Balkan, Somalia und Afghanistan erfahren haben, was Krieg wirklich bedeutet und was er anrichten kann. Sie leben mit diesen Erfahrungen mitten unter uns, kaum beachtet außerhalb der Bevölkerungsschichten, die Angehörige bei der Bundeswehr oder sonstigen Kontakt zu ihr haben.

Tino gehört zu den Glücklichen, die durch ihre Erlebnisse nicht bis zur Lebensunfähigkeit traumatisiert wurden. Er hat kein Posttraumatisches Belastungssyndrom. Im Gegenteil, bei ihm wendet sich alles ins Positive und er nimmt jeden Tag als Geschenk und sagt immer: »Egal, was kommt – gemessen daran, dass ich eigentlich tot sein könnte, will ich das Leben annehmen und erleben, wie es sich zeigt.« Seine Erfolge geben ihm Kraft; er sieht ja, was er alles erreichen kann trotz seiner Behinderung.

Wenn ich mir heute Fotos anschaue und überlege, wie wir in den ersten Tagen nach dem Koma begonnen haben und wo wir heute stehen, erkenne ich die großen Fortschritte, die wir erreicht haben. Es gibt ein Foto von Tino mit Krücken, wie ich ihm in den See helfe, damit er baden kann. Ein Bild, das mir noch heute wehtut. Wenn er heute dagegen kopfüber aus vollem Lauf in den See springt, dann liegen Welten dazwischen. Kein Mensch in unserer Familie weiß, wie Tino das schafft, aber er hat das Beste aus diesem Schicksalsschlag herausgezogen und in Stärke umgewandelt. Bei mir dagegen kam fünf Jahre nach dem Anschlag der Zusammenbruch.

Die Energie, die mich die ganze Zeit durch alle Krisen getragen hatte, war plötzlich weg. Ich hatte alles, was ich tat, dem Ziel untergeordnet, Tino zu helfen – angesichts seiner Verletzungen und der noch dramatischeren Lage bei Deuschls hätte ich auch ein schlechtes Gewissen gehabt, in Wehklagen über mein eigenes kleines Schicksal auszubrechen. Ich war seit dem Anschlag fortwährend auf Hochtouren gelaufen, immer für andere dagewesen und nie wieder auf ein normales Level zurückgekommen. Aber jetzt waren meine Akkus auf einen Schlag leer. Ich sage das ohne jedes Selbstmitleid – es war einfach so. Jetzt brauchte ich selbst Hilfe, jemanden, bei dem ich mir alles, was mich belastete, von der Seele reden konnte. Und das war viel. Ich spürte, dass ich mit den ganzen Erlebnissen längst nicht fertig war und damit auch nicht so offensiv umgehen konnte wie Tino. Tino hat nie zurückgeschaut – ich schon, und nun musste ich für mich selbst herausfinden, wo ich bleibe und wo ich hin will.

In unserer Familie haben wir nur sehr wenig über die bewegenden Ereignisse gesprochen, jeder hatte Angst, das Erlebte wieder aufzuwühlen. Bloß nicht daran rühren, wir wollten uns selbst und den anderen schützen. Aber das Schweigen und Sich-nicht-fallenlassen-Können war ein Fehler. Ich schleppte den ganzen Ballast weiter mit mir herum, und während Tino von Triumph zu Triumph auf seinem Fahrrad davonfuhr, stapfte ich durch meine trostlosen Tage wie durch klebrigen Teer und verlor mehr und mehr an Selbstwertgefühl. Dazu kam, dass die Geburt von Hanna – unserem kleinen Sonnenschein – sehr anstrengend gewesen war. Eine Stoffwechselstörung ließ uns die letzten Tage der Schwangerschaft um ihr Leben bangen. Die Ärzte entschlossen sich, sie gleich zu holen. Sie kam vier Wochen zu früh per Kaiserschnitt auf die Welt. Die Tage danach blieb sie auf der Kinderstation. Wieder Krankenhaus. Wieder Bangen um einen geliebten Menschen. Wieder Erinnerungen an Koblenz. Diesmal waren es Hanna und ich, die Hilfe brauchten und auch bekommen haben. Tino kam jeden Tag in die Klinik und blieb bis zum Abend – auch Vio kam uns immer wieder besuchen. Die Zeit im Krankenhaus hat mich noch tiefer hinabgezogen. Eine leichte Schwangerschaftsdepression machte mir zu schaffen, ebenso ein neuer ungewohnter Tagesablauf, der sich völlig an meinem Kind orientierte und mir den Schlaf raubte.

Ich hatte ein schlechtes Gewissen Hanna gegenüber und machte mir Vorwürfe, keine gute Mutter zu sein. Meine Mutter Ilona peilte natürlich genau, was mit mir los war und kam häufiger zu Besuch, um mich zu unterstützen. Sie sagte dann immer: »Antje, du bist die beste Mama der Welt!« Das half kurze Zeit, aber irgendwie kam ich nicht heraus aus meinem Tief. Es wurde immer schlimmer.

Dazu kam die für mich fehlende Lebensperspektive. In meiner Familie hatten Frauen immer Arbeit und ich suchte nach einer Beschäftigung, die ich mit der Kindererziehung in Einklang bringen konnte. Mein Geschäftsmodell, als Kosmetikerin für Beinenthaarung mit Zuckerpaste selbstständig zu arbeiten, eröffnete mir nicht die Verdienstmöglichkeiten, auf die ich gehofft hatte. Und Tino war plötzlich dauernd unterwegs zu Rennveranstaltungen oder Trainingslagern, es war schon fast so wie in seiner Bundeswehrzeit. Schlimmer noch: Wenn er kam, verschwand mein Mann im Fahrradkeller. Irgendwann saß ich tagelang nur noch vor dem Fernseher, habe geheult und mich von irgendwelchen Soaps im Privatfernsehen berieseln lassen ohne hinterher sagen zu können, was ich da gesehen hatte. Schlechte Laune war mein Dauerzustand und Tino musste einiges aushalten, weil ich ihn häufig angefahren habe, was nur dazu führte, dass er noch häufiger im Fahrradkeller zu angeblich unaufschiebbaren Reparaturen verschwand. Es war eine Zeit, in der ich regelrecht eifersüchtig auf seine Fahrräder wurde, die ihm anscheinend mehr wert waren als ich. Wenn ich damit haderte, dass ich aus dem Leim ging, strahlte mich Tino immer hilflos an und sagte nur: »Mach doch einfach auch mal ein bisschen Sport!« Und verschwand – im Fahrradkeller. Es wurde Zeit zu handeln.

Das erste Mal habe ich im Sommer 2010 über meine Krise geredet, als ich meinem Vater offenbart habe, dass ich in psychologischer Behandlung bin. Da hat er mich besorgt angeschaut und ich habe bemerkt, wie sehr auch ihn die Ereignisse die ganzen Jahre über beschäftigt hatten: »Antje, deine Mutter und mich hat das alles ja selbst schon so viel Kraft gekostet – wir haben uns immer wieder gefragt, wie macht die Antje das erst? Wie du das alles weggesteckt hast, war für uns erstaunlich, aber wir haben uns nie getraut nachzufragen.« Meine Eltern haben mich bestärkt, professionelle Hilfe anzunehmen. Es war ein langer Prozess, in dem ich intensiv an mir gearbeitet habe – er ist noch nicht abgeschlossen, aber ich sehe wieder Land. Äußerst hilfreich war auch, dass ich einen Job in meinem Beruf als Mediengestalter gefunden habe und Tino jetzt auch seinen Teil am Haushalt und bei der Betreuung von Hanna übernimmt. Langsam kommt alles wieder ins Gleichgewicht.

Niemand in unseren Familien hat den Anschlag bis heute völlig verarbeitet und könnte sagen, dass alles nur noch eine verblassende Erinnerung an eine Lebensepisode sei. Der Schock sitzt bei uns allen noch tief, die Bilder sind beim kleinsten An-

lass wieder da, als wäre es erst gestern geschehen. Auch Tinos Schwester Heike kommen in bestimmten Situationen plötzlich die Tränen, weil ihr das Erlebte immer noch so nahe geht. Ausgerechnet Tino, der im Mittelpunkt all unserer Sorgen stand, scheint die Ereignisse am besten bewältigt zu haben. Das System, das er für sich entwickelt hat, ist unschlagbar – aber leider nicht auf andere Menschen übertragbar.
Eine weitere Erfahrung, die ich aus all dem Erlebten gezogen habe, ist, dass der Anschlag, der soviel Böses wollte, auf der anderen Seite so viel Gutes ausgelöst hat. Wir haben Hilfsbereitschaft, Anteilnahme und Kameradschaft erfahren und unsere Lebensinhalte sind durch den Widerstand der Ereignisse geprüft und verändert worden. Nicht nur bei uns. Meine Eltern, Tinos Eltern, Spieß Markus Eng, unsere behandelnden Ärzte, Heike, viele unserer Freunde und die Kameraden von den Feldjägern – alle nehmen ihr Leben heute intensiver wahr, verzetteln sich nicht in Belanglosigkeiten, sondern schauen auf das Wesentliche. Wir gehen sorgsamer mit unserer Zeit um und versuchen, unser Leben auszuschöpfen. Freunde, Familie – das alles hat einen viel größeren Wert bekommen und materielle Sehnsüchte sind bei vielen völlig in den Hintergrund getreten. Das Leben selbst ist das Kostbarste, was wir haben, es ist die Zeit die uns geschenkt worden ist, und die wir miteinander erleben dürfen.

Anerkennung statt Wegschauen

Ich weiß, dass es vielen Menschen, die Angehörige in Auslandseinsätzen hatten, so geht wie mir. Ich bin deshalb sicher, dass die Angehörigen von Kriegsopfern in Deutschland genauso in Gefahr sind, in ein Posttraumatisches Belastungssyndrom abzugleiten wie die Soldaten, die Kriegseinwirkungen direkt erlebt haben. Dass man offen über sein Schicksal reden kann, sich nicht schämen muss, weil man nicht alles gleich verarbeiten kann, sondern Zeit und Aufmerksamkeit dafür braucht, das war für mich eine sehr hilfreiche Erfahrung.

Was die meisten Soldaten im Dienst, die Verletzten und ihre Familien schmerzt, ist die fehlende Anerkennung, für das, was sie leisten. Ein Beispiel dafür ist der Tod des Eisbären Knut, mit dem sich die Medien im März 2011 tagelang beschäftigten. Unser Freund Mario suchte damals in den Nachrichten vergeblich nach einer Meldung, die ihn wie Tausende Angehörige von Bundeswehrsoldaten im Auslandseinsatz weit mehr beschäftigte als das Schicksal des Eisbären. In Nordafghanistan war ein deutscher Soldat bei einem Anschlag schwer verletzt worden. Der Vorfall ereignete sich neun Kilometer nordwestlich des regionalen Wiederaufbauteams in Kunduz, wie das Einsatzführungskommando der Bundeswehr in Potsdam mitteilte. Eine gemischte Patrouille der ISAF war »angesprengt« worden. Ein Bundeswehrsoldat wurde schwer verletzt. Mario kannte diesen Soldaten gut. Es war sein Kamerad. So hat auch unsere Geschichte damals begonnen, am Morgen des 14. November 2005. Damals stand mir unser Freund Mario zur Seite, als die Nachricht kam, dass es Tino erwischt hatte. Diesmal aber kam keine Zeile in den Nachrichten. Vielleicht weil ein toter Eisbär den Menschen näher am Herzen liegt als ein schwer verletzter Soldat der Bundeswehr, was viel aussagen würde über das, was unsere Gesellschaft wirklich beschäftigt.

Mario kann es bis heute nicht fassen: »Wie traurig ist das? Wie krank ist Deutschland? Wir geben Milliarden Euro aus für Afghanistan und unsere Soldaten sterben für die Verteidigung von Werten, die für unsere Gesellschaft weniger Gewicht zu haben scheinen als ein toter Eisbär. Kein Land der NATO geht so beschissen mit seinen Soldaten um wie Deutschland.« Und da müsse man sich nicht wundern, wenn die Kasernen leer bleiben werden, nach der Abschaffung der Wehrpflicht und den Umbau der Bundeswehr zur Freiwilligenarmee. Mario war zwischen 1996 und 2000 insgesamt siebenmal als Feldjäger im Auslandseinsatz auf dem Balkan und in Afghanistan. Er ist verheiratet und hat vier Kinder. Ich glaube, er darf das so sagen.

Für Tino und Stefan und all jene Menschen, die durch eine Entscheidung des deutschen Bundestags fern der Heimat ihr Leben riskieren für unser Land, den Frieden und unsere Sicherheit, wäre es wichtig, dass ihr Einsatz nicht umsonst gewesen ist und mehr Beachtung findet. Die meisten Soldaten sehen es so wie Stefan Deuschl, der nach seinen Erlebnissen allen Grund hätte, gegen diesen Krieg zu sein: »Wenn man mich heute fragt angesichts meiner Lage, ob ich nicht gegen den Einsatz der Bundeswehr in Afghanistan sein müsste, sage ich immer Folgendes: Wenn man heute abzieht aus Afghanistan, ohne dass die Afghanen selbst dauerhaft für ihren Frieden sorgen können, dann ist alles verloren und nichts gewonnen. Viele getötete Soldaten, viele Schwerstverwundete oder Soldaten, die hier mit ihrem Kriegstrauma fertig werden müssen, hätten umsonst gelitten. Dazu kommen Milliarden Euro, die wir buchstäblich in den Staub gesetzt hätten: Ziehen wir jetzt ab, dann ist alles verloren, was die ISAF zusammen mit der afghanischen Regierung in den vergangenen zehn Jahren aufgebaut hat. Wir würden die Afghanen zurück ins Mittelalter stoßen, zurück in die Arme religiöser Fundamentalisten, wir würden wieder Bilder sehen von Steinigungen, abgeschnittenen Nasen, Auspeitschungen, Terrorcamps. All jene, die jetzt rufen, wir müssen raus aus Afghanistan, werden dann wieder sagen: Wir müssen rein nach Afghanistan und militärisch eingreifen, weil die Menschenrechte missachtet werden. So, wie es im April 2011 in Libyen gefordert wurde. Wenn das so ist, sage ich: Bleiben wir dort und bringen den Auftrag zu Ende. Dann waren unsere Opfer wenigstens nicht umsonst. Denn unsere

Zukunft und unsere Sicherheit liegt auch in der Zukunft der Kinder dort.«
50 Milliarden Planeten gibt es in unserer Galaxis, 500 Millionen dieser Planeten befinden sich nach jüngsten Forschungen der NASA in einer Zone der Milchstraße, die nicht zu heiß und nicht zu kalt ist, sodass theoretisch Leben auf ihnen existieren könnte. Diese Planeten sind unendlich weit weg und vielleicht werden wir nie mit anderen Zivilisationen dort in Kontakt treten können. Wir haben also nur diesen einen Planeten – unsere Erde. Warum lernen wir Menschen nicht erstmal, mit uns selbst Kontakt aufzunehmen und die verschiedenen Kulturen und Religionen dieser Erde miteinander und untereinander in Freundschaft und gegenseitigem Respekt zu verbinden? Vielleicht gelänge es uns ja eines Tages doch, dass alle Menschen friedlich zusammenleben können?
Wenn man bei uns heute zur Haustür reinkommt, stehen im Schuhregal die Prothesenbeine von Tino, das Ausgehbein, das Sportbein – und ganz klein daneben ein paar winzige Kinderschuhe. Die Geburt unserer Tochter Hanna hat für uns noch einmal einen Schlusspunkt unter all die Ereignisse gesetzt. Und einen Anfang: Sie zwingt uns wie alle Eltern dieser Welt immer nach vorn zu schauen, denn wie alle Eltern wollen auch wir, dass unsere Kinder gesund, glücklich und in Frieden aufwachsen können. Das ist aus allem, was wir in unseren Auslandseinsätzen erlebt haben, das Fazit: Unsere Zukunft liegt darin, in welcher Umgebung wir unsere Kinder groß werden lassen. Was wir ihnen vorleben und zeigen, welche Werte wir ihnen mitgeben, wird später ihr Leben bestimmen – und damit auch das unsere.
Wenn sich unsere Familie mit den Deuschls trifft, denken Tino und Stefan oft an die Kinder der Amani-Schule in Kabul zurück, an ihre begeisterten, strahlenden Augen an jenem Morgen des 14. November 2005, der unser Leben so tief verän-

dern sollte. Vielleicht klingt es ein bisschen träumerisch, aber wenn diese Kinder eine Chance haben, ohne Gewalt aufzuwachsen, schreiben und lesen zu lernen, dann sind sie als Erwachsene später auch in der Lage, sich eine eigene Meinung zu bilden – und Hassprediger werden sie nicht für ihre Ziele missbrauchen können. Wir müssen noch viele Schulen bauen in Afghanistan. Wenn ihre Schüler später in der Wirtschaft und der Verwaltung oder als Lehrer die Führung des Landes übernehmen, werden sie nicht wieder in Unfreiheit, Unterdrückung und in einem vom Krieg verwüsteten Land leben wollen – auch um ihrer eigenen Kinder willen. Und so sind es unsere Kinder, die Kinder der Welt, wofür es sich lohnt zu kämpfen.

Epilog

Während ich jetzt die letzten Zeilen dieses Buches schreibe, kommen Meldungen im Radio, die in mir die Erinnerungen wachrütteln, wie es damals Tino traf. Wieder sind drei deutsche Soldaten in Afghanistan gefallen. Wieder höre ich dieselben Worte der Trauer und dieselben Durchhalteparolen. Für Verteidigungsminister Thomas de Maizière (CDU) waren es kurz nach Dienstantritt die ersten Gefallenen in seiner Amtszeit. Es werden vermutlich nicht die letzten sein.

Hauptmann Markus Matthes, gefallen im Alter von 33 Jahren, als sein Transportpanzer Fuchs während einer Patrouille am 25. Mai um 7 Uhr 34, 14 Kilometer nordwestlich von Kunduz in eine Sprengfalle geriet – ein weiterer deutscher Soldat und sein afghanischer Übersetzer wurden schwer verletzt mit einem MedEvac evakuiert. Was viel über diesen Krieg aussagt, der nicht Krieg genannt werden darf: Hauptmann Matthes hatte gerade erst 22 Tage zuvor einen schweren Anschlag der Taliban verletzt überlebt, war aber im Einsatz geblieben und hatte dafür die Tapferkeitsmedaille erhalten – seine achte Auszeichnung. Dann kam der Tod aus dem Hinterhalt.

Genau wie bei Major Thomas Tholi (43), seit 25 Jahren im Dienst der Bundeswehr und Hauptfeldwebel Tobias Lagenstein (31). Sie fielen im Anschluss an eine Sicherheitskonferenz am 29. Mai beim Bombenanschlag auf den Gouverneurspalast in Taloqan. Der Kommandant der Internationalen Schutztruppe ISAF in Nordafghanistan, der deutsche General Markus Kneip, wurde verletzt. Auf afghanischer Seite starben der Polizeikommandant des Nordens, Daud Daud, sowie der Polizeichef der Provinz Tachar, Schah Dschahan Nuri.

Mit Major Thomas Tholi, Hauptmann Markus Matthes und Hauptfeldwebel Tobias Lagenstein haben bis heute 49 deut-

sche Soldaten ihr Leben für den Frieden in Afghanistan gelassen.
Oberst Ulrich Kirsch, der Bundesvorsitzende des Deutschen Bundeswehrverbands, sagte zum Anschlag vom 25. Mai: »Tod und Verwundung sind die ständigen Begleiter unserer Soldatinnen und Soldaten im Einsatz. Der Einsatz des eigenen Lebens ist Voraussetzung für die erfolgreiche Erfüllung der Aufträge des Deutschen Bundestages an unsere Soldatinnen und Soldaten. Dazu gehört übrigens auch die Pflicht, im Gefecht Gegner zu bekämpfen und auch töten zu müssen. All das gerät in unserer Gesellschaft leider zu oft aus dem Blickfeld. Unsere Gedanken sind bei den Angehörigen unseres gefallenen Kameraden und allen Kameraden im Einsatz. Den Verwundeten wünschen wir eine baldige und völlige Genesung.«

Liste der im Auslandseinsatz getöteten Bundeswehr-Soldaten

Wir gedenken und danken allen Soldaten, die im Auslandseinsatz für Frieden und Freiheit ihr Leben ließen. Bei der Liste haben wir bewusst auf die Dienstgrade und die Todesursachen verzichtet, da wir meinen, dass jeder im Einsatz getötete Soldat – unabhängig von Ursache und Rang – diese Anerkennung verdient.

Name	**Einsatzland**	**Todestag**
Alexander Arndt	Kambodscha	01.12.1993
Steffen Behrens	Mittelmeer	20.12.1995
Herbert Starkmann	Bosnien-Herzegowina	15.05.1997
Matthias Koch	Bosnien-Herzegowina	23.05.1997
Torsten Stippig	Bosnien-Herzegowina	23.05.1997
Pierre Zechner	Bosnien-Herzegowina	09.09.1997
Gerhard Reis	Italien	29.03.1998
Harald Leyh	Bosnien-Herzegowina	06.07.1998
Dieter Bösel	Bosnien-Herzegowina	06.09.1998
Patrick-Harald Wieshoff	Bosnien-Herzegowina	15.01.1999
Dr. Sven Eckelmann	Kosovo	30.05.1999
Denis Winter	Kosovo	17.06.1999
Christian Falk	Kosovo	12.10.1999
Thomas-Michael Grubert	Kosovo	12.10.1999
Kay Jürgensen	Kosovo	30.10.1999
Andre Horn	Kosovo	31.01.2000
Uwe Möller	Bosnien-Herzegowina	27.02.2000

Thorsten Neumert	Kosovo	20.04.2000
Uwe Lodyga	Kosovo	06.05.2000
Ronny Irrgang	Kosovo	08.06.2000
Michael Unger	Kosovo	08.06.2000
Werner Strobel	Kosovo	03.07.2000
Volker Göttert	Kosovo	09.07.2000
Bernd Merhof	Bosnien-Herzegowina	29.08.2000
Franz-Peter Heimann	Bosnien-Herzegowina	16.09.2000
Karl List	Bosnien-Herzegowina	22.09.2000
Knuth Leopold	Kosovo	03.01.2001
Michael Schwerin	Kosovo	15.03.2001
Kim Reinhard	Bosnien-Herzegowina	21.03.2001
Sebastian Harz	Kosovo	23.06.2001
Marcel Erfkamp	Kosovo	01.08.2001
Dirk Hage	Kosovo	12.09.2001
Heiko Jens Klünder	Bosnien-Herzegowina	01.10.2001
Dieter Eißing	Georgien	08.10.2001
Sascha Schmidtke	Kosovo	15.12.2001
Thomas Kochert	Afghanistan	06.03.2002
Mike Rubel	Afghanistan	06.03.2002
Werner Feindt	Kosovo	10.05.2002
Corinna Dittrich	Bosnien-Herzegowina	11.11.2002
Friedrich Deininger	Afghanistan	21.12.2002
Frank Ehrlich	Afghanistan	21.12.2002
Heinz Hewußt	Afghanistan	21.12.2002
Bernhard Kaiser	Afghanistan	21.12.2002
Thomas Schiebel	Afghanistan	21.12.2002
Enrico Schmidt	Afghanistan	21.12.2002
Uwe Vierling	Afghanistan	21.12.2002

Holger Nippus	Afghanistan	20.03.2003
Alexander Julius Hofert	Afghanistan	17.05.2003
Stefan Kamins	Afghanistan	29.05.2003
Jörg Baasch	Afghanistan	07.06.2003
Andrejas Beljo	Afghanistan	07.06.2003
Helmi Jimenzes-Paradies	Afghanistan	07.06.2003
Carsten Kühlmorgen	Afghanistan	07.06.2003
Marco Heling	Kosovo	03.10.2003
Michael Zirkelbach	Kosovo	03.10.2003
Tilo Mende	Bosnien-Herzegowina	19.12.2003
Norbert Hoyer	Kosovo	25.02.2004
Alexander Schaposchnikov	Kosovo	04.09.2004
Silvio Schattmann	Afghanistan	17.10.2004
Ingo Claar	Kosovo	28.11.2004
Andreas Heine	Afghanistan	25.06.2005
Christian Schlotterhose	Afghanistan	25.06.2005
Boris Nowizki	Afghanistan	07.08.2005
Armin Franz	Afghanistan	14.11.2005
Norbert Schwalm	Bosnien-Herzegowina	03.04.2006
Christian Kopp	Afghanistan	18.12.2006
Alexander Ebel	Kosovo	22.03.2007
Michael Diebel	Afghanistan	19.05.2007
Michael Neumann	Afghanistan	19.05.2007
Matthias Standfuß	Afghanistan	19.05.2007
Tomar Kurpanek	Afghanistan	03.09.2007
Tim Heinen	Bosnien-Herzegowina	19.06.2008
Zoran Krakic	Bosnien-Herzegowina	19.06.2008
Christian Chemnitz	Usbekistan	25.08.2008
Mischa Meier	Afghanistan	27.08.2008

Patrick Behlke	Afghanistan	20.10.2008
Roman Schmidt	Afghanistan	20.10.2008
Conrad Hötzel	Afghanistan	14.03.2009
Sergej Motz	Afghanistan	29.04.2009
Martin Brunn	Afghanistan	23.06.2009
Oleg Meiling	Afghanistan	23.06.2009
Alexander Schleiernick	Afghanistan	23.06.2009
Patric Sauer	Afghanistan	04.10.2009
Florian Biel	Kosovo	29.11.2009
Martin Kadir Augustyniak	Afghanistan	02.04.2010
Nils Bruns	Afghanistan	02.04.2010
Robert Hartert	Afghanistan	02.04.2010
Dr. Thomas Broer	Afghanistan	15.04.2010
Marius Dubnicki	Afghanistan	15.04.2010
Josef Kronawitter	Afghanistan	15.04.2010
Jörn Radloff	Afghanistan	15.04.2010
Florian Pauli	Afghanistan	07.10.2010
Oliver Oertelt	Afghanistan	17.12.2010
Georg Kurat	Afghanistan	18.02.2011
Konstantin Menz	Afghanistan	18.02.2011
Georg Missulia	Afghanistan	18.02.2011
Markus Matthes	Afghanistan	25.05.2011
Tobias Lagenstein	Afghanistan	29.05.2011
Thomas Tholi	Afghanistan	29.05.2011

Des Weiteren gedenken wir all jener hier namentlich nicht erwähnten gefallenen Soldaten der Kommando-Spezialkräfte und der mehr als 2500 Soldaten, die seit der Gründung der Bundeswehr im Dienstbetrieb ihr Leben ließen. Unsere Anerkennung und Dank zollen wir auch den vielen körperlich und seelisch Verwundeten, die mitten unter uns wieder leben lernen müssen.

Danksagung

Zum Schluss ist es uns ein besonders großes Anliegen, uns bei allen Menschen zu bedanken, die uns in großer Not ihre Hilfe, ihren Zuspruch und ihr Mitgefühl haben zukommen lassen und die es uns möglich gemacht haben, dass wir einen guten Start in unser neues Leben finden konnten. Wir hatten damals nicht die Kraft, uns bei allen persönlich zu bedanken, bei Freunden, unseren Kameraden, Nachbarn, den Handwerkern, Vereinen, den Gemeinden, unseren Ärzten und den vielen, vielen, vielen Menschen, die uns auch durch Spenden unterstützt haben. Euch allen, die sich angesprochen fühlen, nochmals ein großes DANKESCHÖN.

Ein besonderer Dank gilt unseren Familien, durch die wir Kraft und Hoffnung geschöpft haben.

Garmisch-Partenkirchen im Mai 2011
Von Stefan, Violetta, Henry und Robin Deuschl

Murnau am Staffelsee im Mai 2011
Von Tino, Antje und Hanna Käßner

»Einer Person möchte ich hiermit noch mal meine Hochachtung aussprechen. Vio, du bist für mich die unglaublichste, stärkste Frau, der ich je begegnet bin. DANKE für die Kraft, die ich von dir gespürt habe, das alles durchzustehen.« Antje